本书为国家社会科学基金"十三五"规划教育学一般课题
"教育变革中教师的生存和发展状态研究"（BAA170016）的
研究成果之一

教育变革中的教师生存发展状态研究

吴黛舒　等◎著

Research on the Survival and
Development Status of Teachers
in Educational Reform

ZHEJIANG UNIVERSITY PRESS

浙江大学出版社

·杭州·

图书在版编目（CIP）数据

教育变革中的教师生存发展状态研究 / 吴黛舒等著.

杭州 : 浙江大学出版社，2025. 5. -- ISBN 978-7-308
-26052-7

Ⅰ．G635.1

中国国家版本馆 CIP 数据核字第 202532R95D 号

教育变革中的教师生存发展状态研究

吴黛舒 等著

策划编辑	吴伟伟
责任编辑	宁 檬
责任校对	陈逸行
封面设计	雷建军
出版发行	浙江大学出版社

（杭州市天目山路148号 邮政编码310007）

（网址：http://www.zjupress.com）

排　　版	杭州林智广告有限公司
印　　刷	杭州钱江彩色印务有限公司
开　　本	710mm×1000mm　1/16
印　　张	16
字　　数	221千
版 印 次	2025年5月第1版　2025年5月第1次印刷
书　　号	ISBN 978-7-308-26052-7
定　　价	88.00元

目　录

CONTENTS

绪　论

一、研究背景、题解和概念

（一）研究背景

几十年来，随着教育变革的层层推进，无论是学校还是教师，其生存发展都毫无例外地和教育变革的洪流裹挟在一起。人的生存、发展和其实践方式相一致，教师的生存发展状态则和他们从事的教育实践密切相关。

教育变革是一种独特的教育实践形态，一方面，它构成了教师生存发展的新环境、新条件；另一方面，变革目标的实现不仅对教师的知识、能力、素养等提出了不同于常规实践的要求，而且还在更深层次上改变了教师的职业生活内容和结构，并进一步影响着教师生存的时间、空间格局，使他们的工作、学习、生活，从内容到形式，乃至相互关系，都衍生出新的状态。

教育变革仍将继续，无论主动还是被动，所有的教师都无法真正游离于这个进程之外。梳理过去，指向未来。进一步的教育变革会怎样影响教师的生存发展，教师可以怎样应对未来的教育变革，诸多问题，都值得进一步思考。

（二）题解

1.如何研究生存发展方式

人的生存方式就是人存在、生活的样式。生存就是活着，但人的生存还包含"为什么活着""以什么样的方式活着"等内容，所以，人的生存方式是稳定性与流变性的统一、制约性与选择性的统一。在一定阶段、一定时期，人的生存方式是相对稳定的，但从人类历史发展的长时段看，又是变动不居的；人的生存方式既受环境条件制约，具有不可选择性，同时人又可以发挥主体性和能动性，选择自己与环境的作用方式。两个统一性实际上包含了生存的几个基本要素："生存前提（人的'存活'）、生存实践（包括生存实践的条件、途径和主体）、生存价值（生活的'意义'）。"① 依据上述思路对"教师的生存发展"进行分解式理解，一是指教师的生存状态，即教师的生活、工作、交往、闲暇等方式和内容，以及它们之间的结构和关系状态；二是指教师的发展状态，一般倾向于教师职业（专业）自我的发展状态。对教师个体而言，"教师的生存发展"指教师的发展阶段、特点及教师的行为方式变化等过程性状态；对教师群体而言，可以指教师职业在不同历史时期、不同条件背景下，职业地位、经济地位、政治地位等生存前提的变化，以及教师工作、生活具体内容和形式等方面的变化。无论群体和个体，其生存发展状态既是环境的产物，也是自主适应的结果。

这仍是一个比较抽象的分析，而且，由于教师职业具有特殊性，对其"生存"和"发展"很难做出区分，因此很多时候不得不进行模糊处理。进入研究阶段，还必须找到反映教师生存发展的切实维度。

人是在特定时间、空间里进行社会生活和实践的。"时间—空间—活动"的三维结构可以准确地锚定一个人当下的状态：某时，在某地，做着某事。在时间的维度上，以 24 小时为例，什么时间，在什么地方，做了什么事，工作时间、休息时间、交往时间、交通时间等各占多少。时间的比例结构和空间的场所转化就会清晰展现，而且某个时间段的事务还可以继续具体化，如上课、批改作业、备课等各占多少。时间可以继续拉长到

---

① 范彩娥 . 人的存在方式问题探研 [J]. 北京大学学报（哲学社会科学版），2001(S1):23-27.

一周、一学期、一学年，甚至几年、几十年，长度足够时，就可以发现其"时间—空间—活动"在结构和内容上的演变趋势，也就意味着可以观察到其生存发展方式的变化。

从教师个体到教师群体，逻辑相通。当我们以教师群体作为研究对象时，就把他们放在更长的时间和更大的空间背景中，在时间、空间及活动（事务）的三维坐标中，把握其生存发展状态，如工作、学习、生活在时间上的比例及相互关系（如工作时间长度可以反映工作强度，也可以反映私人生活和工作的关系），工作的内容和方式，学习的要求和特点，个人生活的质量和满意度等。

2. 教育变革作为一个动态的影响因素

影响"变化"的因素，无论层次和类型都很复杂，宏观上的社会变迁，微观上的个人生活环境，甚至一个偶然事件，都会对人产生影响。本研究把教师的"生存发展"问题置于教育变革中进行考察，主要是想探究教育变革作为一种特异性的（非常规的）、有计划、有组织、有策略的实践活动，对教师生存发展的哪些层面产生了影响，又是如何影响的。具体来说：①教育变革对教师提出了哪些新的要求？通过哪些具体的方式把这些要求转化成教师生存发展的实践行动？如制度保障、评价标准的变革等，这些变革要素互相嵌套，共同实现了教师生存发展方式的转型。②在教育变革过程中，不同教师是否对变革产生同样的体验和认知？不同教师群体的生存发展状态是否有本质差异？教育变革中教师群体的分化意味着什么？③如何理解教师的"忙"和"累"？"忙"和"累"是对当前教师日常生活和工作状态的经验性、体验性描述，也是教师对自己日常状态的自我评价。学术性表达为教师的"压力"和"负担"。现在的教师不仅工作时间延长，而且工作节奏加快。无论是感觉忙和累，还是负担和压力较大，都意味着教师的"事务量"增加。教师增加了哪些事务？什么性质的事务？单位时间内事务的量和质，是反映教师生存发展状态的一个重要指标。

3. 作为研究对象的"教师"

本研究主要以义务教育阶段的教师为研究对象。但研究过程中，由于依据的相关教育法律、政策、文件，除个别的法规如《中华人民共和国义务教育法》外，基本上都是面向整个基础教育阶段（部分政策法规包含高等教育与其他类型教育），因此多以"教育""中小学教育"（含高中）、"教师"或"中小学教师"（含高中）来指称。虽然本书在指称上未做严格区分，但实际的考察与研究对象以小学教师、初中教师为主体，尤其涉及教育投入时，义务教育阶段和高中教育阶段在政策上有显著差异。

（三）基本概念

1. 教师的生存发展状态

依据上述分析，概括而言，教师的生存发展状态就是指教师群体或者个体在"时间—空间—活动"三维结构中的存在状态，或者是教师在特定时间、空间里的工作和生活状态，它通过教师实践活动的内容、形式、时间和空间的结构与比例反映出来。

2. 教育变革

教育变革一般由当局发动和组织，通过对教育系统的重要组成部分进行大规模的变革（如教育体制改革），使教育更好地适应教育系统外部的社会、政治、经济的发展需要。[1] 国际著名教育改革理论专家哈维洛克（Havelock）定义"教育变革"为"教育现状所发生的任何有深远和根本意义的转变"[2]。"深远和根本意义"的转变，强调教育变革的结果或效应是变化的，不过，该"变化"没有加入目标指向，不包含价值判断，是在"中性"意义上界定变革。

教育变革的层次不同。宏观层面的教育变革是对教育系统、亚系统进

---

[1] 钱民辉. 对教育变革命题的再检讨 [J]. 教育评论 ,1996(5):7–8.

[2] 张晓立. 解析美国高等教育 [M]. 北京 : 中央编译出版社 ,2012.

行大规模的调整和改进，一般是国家政府行为；微观层面的教育变革指向具体教育环节和行为的变动，可以从具体的教育管理层面、学校层面、教师层面发动变革。

无论宏观还是微观的界定，在"变化"这个意义上理解是一致的，教育变革是教育在某一情境中最初状态与今后状态的差异。[①] "教育变革是一种人为的对教育除旧布新，使教育向改革者所希望的方向发展的行动。"[②]

本研究中的"教育变革"既指由国家和政府发动的、旨在促使整个教育系统发生全局性变化的变革，也包含学校、教师层面的自主性变革行动。

二、研究基础

（一）教育变革与教师发展的关系研究

教育变革与教师发展的关系是教育变革研究的热点之一，也是教师发展研究的热点之一，研究结论和观点高度一致："教育变革和教师发展具有一致性。"[③]

这一认识和对当代教育变革模式的研究关系紧密，在对传统教育变革行政模式反思的基础上，出现了专家模式、校本模式和共同体模式。共同体模式是佐藤学和迈克尔·富兰所推崇的，由于两人在我国教育研究领域的影响，他们关于教师对教育变革作用的观点，直接影响我国教育理论界

① 王炳照.中国教育改革30年：基础教育卷[M].北京：北京师范大学出版社,2009;吴康宁.教育改革的"中国问题"[M].南京：南京师范大学出版社,2015.

② 袁振国.教育改革论[M].南京：江苏教育出版社,2005.

③ 吴康宁.教育改革成功的基础[J].教育研究,2012,33(1):24-31;黄书光.中国基础教育改革的历史反思与前瞻[M].天津：天津教育出版社,2006;吴黛舒.教育实践与教师发展[M].福州：福建教育出版社,2014.

对教师发展和教育变革关系的认识。[①]

有学者从参与者的角度分析教师对变革的态度，指出教育变革的成功离不开教师参与，参与变革能增强教师的主动性和责任感，反过来会促进变革的实施。[②] 还有学者认为教育变革以教师发展为依托，教师发展又以教育变革为契机，变革所倡导的教育理念会促使教师更新思想观念、转变教学行为实践，并最终获得内在基质的总体提升。[③]

（二）教师在教育变革中角色、地位和作用的研究

相对于教育变革，教师先后有两个角色定位：一是被批判的被动"执行者"；二是被提倡的参与"变革者"。迈克尔·富兰和佐藤学在此方面的理论贡献较为引人瞩目，并对后续研究起到奠基和引导作用。他们引发了对自上而下或自外而内的教育变革"防教师"的警惕和批判；此外，提出了"教师是变革的重要力量"的论断，明确了教师在变革中的角色（变革者）和作用（变革力）。

但理论共识与实践并不一致。在实然性调查研究中，教师对自己在变革中角色和地位的"自我认同"，并不符合理论的构想和预期。[④]

关于教师在变革中的作用研究，早期较多关注教师对变革的支持性行为。最近若干年的研究取向呈现多元化。第一，开始关注教师阻抗行为产生的原因和类型；第二，从把阻抗现象作为负能量转变为反思教师阻抗现象对教育变革的正面作用；第三，开始思考教师阻抗行为本身的合理性和

① 佐藤学. 学校的挑战：创建学习共同体 [M]. 钟启泉，译. 上海：华东师范大学出版社，2010; 佐藤学. 静悄悄的革命 [M]. 李季湄，译. 长春：长春出版社，2003; 佐藤学. 学习的快乐：走向对话 [M]. 钟启泉，译. 北京：教育科学出版社，2004; 富兰. 变革的力量：透视教育改革 [M]. 北京：教育科学出版社，2004.

② 余红丽. 教师参与教育变革的研究 [D]. 杭州：浙江师范大学，2016.

③ 刘国艳. 基础教育变革中的教师及其发展 [J]. 教育研究与实验，2006(4):50-54.

④ 曾晓东. 教师蓝皮书：中国中小学教师发展报告 (2012)[M]. 北京：社会科学文献出版社，2012; 中华人民共和国教育部师范教育司，中央教育科学研究所. 中国中小学教师发展报告·2010[M]. 北京：教育科学出版社，2011; 联合国教科文组织国际教育局. 教育展望：教育质量改进与教师发展的多维视角 [M]. 上海：华东师范大学出版社，2013.

正当性。①

在教师的变革作用研究中，有几个相互关联的主导性预设。第一，在价值上，教育变革具有先在的合理性或必然性；第二，教师执行变革、认同变革、参与变革是趋势；第三，教育变革受阻，更多是由于教师认识、行为无法适应教育变革。虽然这些看法随后被纠正，但教育变革和教师发展必然是正相关的相互促进关系，教师对变革的阻抗性需要被消解甚至被消灭，这一逻辑，在理论和实践中，一直占据主导地位。

（三）教育变革背景下的教师生存发展状态研究

教师的生存发展状态研究包含的内容较为广泛，目前比较集中的研究领域有教师工作满意度、工作压力、职业幸福感、职业倦怠、社会地位和待遇、专业自主权等。虽然教师群体在区域、城乡、校际乃至学科、年龄等方面存在差异，研究结论有所不同，但总体来说，也有一致性的认识，如满意度低、工作压力大、职业倦怠普遍、专业自主权受到挤压等。②

对教师职业生活、闲暇生活、交往活动及各种生活场域的研究，也传达出相对一致的信息，即教师的职业生活在时间和空间上所占的比重过大，教师的闲暇生活和社会交往从内容到形式都相对单一、匮乏。③

教师生存发展状态研究有两个显著特点：第一，在研究的价值取向上，研究者的立论视角一般以职业或专业发展为出发点和归宿，大多数的研究

① 孙景景.教育变革中的教师发展研究 [J].科教文汇（上旬刊）,2015(2):155-156；段旭.中学教师对新课程改革阻抗及其消解 [D].长春：东北师范大学,2005；杭海.论新课改中教师的阻抗心理及消除 [J].新课程研究（基础教育）,2006(7):57-59；邵光华，袁舒雯.教师课改阻抗及消解策略研究回溯与反思 [J].教育理论与实践,2013,33(17):33-35.
② 郑晓芳.中小学教师职业压力对职业倦怠和工作满意感的影响研究 [D].长春：吉林大学,2013；杨玲，付超，赵鑫，等.职业倦怠在中小学教师工作家庭冲突与主观幸福感间的中介效应分析 [J].中国临床心理学杂志,2015,23(2):330-335；盖阔，李广.中小学教师队伍发展：成就、问题与策略——基于全国 8 个省份中小学教师工作、生活样态调查 [J].华南师范大学学报（社会科学版）,2020(6):107-116,191.
③ 赵辉.教师闲暇生活相关研究的综述 [J].湖北成人教育学院学报,2012,18(2):7-8；华开锋.教师的业余生活哪里去了 [J].中国教师,2007,3(46):28-29；连静.中小学教师休闲生活的研究 [D].湘潭：湖南科技大学,2013；任虹燕.中学教师休闲生活探析 [D].成都：四川师范大学,2013.

旨归和意义最后还是落在"促进教师职业或专业发展"。第二，在研究对象取舍上，从一般和具体两个层面描述教师生存发展状态的研究较多，前者以大样本的方式揭示教师的群体性生存特征，后者以叙事研究等方式考察个别教师的生存发展状态。对教育变革中不同发展状态的群体，尤其对变革中成功教师（如名师）和一般教师的生存质量等方面的差异研究相对不足。

（四）教师变革行为的发生、发展过程和特点研究

对教育变革中的参与者、成功者及其发展过程、特点的关注较多。例如，教师变革行为发生与发展的一般过程和特点、变革型教师的素质结构、教师的教育变革观、教师变革行为的变化、教师自我发展需求的变化，以及不同学科、不同年龄（或教龄）教师的发展特征等。名师群体是其中重要的研究对象。[①]

这些研究所指向的目标都是"成功"。要么是对"成功"的研究，要么是对"为了成功"的研究，同时也出现了一些和"成功"相关的主导性关键词，如发展自觉、生命性、蜕变、开放、能动性等。[②]"成功"研究的兴起，也意味着这一话语体系按照某一规则对教师群体进行了区分和划界，从而客观产生了另外一个"成功之外的沉默群体"。

（五）"沉默的群体"和"缺失的研究"

教育变革是一个持续不断的过程，但教师的变革行为未必如此。对于某个具体的变革来说，有坚持到底的教师，有中途被淘汰或者选择自我终止的教师，也有自始至终都以旁观者的姿态"隐形"从而被认定为拒绝发

---

① 童富勇，程其云.中小学名师专业成长的影响因素分析——基于浙江省221位名师的调查 [J].教育发展研究,2010,30(2):64-68;张贤金，陈光明，吴新建.中小学名师培养人选的遴选:做法、评析与建议 [J].中小学教师培训,2013(3):22-24;郑爽，胡凤阳."名师热"的冷思考 [J].教育学术月刊,2011(3):53-55.

② 柳国梁，等.基础教育教师发展:追求与超越 [M].杭州:浙江大学出版社,2014;吴黛舒."新基础教育"教师发展指导纲要 [M].桂林:广西师范大学出版社,2009.

展、发展失败的教师。教育舞台上的中心是名师，除此之外是教师队伍中占绝大多数的"沉默的群体"，他们不是不出现，而是常以下面的方式出现。第一，作为一种数字背景，如在某培训工程中，约有百分之多少的教师接受了培训。第二，作为突出分子作用的分母。第三，作为"问题"的载体、被发展的对象，或者前进路上的某种"障碍"。他们出现的方式一般比较集中或者抽象，但他们是教师队伍中的基础。他们可能不是某项教育变革活动的中坚力量，却是教育的基石，是决定了教育存在的"存在"；他们也许不积极主动参与变革，甚至会"反抗"变革，但是也可能在变革中发挥积极作用。

基于既有研究，相对于关注发展、关注一般意义上的群体性和个体性，本研究更倾向于关注教师的生存发展状态，关注变革中的群体分化和不同群体的生存差异。

三、研究思路

（一）教育政策法规是教育变革的文本对象

研究教育变革对教师的影响，首先，要确定有哪些主要变革要素；其次，要分析这些要素如何影响教师。教育政策法规是教育变革的"文本化"形式，政策法规中对教师发展的要求，直接体现了教育变革对教师的发展要求。因此，笔者选择有关教师发展的教育政策法规，梳理不同变革时期的教育政策法规对教师的入职要求、职业素养要求、发展要求，以及促进教师发展的保障机制和具体策略、办法等，从宏观角度诠释几十年来教师生存发展环境的变化，具体通过教师政治、经济、职业、专业地位的变化进行说明。在此基础上，以教师工资制度、教师职称制度作为重点，具体分析工资分配改革、职称评审改革等对教师生存发展方式的影响。

和教师发展相关的制度有很多，如教师培训、表彰与奖励、教师培养、教师工资、教师资格、教师队伍建设标准、职称、编制等制度。选择教师工资制度和教师职称制度作为重点分析对象的理由如下：第一，它们能持续影响教师的日常工作与生活。教师培养制度、教师资格制度等也和教师息息相关，但对于在职教师来说，它们是"完成时"，而绩效分配及围绕绩效的考核是每年都必须进行的。从初级职称到高级职称要经历一个比较长的过程，而且对教师来说，其重要性不仅仅体现在对自己专业能力的证明，而且还关系到自己的声誉、收入及其他资源的获得。第二，它们持续影响教师的发展取向，对教师发展什么、怎么发展、发展到什么程度起着价值导向作用。例如，在教师工资制度中，绩效的标准等影响到教师关注自己发展什么；在教师职称制度中，评审的指标及权重大小，决定了教师看重什么、追求什么。

（二）教师的群体及个体生存发展研究

首先，名师群体的生存发展研究。任何一个时代对教育有影响力的人（他们可以被称为教育家、教育专家或者教育名师）都和急剧的社会变革、教育变革紧密相关。他们既是教育变革的引领者、实践者，也因教育变革而成长（成功）。教育变革与教育名师或名家的互相成就，呈现出相得益彰的关系。

其次，非名师群体的生存发展研究。研究名师的目的不仅在于了解名师如何成名或成功，更在于透过他们关注"沉默的群体"，并分析和判断两个群体在生存发展方式上的差异性。

最后，教师个体的生存发展研究。由于既有对教师生存发展状态的研究多着眼于学校内部的职业生活，也就是法定的时间、空间内的工作生活，所以本研究选择"八小时"之外，即将制度化时间之外的教师活动内容和场所作为分析对象，在"时间—空间—活动"的三维结构中分析教师的生存发展状态。

（三）教师的时间、事务、边界、权利

在上述研究基础上，尝试回答教师的时间为什么紧张，教师的事务为什么增加等问题，并从教育边界等理论视角做出解释。

四、研究方法

主要采用文献研究法、调查研究法、比较研究法、叙事研究法等。

第一，文献研究法。系统梳理与研究主题相关的资料，并对这些资料进行分析、整理，形成与教育变革和教师发展、教育政策法规、工资制度改革、职称制度改革、教师发展群体性特征、教师工作生活质量等相关的文献综述。

第二，调查研究法。主要通过访谈、问卷调查以及教师作品分析（如教师自述、自传）等方法，展开对工资分配、职称评审、改革参与、工作时间和压力、生活内容等方面的调查，获得一手资料。

第三，比较研究法。主要涉及工资制度和职称制度的国际比较，教师收入和职称的地域、城乡差异比较，教育名师生存方式的历史比较等。

第四，叙事研究法。对某小学教师八小时工作时间外的生活进行叙事研究，以直观的方式呈现教师的职业生活对其私人生活的影响。

第一章　政策法规中的教师发展
——对教育变革与教师发展关系的审视

第一节　教育政策法规中的教师发展走向

教育政策是"政党、政府等政治实体在一定历史时期，为实现一定教育目标和任务而协调教育的内外关系所规定的行动依据和准则"[①]。

政策法规制定和颁行的主体有全国人大、全国人大常委会、国家行政机关、省级人大及省级人大常委会等。本研究涉及的教育政策法规主要是全国人大、国务院、教育部等国家机构发布的相关教育政策法规，以及有关教师发展的文件、决议和通知。

以教师发展重心的转变为依据，教师发展政策可分成四个时期：教师规模化发展时期、教师资格制度化发展时期、教师素质化发展时期和教师专业化发展时期。

一、教师规模化发展时期（1977—1985 年）

改革开放前，我国教师队伍出现了一系列反常现象：教师编制被随意

---

① 孙绵涛 . 教育政策学 [M]. 武汉 : 武汉轻工业大学出版社 ,1997.

侵占；师范毕业生无法被分配到相应的教育岗位；教师自然减员后得不到补充等。教师队伍管理混乱、教师极度缺乏，使教师队伍的发展速度、规模和质量，都呈现不正常的状态。

邓小平曾提出"尊重知识，尊重人才"，反对一切不尊重知识分子的错误思想，强调教育工作要狠狠地抓，要一直抓下去。这一论断给教师队伍发展带来了转折和希望。1978年，邓小平在全国科学大会开幕式上讲话指出，四个现代化中关键的是科学技术的现代化，而要为科学技术提供满意的人才，教育是基础。由此，教育领域开始修复和重建。

（一）重点任务：肯定教师地位，扩充教师数量

1.肯定教师的基础性地位

这一时期，国家重新确立了"解放思想，实事求是"的政治思想路线，提倡尊重知识和人才。随着改革开放政策的逐步实施，国家的工作重心转移到经济建设上。与之相适应，人们开始重新审视教育的功能与价值，从社会发展的角度，全面看待教育与社会的发展、教育与人的发展的关系，肯定教育在经济建设、科技进步和社会发展中的基础性地位。

伴随着教育地位的确立，尊重知识与人才观念的觉醒，教师的地位得到重新审视。1978年，在全国科学大会开幕式上，邓小平肯定了教师的工作，指出"人民教师是培养革命后代的园丁。他们的创造性劳动，应该受到党和人民的尊重。……应该给以表扬和奖励"[1]。同年，邓小平在全国教育工作会议上进一步明确"要提高人民教师的政治地位和社会地位"[2]，呼吁整个社会尊重教师。同时指出，一个学校能不能为社会主义建设培养合格的人才，培养德智体全面发展、有社会主义觉悟的有文化的劳动者，关键在教师。我国第一次正面肯定了教师的社会地位和劳动价值。

---

[1] 邓小平. 邓小平文选：第二卷 [M]. 北京：人民出版社,1994.
[2] 教育部社会科学司. 邓小平理论概论课文献选编 [M]. 北京：高等教育出版社,1998.

2. 扩充教师数量

1977年，党的第十一次全国代表大会提出"扩大和加快各级各类教育事业发展的规模和速度"，这个目标的实现条件之一，是需要一大批教师。但当时教师严重匮乏。从小学来看，1977年在校生人数比1965年净增约3000万人，按1965年生师比为30：1来算，应再增加小学教师100万人。而同一时期中等师范学校毕业生仅补充40余万人，加上大批小学公办教师被抽调到中学，小学教师数量严重不足。[①] 从中学来看，1977年中学在校生人数比1965年净增约6000万人，按1965年生师比为20：1来算，应增加中学教师300万人。而同一时期，高等师范院校的毕业生仅有21万人，只占应增教师数量的7%。其中，还有30%的毕业生没有当教师，而是被分配到其他领域。[②]

为了解决中学教师缺额问题，各地区将原本培养小学教师的中等师范学校的毕业生分配到初中，同时大量抽调小学公办教师和增加民办教师。1978年，全国中学教师达到381.2万人，比1965年增加了272.5万人，在增长了2.5倍的教师人数中，高等师范学校毕业生仅占7.7%，其余92.3%的教师都是从小学骨干教师和中等师范学校毕业生中抽调、吸收的，中学教师文化业务水平合格的比例，由1965年的2/3降为1/3。

（二）具体要求：迅速弥补教师数量缺口

1978年，小学教师的合格率（达到规定的学历水平）由1963年的74.7%下降到36.1%，中学教师由71.8%下降到18.2%，是新中国成立以来的最低。[③] 从合格率看，教师质量问题相当严峻，但即便如此，质量问题还是被严重短缺的教师数量问题遮蔽了。

1978年，全国教育工作会议结束后，教育部发布了《关于试行全日

---

① 何东昌.中华人民共和国重要教育文献(1949—1997)[M].海口：海南出版社,1998.

② 蔡首生.我国改革开放以来教师教育政策的反思[D].长沙：湖南师范大学,2015.

③ 谢安邦.中国高师教育的历史沿革及特点分析[J].上海高教研究,1993(2):94-100.

制中学暂行工作条例（试行草案）》和《全日制小学暂行工作条例（试行草案）》，两个文件均提出教师应达到教好功课、爱护学生、以身作则和努力学习的基本要求，用普通话教学，加强师资培训。[①] 对教师的具体要求略有提及，但尚未形成标准，因为解决教师数量的短缺问题是当务之急。教育事业正常运行需要的教师数量得不到基本满足，教师的发展质量问题就无法真正走向台前。

（三）主要措施：提高教师地位，构建师范教育体系

1. 肯定教师的政治地位、社会地位，提高教师经济地位

（1）政治地位：肯定知识分子是工人阶级的一部分。1978 年的全国教育工作会议，对教师的政治地位给予了明确的定性。在肯定教师社会价值的基础上，邓小平指出："绝大多数教职员工热爱党热爱社会主义，勤勤恳恳为社会主义事业教育事业服务，为民族、为国家、为无产阶级立了很大功劳。为人民服务的教育工作者是崇高的革命的劳动者……为培育革命后代不辞劳苦，作出贡献，我们更要表示慰问和敬意。"[②] 这从政治上肯定了"知识分子是工人阶级的一部分"，无论是从事体力劳动还是脑力劳动的人，均属于劳动者。自此，教师群体作为知识分子和工人阶级一部分的社会属性和政治属性得以确定下来，教师作为脑力劳动者长期处于"接受改造"的状态，得到根本扭转。

（2）社会地位：设立教师节、荣誉称号。1985 年，第六届全国人大常委会第九次会议通过了国务院关于设立教师节的议案，确定将每年 9 月 10 日定为"教师节"。教师节的设立对全社会形成尊师重教的风气、调动教师教书育人的积极性起到了一定的助推作用。

设立中小学教师荣誉称号。1978 年，教育部联合国家计划委员会下发

---

① 何东昌．中华人民共和国重要教育文献 (1976—1990)[M]．海口：海南出版社，1998.

② 邓小平．邓小平文选：第二卷 [M]．北京：人民出版社，1994.

《关于评选特级教师的暂行规定》，规定优秀的教师可被评选为特级教师。文件指出在政治、业务和学历方面对特级教师的要求，并通过补贴的方式相应提高其工资待遇。该文件对特级教师的评选条件、评选办法、奖励办法、审批手续等做出了相关规定，开启了教师评选工作制度化、规范化的进程。到 1982 年底，全国共评选出特级教师 1113 名。[①] 各地还陆续授予部分教师"模范班主任""优秀教师"等荣誉称号。此外，全国各地还采取了一系列尊师重教的措施，其中，1979 年教育战线的 16 个先进单位和 48 名劳动模范受到了国务院嘉奖。对特级教师的评选，是提高教师社会地位的一项有力举措，目的是使教师逐渐成为受人尊敬的职业，提升教师的职业吸引力，推动尊重知识和尊重人才的社会风气的形成。

2. 恢复和构建师范教育体系

（1）增加师范学校数量。1977 年，全国共有师范学校 59 所。1978 年改革开放后，我国恢复和增设的普通高等学校共 169 所，其中师范学校 77 所（含师范专科学校 65 所），占总数的 45.6%。[②] 据统计，1978 年，我国中等师范学校有 1053 所，在校生 48 万人；高等师范学校 161 所，在校生 31 万人。[③]1980 年，高等师范学校达到 172 所。1985 年，我国独立设置的高等师范学校已发展到 253 所，在校生 42.56 万人。从 1980 年第四次全国师范教育工作会议到 1996 年第五次全国师范教育工作会议期间，我国师范教育体系已基本形成。

（2）积极恢复教育学院并加强建设。1978 年，教育部颁布了《关于恢复或建立教育学院或教师进修学院报批手续的通知》，推动了各级教育学院的恢复和建设。到 1979 年底，全国建立和恢复的教育学院、教师进修学院有 34 所，另有高等师范学校附设的函授部 44 个，并且各地普遍建立

---

① 胡松柏 . 中国教育改革与发展六十周年辉煌历程：卷一 [M]. 北京：中国教育出版社 ,2009.

② 金长泽，张贵新 . 师范教育史 [M]. 海口：海南出版社 ,2002.

③ 黄葳 . 教师教育体制改革：国际比较研究 [M]. 广州：广东高等教育出版社 ,2003.

省、地、县、公社和学校五级在职教师培训网。参加进修的中学教师达到86.3 万人，占应进修教师的 35%；参加进修的小学教师达到 137.5 万人，占应进修教师的 47%。[1]1982 年，国务院批转教育部《加强教育学院建设若干问题的暂行规定》，指出教育学院是"承担培训中学在职教师、教育行政干部的具有师范性质的高等学校，是我国社会主义师范教育体系的重要组成部分"[2]。1985 年，教育学院由 1978 年的 17 所增加到 216 所。[3]

恢复独立封闭的三级师范教育体系。1978 年，教育部印发的《关于加强和发展师范教育的意见》指出，办好师范教育是解决师资问题的根本途径。为此，从三个层次来发展师范教育：一是办好中等师范学校，其主要负责培养小学教师和承担部分小学在职教师的培训工作；二是建立师范专科学校，其主要负责培养初中教师和承担部分在职初中教师的培训工作；三是六所教育部直属高等师范学校承担为全国各地的师范学校、师范专科学校、中等师范学校和重点中学培养师资的任务。自此，全国各地开始恢复三级师范教育体系，建立以师范大学（四年制）、师范专科学校（三年制）、中等师范学校为主的教师教育体系。1980 年召开的第四次全国师范教育工作会议再次强调，当前教育事业的主要任务是进一步完善师范教育，并要求教育部办好直属师范大学和师范学院；规定每个省（区、市）都应设立一所或几所高等师范学校，在经济发达地区，要有一所师范专科学校和几所中等师范学校。这些学校主要服务于本地区，为地区发展培养师资，因此招生范围是全省或本地，实行地方化管理，形成能依据地方发展状况、适应地区教育发展需求的师范教育网。

初步形成开放式师资培养体系。《关于加强和发展师范教育的意见》指出，在职中小学教师和发展教育事业所需补充的新师资，都应具有相当一

---

① 安树芬 , 彭诗琅 . 中华教育历程 : 第 35 卷 [M]. 呼和浩特 : 远方出版社 ,2006.

② 何东昌 . 中华人民共和国重要教育文献 (1998—2002)[M] 海口 : 海南出版社 ,2003.

③ 《中国教育年鉴》编辑部 . 中国教育年鉴 [M]. 北京 : 人民教育出版社 ,1989.

级的师范学校或高等学校毕业水平。为实现这一目标，一是快速发展师范学校，由其毕业生充实教师队伍，并鼓励其他高等学校毕业生投身教育事业。二是从青年工人、上山下乡和回乡知识青年中选拔优秀人才，考核成绩达到高中毕业程度的也可以加入教师队伍。1980年，《关于师范教育的几个问题的请示报告》再次明确，教师应经过师范学校或其他学校的严格训练，非师范学校毕业的学生满足知识、教学、品德三个方面的条件后也可以任教。

加强在职培训。1977年，教育部发布《关于加强中小学教师在职培训工作的意见》，为师资培训工作的开展提供了政策支撑。因为师资短缺，将小学教师调到中学教学的情况很普遍，加上之前为了解决师资问题用高中毕业生甚至是初中毕业生补充教师队伍，教师数量和质量上存在较大问题。为了解决这些问题，《关于加强中小学教师在职培训工作的意见》要求在三年内，小学教师、初中教师和高中教师的毕业水平分别为中等师范学校、师范专科学校和师范学院。此外，设置了教师的专业发展目标，强调参加培训的教师要进行业务技能的学习和实践教学的锻炼，对教师的语言表达能力、板书的书写能力及教学工作的职责等方面都做了具体规定。1980年，教育部颁发的《关于进一步加强中小学在职教师培训工作的意见》提出制定中小学教师培训计划，实行全国统一的教学计划，为后期规范教师培训制度奠定了基础。为进一步提升教师的教学水平和业务能力，1982年，教育部发布了《关于试行中学教师进修高等师范专科、本科进修计划的通知》，并在随附的两份试行草案中对教学目标、进修方式、课程设置等进行了统一规定，在全国范围内试行。同年，教育部发布《关于试行小学教师进修中等师范教学计划的通知》，对进修中等师范学校做出具体规定。这些教师培养培训政策的颁发和执行，对在职教师质量的提升起到了至关重要的作用。

重新制定师范学校学制。1978年，《关于加强和发展师范教育的意见》

发布，其将中等师范学校的学制设置为两种：招收高中毕业或具有同等学力的小学民办教师（含代课老师）的三年制师范班和初中毕业及具有同等学力的小学民办教师（含代课老师）的两年制师范班。1980年，教育部颁布《关于办好中等师范教育的意见》，要求重新规划学制，将中等师范学校的学制分为三年制和四年制两种，招生对象为初中毕业生和具有同等学力的社会青年；此外，还开办学制为两年的民办教师班。由于各地区办学条件不一，高等师范教育专科学校是两年制和三年制并存。

3. 重整民办教师队伍

民办教师出现在20世纪50年代的中国农村，是指未列入国家教师编制的教学人员，是农村普及中小学教育的主要人员。除少数在农村中学任教外，绝大部分民办教师集中在农村小学，一般具有中学及以上文化程度。在生活待遇上，民办教师除了享受所在地同等劳动力工分报酬外，另有国家按月发放的现金补贴。"文革"期间由于师范学校停办，农村小学教师几乎全部是民办教师。1977年，我国民办教师人数达到历史最高峰，约471万人，占全国中小学教师总数的52%，在500多万名小学教师中，民办教师占了六成以上。[①]

（1）实施民办教师资格考核。1978年，《关于加强中小学教师队伍管理工作的意见》提出民办教师的管理与任用问题，"本着任人唯贤、德才兼备的原则，经学校、大队提名，公社选择推荐，县教育行政部门审查（包括文化考查）批准，发给任用证书"。1981年，教育部转发了《河北省关于整顿民办教师队伍经验的通知》，要求全国向河北省学习整顿民办教师的经验，"首先对民办教师的工作态度、业务水平、教学效果、文化程度进行全面考核，以工作态度和教学效果为主，一般采用听（课）、看（教案、学生作业）、查（学生近年成绩）、谈（开学生和家长座谈会）、测（文

---

① 王献玲. 中国民办教师始末研究 [D]. 杭州：浙江大学,2005.

化测验）等方法"[1]，从教学活动、学生学习结果反馈、家长沟通三个方面对教师进行考核。"经过考核，将民办教师分为三类：合格的，即能胜任教学工作的；虽然考核不合格，但还能勉强进行教学，而且有培养前途的；不合格的，即不能胜任教学工作，而且继续培养提高都有困难的。对第一类的民办教师发放合格证书；第二类的民办教师发给试用证书，待文化业务水平提高后再经过考核，合格者可换发合格证书，仍不合格者，予以辞退；第三类的为精简转业对象。"[2]

（2）规范民办教师管理。改革开放后，随着师范学校秩序恢复，相关国家政策出台，师范生人数逐年增加，国家开始治理民办教师队伍。首先，控制民办教师的数量，只减不增。其次，在民办教师资格认定、业务培训、转正和待遇等方面进行规范管理，逐步健全了相关制度。1981年，民办教师的总数为396.7万人，占中小学教师总数的47.7%。其中，小学民办教师325.2万人，约占民办教师总数的82%。

4. 严格规范教师的调配

为保证中小学教师的数量，在源头上对教师调配进行规范，1978年，《关于加强和发展师范教育的意见》规定，其他高等院校和短期大学的毕业生，要有一部分做中学教师，扩大了教师来源。同年，《关于加强中小学教师队伍管理工作的意见》指出，中小学公办教师的管理、调配及高师、中师毕业生的分配由县局掌握。辞退或调换民办教师需征得学校同意。之后，各地开始进行中小学教师队伍的整顿，调回了大批被借调从事其他工作的教师。以山东省为例，1978年底调回的教师人数占被调教师总数（10350人）的80%以上。[3]1980年，教育部颁发《关于办好中等师范教育的意见》，再次明确中等师范学校招生指标，必须用于培养小学师资，不

---

① 何东昌. 中华人民共和国重要教育文献 (1976—1990)[M]. 海口：海南出版社,1998.

② 刘英杰. 中国教育大事典 (1949—1990)[M]. 杭州：浙江教育出版社,1993.

③ 安树芬, 彭诗琅. 中华教育历程：第 35 卷 [M]. 呼和浩特：远方出版社,2006.

得挪作他用。[①] 同年，教育部颁发《中等师范学校规程》，要求中等师范学校毕业生至少必须服务教育工作三年，其间不得挪作他用，调任他职。

二、教师资格制度化发展时期（1986—1998 年）

（一）重点任务：培养合格教师

教师基本数量得到保证之后，质量问题就凸显出来。教师发展的重点从扩大数量和规模逐步转变为培养合格教师。

20 世纪 70 年代末，由于缺少足量的教师，很多教师是"半路出家"或迫于无奈"赶鸭子上架"，他们既没有扎实的学科性专业知识，也没有科学的教育教学知识，教师的任教门槛很低，几乎没有行业标准，以至于无论用学历、学力、教学基本素养中的任何一个标准衡量，都有大批不合格者。随后教师数量问题虽在一定程度上有所缓解，但并未根本解决，合格教师更是严重缺乏。对全国 802.2 万名中小学教师的调查发现，需通过重新培训才能胜任基本教育教学工作的教师占比高达 42%，完全不能胜任教育教学工作的占比 12%。[②]

1985 年，改革开放后的第一次全国教育工作会议通过了《关于教育体制改革的决定》，这是我国教育史上的一个重要里程碑。该决定成为之后相当长时期内教育发展与变革的纲领性文件。该决定做出实行九年义务教育的战略决策，指出"教育体制改革的根本目的是提高民族素质，多出人才、出好人才。教育必须为社会主义建设服务，社会主义建设必须依靠教育"。教育必须为社会主义建设培养大量"四有"人才，而人才培养的关键在教师。因此，"建立一支有足够数量、合格而稳定的师资队伍，是实行

---

① 国家教育委员会师范教育司 . 师范教育文件选编 (1980—1987)[M]. 长春 : 东北师范大学出版社 ,1989.

② 柳斌 . 全面素质教育手册 [M]. 北京 : 九州图书出版社 ,1997.

义务教育、提高基础教育水平的根本大计"①。此后，进入培养充足合格教师的发展阶段。

（二）具体要求：能基本胜任教育教学工作

1. 提高教师学历合格率

1978年，《关于加强和发展师范教育的意见》曾提出教师的学历发展目标。由于该目标一直未能实现，因此，此前对教师的学历要求也成了原则性规定，这一状况持续到1985年，《关于教育体制改革的决定》再次规定教师只有达到了相应的学历标准才可以任教。

1986年，《中华人民共和国义务教育法》发布实施。该法第十三条规定：通过加强和发展师范教育，将"小学教师需中等师范学校毕业""初中教师需师范专科学校毕业"，分别提升为"小学教师具有中等师范学校毕业以上水平""初中教师具有高等师范专科学校毕业以上水平"。至此，义务教育阶段教师的学历有了明确的法律规定。

1986年3月，国家相继发布《关于加强和发展师范教育的意见》和《关于基础教育师资和师范教育规划的意见》，这两个文件均明确我国各级各类学校教师的学历标准为：高中教师具有师范学院（大学）或相当于高等院校毕业学历，初中教师具有高等师范专科学校或同级专科学校毕业及其以上学历，小学教师具有中等师范学校毕业及其以上学历。它们为后来《教师资格条例》对教师的学历要求提供了参考。

1992年，《关于加快中学教师学历培训步伐的意见》指出，小学、初中、高中教师合格学历的比例有了明显提升，分别达到80.7%、51.8%、47.2%，其中取得"专业合格证书"的中小学教师人数达到60多万人，但中学教师尚未达到国家的学历要求比例。1993年，《教师法》第十条提出"实行教师资格制度"，首次以法律的形式确立了我国合格教师的学历

---

① 中共中央文献研究室. 改革开放三十年重要文献选编 [M]. 北京：中央文献出版社, 2008.

标准：小学教师的学历标准不变，依旧保持中等师范学校毕业及其以上学历；初中教师的学历标准基本保持不变，在原有"高等师范专科学校毕业及其以上水平"的基础上增加了"其他大学专科毕业及其以上学历"。这一变化的前提条件是，鼓励师范学校以外的普通高等专科学校和综合性大学开设师范学院以培养师资。高中教师学历有了明显的提升，从"师范院校（大学）或相当于高等院校毕业学历"提升为"具备高等师范学校本科或其他大学本科毕业及其以上学历"。同年，中共中央、国务院颁发的《中国教育发展和改革纲要》重申，绝大多数教师都应达到国家规定的学历标准，并进一步调整教师学历的发展目标："到 20 世纪末，小学教师学历升到专科，初中教师学历升到本科，比重逐年提高。"这是我国第一次提出将小学教师的学历要求提升到专科水平，初中教师提升到本科水平。

1995 年，《中华人民共和国教育法》发布，规定了教师资格和任用的相关细则，再次对中小学教师的学历进行了明确划分，要求学历不合格的教师尽快通过继续教育或者脱产进修的方式进行学历教育。

1996 年，为保证"九五"计划的顺利实施，国家教育委员会在《关于"九五"期间加强中小学教师队伍建设的意见》中提出，小学、初中、高中各教育阶段教师的学历合格率在 2000 年要分别达到 95%、88% 以上、70% 左右。①

2. 明确合格教师的知识能力要求

（1）重视思想品德和政治教育。新中国成立以来，中等师范教育继承了老解放区师范学校的特点，一直沿袭着对师范生进行思想政治教育的革命传统。1980 年，第四次全国师范教育工作会议提出，应提高师范学校学生的政治思想和品德作风，培养教师高尚的道德品质和崇高的精神境界。1986 年，《中小学教师考核合格证书试行办法》发布，将"思想品德好"作

---

① 教育部师范教育司. 师范教育工作资料汇编 (1996—2000)[M]. 长春：东北师范大学出版社,2001.

为获取合格教师资格的主要要求之一。1990 年，国家教委制定和颁发《中等师范学校的德育大纲（试行）》和《中等师范学校学生行为规范（试行）》，其中明确了中等师范学校德育工作的目标是为培养合格的小学和幼儿园教师奠定政治思想、道德品质方面的基础。1993 年修订的《教师法》中再次强调教师要有良好的思想品德。同年 2 月，中共中央、国务院颁发《中国教育改革和发展纲要》，指出建设"具有良好的政治业务素质、结构合理、相对稳定"[①] 的教师队伍。

（2）重视文化和业务知识的掌握。1986 年，《中小学教师考核合格证书试行办法》体现了对教师文化和业务知识的重视。"专业合格证书"的考核目标提出，教师除具有所教学科的文化基础知识外，还要掌握教育学和心理学基本原理，在教育教学过程中能初步运用教育学和心理学的知识组织教育教学活动。"教材教法考试合格证书"的考核目标是教师初步了解教学大纲、教材，并掌握基本的教学法。

（3）重视师范生的基本功训练。1986 年，国家教委发布《关于调整中等师范学校教学计划的通知》，提出中等师范学校应重视培养师范生的独立工作能力和教育教学的实践能力，开展较全面的教师基本功训练。教师基本功训练的内容在"三笔"（毛笔字、钢笔字、粉笔字）、教学用语（普通话）、口头表达能力、组织管理能力的基础上进一步扩展。20 世纪 90 年代，中等师范学校对小学教师的基本功训练包括自学能力、表达能力、审美能力、组织能力和制作能力等。

（4）重视师范生的教育实践。1989 年，国家教委颁布《三年制中等师范学校教学方案（试行）》，将教育实习改为教育实践。教育实习侧重在教育教学活动或过程中学习；教育实践的内涵更丰富，旨在理论联系实际，强调将教学理论运用于教育实践中。实践不局限于小学实习，具体包括参

---

① 中共中央文献研究室 . 十四大以来重要文献选编（上）[M]. 北京 : 中央文献出版社 ,2011.

观小学、教育调查、教育见习和教育实习；教育实践应尽可能与教育专业课内容、文化课的教学进度和各种社会活动相结合，贯穿于三年的教学活动中，实践总时长为十周左右。

除基本的教育教学知识与能力，1986 年出台的《义务教育法》还提出学校应使用普通话教学。

（三）主要措施：以学历教育为主，加强教师培训

1. 加强以学历教育为主的在职培训

（1）学历补偿：创立"三沟通"的中学教师学历教育新模式。国家教委于 1992 年颁布《关于加快中学教师学历培训步伐的意见》，提出将函授教育、卫星电视教育、自学考试三者相结合（即"三沟通"），以提高教师学历。该模式强调"缺什么补什么，教什么学什么"，以知识与理论培训为主，多在大专院校和教师进修学校进行培训。国家教委继而印发了《关于加强高师函授、卫星电视教育、自学考试相沟通培训中学教师教学和管理工作的意见》，确保提高教师的培养质量。

（2）学历提升：开展专科程度小学教师培训试点。1991 年，为落实"八五"计划对教师的学历要求，国家教委下发了《关于进行培养专科程度小学教师试验工作的通知》。为保障专科程度小学教师培养试验工作的深入开展，《关于批准部分省（直辖市）进行培养专科程度小学教师的试验工作的通知》（1992 年）和《关于继续搞好培养专科程度小学教师试验工作的通知》（1993 年）相继发布，这些文件介绍了试验学校相关的工作，具体包括：试验地区和试验学校的必备条件、试验学校学制与课程、试验学校的招生与管理。1992—1994 年，国家教委共计批准了 65 所中等师范学校，在大专院校的协助下开办初中毕业起点的五年制大专试点班，[①] 采用中师与师专联合的办学模式，保证小学教师的学历水平。

---

① 杨力，宋尽贤. 学校艺术教育史 [M]. 海口：海南出版社,2002.

20 世纪 90 年代中期，提升教师学历层次的要求愈加明确。1996 年 4 月，国务院学位委员会第 14 次会议审议通过了《关于设置和试办教育硕士专业学位的报告》，该报告决定为在职教师设置教育硕士专业学位。90 年代末，还提出了高中教师在职攻读硕士专业学位的具体要求。教师学历在标准化的基础上，出现了进一步提升层次的新发展要求和趋势。

2. 加强以师范教育为主体的多渠道教师培训

1986 年，《关于加强在职中小学教师培训工作的意见》指出了教师培训的任务、要求、渠道和方式等，进一步推进了我国中小学教师在职培训的制度化进程。1991 年，国家教委印发《关于加速师范院校标准化建设，培养合格的中小学教师座谈会纪要》，提出师范学校建设的标准化问题。同年 12 月，《关于开展小学教师继续教育的意见》提出完善小学教师的合格标准，详细规定了小学教师继续教育的原则、任务、层次、内容、形式和方法。

教师培训以教师进修学校、普通高等学校、中等专业学校为主体，辅以社会力量组织的自学考试、卫星教育、电化教育等在职、脱产、函授等方式，形成了多渠道的教师培训体系。

3. 实行教师资格考核，教师资格制度化

（1）实行教师考核合格证书制度。《中华人民共和国义务教育法》不仅标志着我国教育发展开始了法制化建设，也拉开了我国教师队伍建设、教师资格制度的法制化序幕。《关于实施〈义务教育法〉若干问题意见的通知》进一步具体化了教师的任教资格。

1986 年，《中小学教师考核合格证书试行办法》颁布，我国开始实行教师考核合格证书制度，规定 1986 年 9 月 1 日以前不具备国家规定学历的中小学教师（含农职业中学文化课教师），只有通过考试取得国家规定学历或考核合格证书才能担任教师。[①] 该试行办法提出了"教材教法考试合格证书"和"专业合格证书"两种考核合格证书。同年10月,《中小学教师考核合格证书制度》颁发并在全国范围内试行。"1988年底,全国大部分中小学教师取得了'教材教法考试合格证书',16.6万名小学教师和3.5万名中学教师取得了相应的'专业合格证书'。"[②]1989年,国家教委颁发的《关于继续做好中小学教师考核合格证书实行工作的意见》进一步完善了对教师资格的考核,在考试基础上,增加"技能考试"。教师考核合格证书制度为教师资格制度的建立奠定了基础。

（2）确立教师资格制度。虽然1993年颁布的《中国教育改革与发展纲要》提到"中小学逐步实行教师资格制度",但实际上直到1993年10月通过的《中华人民共和国教师法》第十一条才明确提出国家实行教师资格制度,这是我国从法律制度上正式确立教师资格制度的开端。《中华人民共和国教师法》规定了获取教师资格的具体条件、学历要求、教师资格的种类及其认证机构,明确只有经认定合格的教师才能获得教师资格。1995年,国务院颁布的《教师资格条例》详细规定了教师资格的分类与适用、资格获取条件、资格考试流程与认定方法,并于2000年出台了详尽的《〈教师资格条例〉实施办法》。同年,国家教委颁布了《教师资格认定的过渡办法》,适用对象是在实施《中华人民共和国教师法》之前就已从事教育工作的在职教师和承担教育教学任务的其他专业技术人员及教育职员,主要帮助他们解决教师资格申请过程中出现的相关问题,这是对教师获取教师资格过程的保障,从形式上加速了教师"合格化"进程。

实行教师资格制度,严格对教师资格条件的把控和规范教师认定程序,保障了教师的合格任职条件,有效限制了不具备教师资格的人员进入

---

① 全国人大常委会法制工作委员会研究室.中华人民共和国行政法律法规全书[M].北京:中国民主法制出版社,2000.

② 安树芬,彭诗琅.中华教育历程:第50卷[M].呼和浩特:远方出版社,2006.

教师队伍，避免"拖累"教师队伍的整体质量。

4.拓宽知识与技能范围，夯实基本功训练

1993年颁布的《关于加强中小学骨干教师培训工作的意见》提出对骨干教师的具体要求：要有良好的师德修养，遵守《中小学教师职业道德规范》；具备较高的文化素养和较强的自学能力；教育思想正确；有较强的教育科研和教学改革意识。1994年，《关于改革和发展成人中等专业教育的意见》进一步提出"建立一支以专职为骨干、专兼结合的教师队伍"，鼓励教师除进行基本的教育教学工作，还应积极开展教育、教学改革试验，并鼓励教师多参加教学实践，一专多能等。1996年颁布的《高等学校教师培训工作规程》《关于师范教育改革和发展的若干意见》强调除基础知识和专业知识的培训外，教师还应加强科学研究能力、计算机和现代化技术应用能力等，对教师的自学能力、教育科研和教育改革的意识等做出了要求。

1995年，《关于开展小学教师基本功训练的意见》提出教师的基本功是教师基本的职业技能，包括学科教育和教育工作的基本功。训练的主要内容有：口语表达，普通话达到二级水平；正确、熟练运用"三笔"；简笔画和道具的使用与制作，突出重点，灵活运用；组织教学。

三、教师素质化发展时期（1999—2009 年）

20世纪末，普及九年义务教育在全国基本实现，教师的合格任教问题基本解决。素质教育理念提出，素质教育的发展和变革对教师的要求，自然过渡到以"合格"为基础的素质提升。

1999年，改革开放以来的第三次全国教育工作会议召开，并颁布了《关于深化教育改革全面推进素质教育的决定》。该决定成为这一时期教育改革和教师发展的纲领性文件，开启了以素质教育为主导的教育变革。"素质"成为这个时期教师发展的关键词。

（一）重点任务：培养素质型教师

按照教育发展和教师的关系，教师是素质教育成功推行的关键。《关于深化教育改革全面推进素质教育的决定》明确"把提高教师实施素质教育的能力和水平作为师资培养、培训的重点"，建设全面推进素质教育的高质量的教师队伍。2004年，教育部印发《2003—2007年教育振兴行动计划》，要求建设高素质教师队伍和管理队伍，并提出相应的素质型教师的培养、培训方式。2007年，《国家教育事业发展"十一五"规划纲要》进一步提出全面提高教师队伍素质，明确培养素质型教师的重要任务。

（二）具体要求：提高教师的综合素质

1. 提高职业道德素养

1998年，教育部出台了《面向21世纪教育振兴行动计划》，提出"大力提高教师队伍的整体素质，特别要加强师德建设"，师德建设成为素质型教师队伍建设的首要任务。2003年，《关于进一步加强中小学教师队伍管理和职业道德教育的通知》提出建立健全师德建设的规章制度和工作机制。2005年，《关于进一步加强和改进师德建设的意见》构建了系统的师德建设机制，提出师德建设的总体要求是围绕素质教育，以热爱学生、教书育人为核心，以学为人师、行为世范为准则。

2. 提高综合知识水平与能力

《关于新时期加强高等学校教师队伍建设的意见》（1999年）、《关于"十五"期间加强中等职业学校教师队伍建设的意见》（2001年）、《关于加强职业培训教师队伍建设的意见》（2002年）等一系列文件对教师知识与能力的要求主要体现在以下几个方面：掌握专业基础知识并不断扩展、更新相关学科知识；加强现代教育理论方面的知识与实践；参与教育科学研究，提高科研创新能力；积极参与教育教学技能训练，夯实教学技能；学会灵活运用现代教育技术，丰富教育教学过程及教学形式，充实教学内容；掌握基本的人文社会科学知识。此外，素质型教师还需具备基本的组织和表达能力、自我调控和自我学习的能力，以及分析、概括等综合能力。为了强调对现代教育技术的掌握，教育部出台了《中小学教师教育技术能力标准（试行）》和《中小学教学人员（中级）教育技术能力培训大纲》等，规定了教师应掌握的教育技术相关的基本知识与基本能力。

3. 继续提升学历标准

1999 年，国务院批转了《面向 21 世纪教育振兴行动计划》，其中第八条对教师的学历提出新的发展目标：各地区应根据其教师事业发展的现实情况，调整教师的学历要求，使具备条件的地区的小学、初中专任教师的学历在原有基础上提升一个层次，分别提升到专科毕业和本科毕业程度，经济发达地区可提高高中阶段教师的硕士学历比例和高等学校教师的博士学历比例。

（三）主要措施：完善教师教育体系，多种培训方式相结合

1. 三级师范向二级师范转型，构建开放的教师教育体系

20 世纪末，我国教师的数量问题和质量问题已基本解决。随着改革开放成果的不断扩大和经济的快速发展、素质教育的实施，高质量教师的需求量日益增加，培养高学历层次的教师成为新时期教师发展的任务。

20 世纪末，我国中等师范学校数量呈现逐渐下降的趋势，从 1993 年的 918 所下降到 1998 年的 875 所。[①]1999 年教育部发布的《关于师范院校布局结构调整的几点意见》提出调整中等师范学校，随后，各地区根据意见进行调整，主要将中等师范学校并入高等师范院校、职业技术学校、综合性学校、教师培训机构或改为中等学校。在部分经济发达地区，中等师范学校甚至已开始停止招收三年制到五年制的中师生，如广州市。截至 2001 年，中等师范学校的数量降至 570 所，招生人数同步减少了 31%，在

———————

① 曾煜 . 中国教师教育史 [M]. 上海：商务印书馆 ,2016.

校生数量由 1993 年的 72.2 万人下降为 66.2 万人。[①] 与中等师范学校减少同时出现的是小学教师培养层次逐步提升。

《关于师范院校布局结构调整的几点意见》提出，我国师范教育层次结构的调整目标为：从城市到农村、从沿海向内地逐步推进，由三级师范向二级师范过渡。2001 年，《关于基础教育改革与发展的决定》进一步指出，以有条件的师范大学和综合性大学为依托，建设一批开放式教师教育网络学院，推进师范教育结构调整，逐步实现由三级师范向二级师范的过渡。

2. 开展以全体教师为目标、骨干教师为重点的继续教育

1999 年，《中小学教师继续教育规定》颁布，强调教师的培训目标以实施素质教育的能力和水平的提高为主，对已经取得教师资格的中小学教师进行思想政治和业务素质的提高训练，一改过去以教育教学知识和技能提高为培训目标的做法。2000 年，教育部印发《中小学教师继续教育工程方案（1999—2002 年）》及其相应的实施意见。

1999 年，《面向 21 世纪教育振兴行动计划》出台，提出实施"跨世纪园丁工程"，以全体教师为目标，以培养骨干教师、优秀教师和名师为重点。为保障此计划的顺利实施和"跨世纪园丁工程"的建设，2000 年教育部发布《关于做好中小学骨干教师国家级培训工作的通知》，提出教育部将在全国遴选一万名中小学和职业学校的骨干教师、校长，开展国家级培训。为推进教师队伍的全面培训，教育部发布的《2008 年中小学教师国家级培训计划》提出，从 2008 年起，教育部逐年发布一个中小学教师国家级培训计划，并对培训做出详细部署。

此外，还开展了中西部地区骨干教师培训项目，制定了农村义务教育学校教师的远程培训计划、全国教师教育网络联盟计划等，完善素质型教师培训体系。

---

① 梅新林 . 中国教师教育 30 年 [M]. 北京 : 中国社会科学出版社 ,2008.

3. 以课程改革为内容，全面开展教师在职培训

2001 年，教育部发布《基础教育课程改革纲要（试行）》，开始新课程改革，指出由师范院校、其他高等学校和培训机构共同承担基础教育师资的培养和培训工作。

为落实课程改革计划，教育部提出对教师的培训要求，"先培训，后上岗；不培训，不上岗，且每位在职教师都要接受不少于 40 学时的新课程培训"，"到 2001 年底，全部中小学教师都要轮训一遍，以后每五年再轮训一遍"①。在师资力量薄弱的经济欠发达地区，教育行政部门花费大量的财力与人力对教师进行通识和学科等方面的培训。2000 年，教育部下发《关于做好中小学骨干教师国家级培训工作的通知》，决定全面实施"跨世纪园丁工程"，即"开展以培养全体教师为目标，以骨干教师为重点的继续教育"②。2001 年，《关于开展基础教育新课程师资培训工作的通知》发布，提出新课程改革期间师资培训工作的主要任务及实施办法。2003 年，《关于进一步加强基础教育新课程师资培训工作的指导意见》再次强调了师资培训对新课程改革的重要性，明确"教师是新课程实验推广工作的主力军，师资培训是新课程实验推广的关键环节"③，在教师的培训内容、培训模式、培训手段等方面做出具体规定。

4. 实施信息化教育，强化教育技术能力培训

相对于传统教学基础技能，信息技术素养是体现教师与时俱进发展的新素质要求。2002 年，教育部印发《关于推进教师教育信息化建设的意见》，要求师范教育中实施信息化教育，为中小学培养能使用现代化教育技术进行高效和多样化教学的教育人才，对教师教育信息化建设的指导思想、原则、发展目标及具体措施等做出了详细的规定。2003 年，《关于实

---

① 一千万中小学教师将实现终身学习 [N]. 光明日报,2000-12-29.

② 何东昌. 中华人民共和国重要教育文献 (1998—2002)[M]. 海口：海南出版社,2003.

③ 何东昌. 中华人民共和国重要教育文献 (2003—2008)[M]. 海口：海南出版社,2010.

施全国教师教育网络联盟计划的指导意见》更是强调创新教师教育模式，利用信息化的手段与模式推动教师教育现代化的进程。2005 年，教育部相继印发了《关于启动实施全国中小学教师教育技术能力建设计划的通知》《中小学教学人员（初级）教育技术能力培训大纲》，就教师的教育技术能力培训制定了详尽的计划，具体包括培训目标、内容、组织管理等。

四、教师专业化发展时期（2010 年至今）

（一）重点任务：培养专业型教师

在教师整体素质和学历不断提升的同时，促进每一位教师的专业发展，提升教师整体的专业水平，得到了前所未有的关注。2010 年，中共中央发布《国家中长期教育改革和发展规划纲要（2010—2020 年）》，这是 21 世纪以来我国第一个教育规划，也是此后一个时期内教育改革和教师发展的纲领性文件。纲要明确提出建设"师德高尚、业务精湛、结构合理、充满活力的高素质专业化教师队伍"，要求从师德、教师专业水平、教师地位待遇和教师管理制度等四个方面进行专业化的教师队伍建设。这是我国首次在政策层面上将专业化教师队伍建设纳入教师发展规划之中。为实现纲要中的教师培养目标，国务院于 2012 年发布了《关于加强教师队伍建设的意见》，提出从教师的政治素质、师德建设、教师专业化水平、教师管理制度、教师权益与待遇等五个方面来全面提升教师的总体质量。2018 年，中共中央、国务院印发《关于全面深化新时代教师队伍建设改革的意见》，这是新中国成立以来第一个以中共中央和国务院名义印发的有关教师队伍建设的文件。意见强调造就"高素质专业化创新型教师队伍"，"到 2035 年，教师综合素质、专业化水平和创新能力大幅提升，培养造就数以百万计的骨干教师、数以十万计的卓越教师、数以万计的教育家型教师"。对教师的质量追求表现在"骨干""卓越"和"教育家型"三个词上，体现了教师质量"好—优—专"三个层级上的变化。

（二）具体要求：提高教师专业化水平

《国家中长期教育改革和发展规划纲要（2010—2020年）》第五十二条提出："将师德表现作为教师考核、聘任（聘用）和评价的首要内容。"2011年，《全国教育人才发展中长期规划（2010—2020年）》将"品德高尚"置于教师发展战略的首要位置。《关于加强中小学教师培训工作的意见》也将"师德素养"置于"业务水平"之前。

2012年，教育部颁布《幼儿园教师专业标准（试行）》《小学教师专业标准（试行）》《中学教师专业标准（试行）》，这是我国首次明确规定教师专业要求和健全教师专业管理制度的重要政策性文件。三个标准遵循同样的理念：倡导师德为先，强调学生为本，重视能力提升，践行终身学习理念。标准将师德划分为四个部分：职业理解与认识、对学生的态度与行为、教育教学的态度与行为、个人修养与行为。

"师德为先"着重强调教师职业道德的重要性，是教师从事一切教育教学活动的专业道德规范与行为准则的重要依据，也是教师育人角色的重要体现。"学生为本"是"以人为本"的教育价值观的深化，强调教师在教育教学的过程中要遵循学生的身心发展规律和教育教学规律。"能力提升"是对教师专业水平的要求。教师作为专业人员，应具备和掌握教师事业发展所需的教育理念、专业知识与技能，教师能力的组成和展现会直接影响学生的学习能力、创新能力和实践能力的养成。"终身学习"要求教师在信息化、创新型社会中面对知识更新迅速和教育情境越来越复杂的双重挑战时，不断学习，更新自己的知识、理念和方法，更好地适应教育教学和社会发展。其中，前三个理念是对教师专业素质的基本要求，"终身学习"是在信息化时代，基于现代化建设需求对教师提出的新要求。

（三）主要措施：以专业方式促进教师专业发展

1. 以师德教育为重点，强调立德树人

（1）建立健全师德建设长效机制。2012 年，国务院印发《关于加强教师队伍建设的意见》，提出"建立健全教育、宣传、考核、监督与奖惩相结合的师德建设工作机制"。2013 年，教育部颁布《关于建立健全中小学师德建设长效机制的意见》，在原有师德建设工作机制构想的基础上，又增加了激励和保障机制。同年 9 月，教育部印发《关于建立健全中小学师德建设长效机制的意见》，将师德建设工作落实为七个部分：创新师德教育，引导教师树立远大职业理想；加强师德宣传，营造尊师重教的社会氛围；严格师德考核，促进教师自觉加强师德修养；突出师德激励，促进形成重德养德的良好风气；强化师德监督，有效防止失德行为；规范师德惩处，坚决遏制失德行为蔓延；注重师德保障，将师德的建设工作落到实处。

（2）划定师德底线，制定可行性处理办法。2012 年，教育部发布的《幼儿园教师专业标准（试行）》《小学教师专业标准（试行）》《中学教师专业标准（试行）》，从受教育者的生理与心理两方面出发，划定了两条师德底线：不讽刺、挖苦、歧视；不体罚或变相体罚。同年修正的《未成年人保护法》在原有的师德底线的基础上，新增了"不得加重其学习负担"。2014 年，教育部印发《中小学教师违反职业道德行为处理办法》，为教师的行为规范划定了十条底线，并从处理主体、处理等级和处理程序等方面全面细化了教师违反师德底线后的具体处理办法，使师德建设具有可评价、可操作的专业性和规范性。同年，教育部印发《严禁教师违规收受学生及家长礼品礼金等行为的规定》，再次划定了六条师德底线，将教师与学生及其家长之间的财务禁令关系具体化。2015 年，为使教师有偿补课问题得到更加规范化处理，教育部颁布《严禁中小学校和在职中小学教师有偿补课的规定》，明确划定三条师德底线，并根据中小学教师违反规定的程度，从批评教育、诫勉谈话、责令检查、通报批评、相应的行政处分等五个方面

来进行处罚。同年，《教育法》修订版增加了一条关于教育考试的师德底线规定及相关处罚办法。

2. 完善教师培养培训制度

2012 年，国务院办公厅转发教育部《关于完善和推进师范生免费教育的意见》，要求健全全免费师范生录取和退出机制，灵活调整师范学校的入学机制，鼓励师范毕业生终身从教，对于不合格的师范毕业生采取退出、转专业等相应的调整举措；完善师范生的教育经费保障机制，确保师范生免费学习，并能获取一定额度的生活补助费。此外，优秀者还可获取额外的非义务奖学金，鼓励更多的人进行师范学习，从事教育事业。

2014 年，《关于实施卓越教师培养计划的意见》提出实施卓越教师培养计划，针对幼儿园、中小学、中等职业学校、特殊教育等阶段的教师提出不同的培养要求，培训内容打破了一直以来以教育学、心理学、学科教学法为主导的课程结构体系，要求落实《教师教育课程标准（试行）》。

3. 开展以乡村教师为重点的培训

我国乡村教师比重较大，乡村教师的质量严重影响着教师群体的质量。在教师专业化发展时期，提高乡村教师的专业化是重点任务之一。2015 年，国务院印发《乡村教师支持计划（2015—2020 年）》，提出全面提升乡村教师能力素质，改善乡村教师队伍整体素质偏低和结构不合理问题，要把乡村教师培训纳入基本公共服务体系，保障经费投入，确保乡村教师培训时间和质量，全面提升乡村教师信息技术应用能力；按照乡村教师的实际需求改进培训方式，采取顶岗置换、网络研修、送教下乡、专家指导、校本研修等多种方式，增强培训的针对性和实效性。2016 年，教育部相继印发《送教下乡培训指南》《乡村教师网络研修与校本研修整合培训指南》《乡村教师工作坊研修指南》《乡村教师培训团队置换脱产研修指南》等一系列乡村教师培训指南。

在培养专业型教师、全面提升教师整体素质的过程中，乡村教师能力素质的提升是提高教师专业化和师资培训的重点及难点。

4. 实行统一的教师资格考试制度和定期注册制度

2011 年，教育部制定《中小学和幼儿园教师资格考试标准（试行）》，首先在浙江、湖北两省进行改革试点工作。2013 年，教育部发布《中小学教师资格考试暂行办法》。2016 年，中小学教师资格考试改革试点地区逐步从浙江、湖北两省扩大到 26 个省市。①《中小学教师资格考试暂行办法》第二条提出："中小学教师资格考试是评价申请教师资格人员是否具备从事教师职业所必须的教育教学基本素质和能力的考试。"该考试分为笔试和面试两部分，考试科目全国统一，笔试以综合素质、教育知识与能力、学科知识与教学能力为主，面试主要考察应考人员的职业认知、心理素质、仪容仪表、语言表达等教师的基本素养，以及教学设计、教学实施等保证教学活动顺利开展的基本教育教学技能。

为了避免教师获得教师资格证书后出现一劳永逸的现象，教育部出台了《中小学教师资格定期注册暂行办法》，规定教师以五年为一周期进行定期注册，旨在破除教师终身制，教师岗位不再是"铁饭碗"，教师的发展成为常态。

第二节　教育变革与教师发展的相关逻辑

一、教育变革与教师发展的一致性

（一）教育变革中教师专业地位的变化

1. 从数量满足到质量（学历）合格

改革开放 40 多年来，在总的趋势上，教师的数量不断增长，质量也

---

① 任婧 . 论中小学教师资格考试制度的演变及完善 [J]. 新课程研究 ,2019(4):58-60.

在稳步提升，改革开放初和21世纪初相比，教师队伍的发展发生了质的飞跃。改革开放初期，我国教师数量严重短缺，教师发展的首要问题是数量不足，因此，要保证教师数量，确保恢复教育事业时"有教师可以执教"，确保正常的教育教学活动开展所需的基本人力资源。为了有效解决教师数量严重不足的问题，一方面，扩大师范教育的规模，培养大量的师范生；另一方面，通过中小学教师互调、民办教师借调及代课人员来补充，有时甚至直接从初、高中毕业生中征集。这一时期，通过各种渠道，教师的数量缺口得以明显缩小，但教师来源渠道多元、宽松的教师任教标准，为后面严重质量问题的暴露埋下了隐患，解决教师质量问题在后一阶段的教师发展任务中成为重点。

2. 从学历分层达标到全面提高学历

随着教师数量短缺问题的逐渐解决，对教师发展的关注慢慢从追求数量转向追求质量，逐步进入内涵发展时期。教育事业的进一步发展和教师数量的增加，对教师的需求不再仅仅满足于"有教师"，而是转变为"有合格的教师"，即能胜任教育教学工作的教师；从"愿者为师"，转向具备教育基本知识和能力的"能者为师"。最初直观衡量教师之"能"的标准是"学历"达标。我国教师的学历经历了分层达标到全面达标的推进过程。

教师的学历合格标准并不是孤立存在的。除了基本的学历达标，还有后来实行的教师资格制度，从学历和资格两方面来规范教师的任职资格，只有获取了相应的学历并同时获得了相应合格证书的人，才能获得入职资格。此外，还增加了编制考试（统称"考编"），"学历＋资格证考试＋编制考试"成为教师从业任教的基点。

3. 教师培养从学历教育到学力发展

学历与学力是两个完全不同的概念。学历是静态的，是对一个人过去获得的知识的显性形态的证明。学力是动态的、隐性的，强调人们的学习能力，在学习过程中获取知识、提高技能的能力。学历是指向过去的、有限的教育经验，而学力倾向于强调未来获得知识的能力，是无限的。从学历到学力，凸显了人才衡量标准从"以学历为本"向"以能力为本"的转变，是在学习型社会中对终身学习理念的践行。具体从教师发展来看，其开启了一种全新的、无限的发展方式。

世纪之交，伴随着素质教育理念的提出和新课程改革，高素质、专业化成为教师发展的新目标和新形态。学历合格、通过资格考试，是教师最简单直接地"一次性"取得任职资格的方式。素质教育、专业发展标志着教师进入持续的在职发展及终身学习阶段，意味着教师资格的获得仅仅是教师职业生涯的开端，是职后再发展的起点，为教师赋予了更多的可能性、无限性。自此之后，几乎社会发展的每一个时代性要求，都借助素质教育或专业发展，投射到教师发展的应然性里。

为建设专业化的教师队伍，《幼儿园教师专业标准（试行）》《小学教师专业标准（试行）》《中学教师专业标准（试行）》从教师的专业态度、专业知识与专业技能三个方面规范教师发展的专业性。为落实该标准，教育部制定了相应的《中小学幼儿园教师培训课程指导标准》，教师发展进入实质性的专业化阶段。同时期，为了加快高质量、专业化教师队伍建设，实施了卓越教师培养计划，同时通过名师培养、全国优秀教师评选与表彰等方式树立高质量的教师榜样，为教师发展树立了"标杆"。

在理论或者实践中，教师的"专业发展"被赋予了更为丰富的解读。"专业化"的本义为："一是指一个普通职业逐渐符合专业标准、成为专门职业并获得相应地位的过程，用 professionalization 一词表示，侧重过程；二是指一个职业的专业性质和发展状态处于什么情况和水平，用 professionalism，侧重性质含义。"[①] 我们的实践重点是后者，并且与时俱进地赋予了其更多的内涵。创新能力是新时代背景下对教师发展的特殊要

---

① 熊焰. "教师专业化"运动及其评述 [J]. 广东教育学院学报,2012(6):44-48.

求，因此教师要具有丰富的想象力、好奇心、创造思维和创新行动、对教育实践的"元反思"能力、解决问题的认知能力和独特的教学风格。[①] 为了发展和弘扬中华优秀传统文化，教师除了具备科学文化素养外，还应具有传统文化基础；随着全球化的到来，教师也需具备广阔的国际视野、跨文化的意识与能力；终身学习、信息化社会，也向教师发展提出了新的素质要求和专业要求，如充分灵活运用信息化技术的能力、终身学习的能力等。

4. 在职培训从弥补不足、专项提升到日常化

从教师培训可以看到教师专业发展的变化过程和趋势。第一，从针对特定教师群体的特定教育培训，转变成面向教师整体的普及式培训，受训群体越来越广，受训人数越来越多，甚至拓展到培训者培训。第二，从单纯弥补性的单项培训过渡到综合提升性的培训，如各种旨在提升综合素质的非学历培训。弥补性培训有两种：一是针对教师队伍学历层次的学历弥补培训，如旨在提升学历的学历培训；二是针对教师队伍或教师个体单项知识或能力的弥补培训，如信息技术培训、短缺学科培训、道德培训等。第三，从常规性的培训如新教师培训、岗位培训等，发展到为了教育改革而进行的改革培训。第四，从学科专业培训到教育专业培训，这是近年来教育培训在内容方面发生的一个重要变化。20 世纪的教育培训，往往以学科专业素养的提升为主，教育专业素养基本上停留在对普通教育学和心理学知识的课程学习，过于基础和简单，没有突出教师认识学生和教育工作所必需的知识。进入 21 世纪，教师的教育专业素养得到一定程度的重视，如各种教育改革理念培训、教学理念培训、教师发展理念培训、课程理念培训等，并且这种理论培训不再单纯停留在对某种理论知识的学习，也包含了对理论联系实际的追求，开始尝试通过有针对性的理论学习和研究，

---

① 朱旭东."高素质、专业化和创新型"教师内涵建构 [J]. 中国教师 ,2017(11):15-17.

帮助教师掌握和利用理论工具，去观察和研究自己置身于其中的教育实践问题。[①]

（二）教育变革中教师职业素养的变化

对教师职业素养的要求与教育变革的主题变迁，尤其是和教育目的的变化、培养目标的变化，紧密相关。

教师规模化发展时期，教育领域的主要发展任务是恢复正常的教育秩序。教育目的是培养有社会主义觉悟的一代新人、为四个现代化培养合格人才。这一时期，由于恢复正常的教育秩序是重点，虽有提及对教师具体职业素养的要求，但还没有明确的要求与标准。

教师资格制度化时期，教育改革的重心是教育体制改革。教育目的是培养有理想、有道德、有文化、有纪律的"四有人才"，具体要求培养具有实事求是、独立思考、勇于创造的科学精神的各级各类人才。这一时期制定了学历标准，开展了一系列针对学历的培训，主要有学历补偿和学历提升两个培训目标，并通过教师资格制度来确保教师的（学历）合格水平，同时加强教师的基本功锻炼。教师职称制度的设立，也是激励教师任教后通过职级提升、不断提升自己的重要管理制度。

教师素质化发展时期，教育发展的重心是全面深化改革，推进素质教育。教育目的是培养适应21世纪现代化建设需要的社会主义新人，尤其伴随改革开放，无论开放中的横向比较还是社会发展中的内在需要，都明确了创新精神和实践能力的重要性。全面发展的"新人"意味着能将科学文化的学习与思想修养的加强相统一，知识与实践相结合，个人价值实现与国家建设相统一。与之相适应，首先，素质化的教师应该具备的职业素养是具有崇高的职业道德，以教师的职业精神潜移默化地影响学生发展。

[①]　陈弘．基于差异发展的中国卓越小学教师培养研究 [D].杭州：杭州师范大学,2019；李瑾瑜．"国培"十年：教师培训专业化探索的中国实践与未来发展 [J].教师发展研究,2020(3):15-26.

其次，新课程改革也对教师提出了新的发展课题，如综合实践能力、反思性能力、研究能力等。最后，素质化的教师应具备与教育改革的各种实践转化能力相匹配的综合知识水平。基于改革的需要而有针对性地对教师进行改革培训，是这个时期教师培训的一个新特点。

教师专业化发展时期，教育发展的战略目标是坚持以育人为本，以改革创新为动力，以促进公平为重点，以质量提高为核心，全面实施素质教育，推动教育事业在新的历史起点上科学发展，加快从教育大国向教育强国、从人力资源大国向人力资源强国迈进，为中华民族伟大复兴和人类文明进步做出更大贡献。而对人才的要求是德育为先，能力为重，全面发展；坚持科学文化知识学习与思想品德修养结合，理论学习与社会实践结合，全面发展与个性发展统一，促进德、智、体、美等四个方面教育的有机融合，提升学生的综合素质与能力，使学生成为德智体美全面发展的社会主义事业的建设者和接班人。伴随着"科学发展观"的提出，教师发展也自然而然进入更加多元开放的专业发展阶段。

（三）教育变革中教师社会地位的变化

改革开放初期，我国教育变革主要聚焦于教育事业的恢复与整顿，重新恢复教育在社会主义建设中的基础性地位，肯定了教育在经济建设中的重要作用。在该时期教育事业要迅速恢复正常秩序，为经济建设过程中的大量人才需求做出全面调整，教师的重要性凸显出来。该时期提倡尊重知识，尊重人才，肯定知识分子是工人阶级的一部分，而教师作为知识分子的组成部分，其政治地位得到肯定。此外，通过设立教师节、建立教师荣誉体系，巩固和彰显了其社会地位。虽然教师的经济地位经历多次波动，但仍在若干次的工资制度改革中，逐步得到提升。

二、教育变革与教师发展的不一致性

教育改革能否顺利实施取决于教师的发展，教育变革和教师发展在总体取向上具有一致性。但是，依据辩证法，事物的发展不是一帆风顺的，发展过程中存在违逆性、不一致性。在教育变革的"必然性"下，还有一些与其方向偏离甚至对抗的现象。在乐观者看来，发展中的不和谐因素可以忽略。但是，把这些因素作为研究对象，并不意味着悲观、消极，也不是"发现问题、研究问题、解决问题"这么简单。

教育变革作为几十年来教育发展的主题，带来的不仅仅是教育环境的改善，教师社会地位（政治地位、经济地位、职业地位等）的提升，也不仅仅是教师学历、学力、素质、能力等的发展，还涉及很多变革性问题，诸如教育绩效考评、教师职称制度、教师对变革的阻抗、教师的工作负担等。

这是我们关注教育变革和教师发展关系的另一个维度，会在后面章节展开。

第二章 工资制度改革与教师的生存发展

第一节 保障教师生存基础的工资制度改革

教师的整体工资水平反映了教师职业的社会吸引力，即是否有人愿意做教师，能吸引到什么样的人做教师；而教师工资的内部分配原则和制度，反映出工资对教师职业行为的导向，即哪些行为具有更高的价值认同，哪些是日常的教学行为，哪些是改革行为，抑或是研究行为，甚至是其他非教学行为、非教育性行为。因此，教师的工资水平和分配原则直接地关系教师生存发展状态。

工资有广义和狭义之分，与工资含义相近的概念有收入、薪酬、报酬等。当前，关于工资并未形成较为统一的概念界定。

马克思在《资本论》中指出，资本主义工资表现为劳动力的价值或价格，即对一定量劳动支付的一定量货币。[①]

1949 年，国际劳工组织第 95 号《工资保障公约》对 "工资" 做出如下定义：无论名称为何或计算方法如何，而能以货币表明，并能以双方协议或国家法律或条例确定，依据书面或非书面的雇用合同为已作或将作的工作或为已有或将有的劳动，雇主应付给受雇用人的报酬或收入。

[①] 马克思 . 资本论 [M]. 柯小禾，译 . 重庆 : 重庆出版社 ,2014.

《关于贯彻执行〈中华人民共和国劳动法〉若干问题的意见》指出，劳动法中的"工资"是指用人单位根据国家有关规定或者劳动合同的约定，以货币形式直接支付给本单位劳动者的劳动报酬，一般包括计时工资、计件工资、奖金、津贴和补助、延长工作时间的工资报酬以及特殊情况下支付的工资等。

结合研究主题及当前工资制度的实际规定，本书将中小学教师工资界定为由财政全额预算拨款所保障的、事业单位向在编教师支付的货币化报酬，主要包括岗位工资、薪级工资、绩效工资和津补贴四部分，不包含实物福利、养老保险、公积金、兼职收入、升学奖金及依托身份资源获取的不法收入等。

工资制度是由国家法律、政策规定的工资支付、工资形式、工资标准、工资水平、转正定级、升级等构成的体系。有些国家还实行各种形式的血汗工资制。我国的工资制度，多采用计时工资、计件工资、工资加奖励等形式。①

为了使工资制度改革的趋势和方向更加立体和清晰，本书对1949年之后教师工资制度的演进全程进行了简单梳理。

我国公办义务教育学校属于全额拨款事业单位，受政府直接管理，教师工资制度在改革逻辑上必然与政治、经济制度改革相适应（见表2.1）。伴随着社会政治经济制度的变革，教师工资制度的发展进程可以分为工资制度确立期、工资标准确定与保障期及绩效工资期三个阶段。

表2.1 教师工资制度改革的政治、经济背景

时间	阶段	工资制度	社会背景	经济方针	经济体制
1949—1956年	工资制度确立期	混合制向工资制转变	社会主义改造	公私兼顾、劳资双利、城乡互助、内外交流	计划经济的萌芽与形成

① 邹瑜，顾明. 法学大辞典 [M]. 北京：中国政法大学出版社，1991.

续表

时间	阶段	工资制度	社会背景	经济方针	经济体制
1956—1985 年	工资制度确立期	职务等级工资制	社会主义探索	既反对保守又反对冒进，在综合平衡中稳步前进	"高度集中的计划经济体制"向"计划经济为主，市场调节为辅"转变
1985—1993 年	工资标准确定与保障期	结构工资制	改革开放	巩固、消化、补充、完善	"有计划的商品经济体制"向"计划经济与市场相结合的经济体制"转变
1993—2006 年	工资标准确定与保障期	专业技术职务等级工资制	现代化建设	三个"有利于"	建立社会主义市场经济体制
2006 年至今	绩效工资期	岗位绩效工资制	全面建设小康社会	实现速度、结构、质量、效益的统一	完善社会主义市场经济体制

新中国成立初期，国民经济发展相对落后，各地经济发展极不平衡，存在供给制和工资制并行以及工资标准相对多元的局面。"一五"计划实施之后，财政收支状况连年向好，为统一工资制度奠定了经济基础。1955 年，国务院下发《关于国家机关工作人员全部实行工资制和改行货币工资制的命令》，全国实行统一的货币工资制，结束了多种工资制度并行和工资标准混乱的局面。随着社会主义改造基本完成，社会主义制度基本确立，计划经济体制基本形成，这为工资制度改革奠定了社会基础。1956 年，国务院发布《关于工资改革的决定》，拉开了新中国成立以来第一次工资制度改革的序幕，规定机关单位和包含义务教育阶段在内的事业单位实行职务等级工资制，至此初具规范的工资制度体系逐步形成。在此后的二三十年中，工资制度基本沿袭着这一体系。在一个比较稳定的工资制度体系中，教师的经济地位也处于一种稳定状态。

1949 年到 20 世纪 80 年代中期，工资制度从无到有，从简单到系统化、制度化。本书重点放在改革教师工资制度、保障教师基本经济权益的工资标准确定与保障期，以及通过调整工资分配原则和结构，调动教师工作积极性的绩效工资期。

一、教师的生存问题和教师队伍危机

教师的经济地位成为社会瞩目问题，出现在 20 世纪 80 年代中期以后。事实上，80 年代之前教师面临的不仅仅是经济地位问题。80 年代为一个转折点，这是因为教育问题、教师问题和其他社会问题一样，在新的社会政治经济背景下，需要以全新的社会思维去审视和解决。此外，改革开放让社会阶层出现新的分化，社会各阶层的经济结构被重新调整，而教师的经济地位在这次重构中结构性下沉，最终变成危及教育事业的社会问题。

教师工资水平的比较对象，国际上通行的大体有四类：以其他行业同等学力、同等情况人员的工资为比较对象；以某种确定的或规范的工资水平较高的社会职业为比较对象；以全部职工或社会平均工资为比较对象；以某一行业（一般是制造业）的平均工资为比较对象。鉴于我国以公有制为基础的社会结构特征，教师工资的比较对象有六种选择：国有单位职工、国有企业职工、国有工业部门职工、国有事业单位职工、国家机关公务员和国有企业同类人员工资。"七五"计划期间，我国教育系统平均工资比全国国有单位、国有企业部门、国有工业部门、国有事业单位分别低 6%、8%、10%、2%，比机关单位平均工资高 0.4%。[①]20 世纪 80 年代中期之后，教师工资绝对数有一定增加，但在国民经济各行业中的相对低位没有变化。根据国家统计局数据，教育系统平均工资一直处于当时国民经济 16 大行业的最后三位，低于全国全民所有制职工平均工资水平。1993 年，《中国教育改革和发展纲要》以全民所有制企业同类人员工资水平为参照，提出"八五"计划期间教育系统和高等学校平均工资的中短期目标，"改革教育系统工资制度，提高教师工资待遇，逐步使教师的工资水平与全民所有制企业同类人员大体持平。'八五'期间，教育系统平均工资要高于当地全

---

① 管培俊. 关于提高教师待遇的几个问题 [J]. 人民教育 ,1994(5):11-14.

民所有制职工平均水平，在国民经济十二个行业居中等偏上水平"。

在教师工资整体偏低的基础上，拖欠教师工资问题使教师的经济处境愈发严峻。起初是个别地区拖欠民办教师工资，后期演变为大面积拖欠公办、民办教师工资。不仅拖欠教师的津贴和补助，甚至国家规定的基本工资也难以按时足额发放，严重危及教师的日常生计。1991—1992 年，全国教师流失人数达 117.9 万人，占教师总数的 13.7%；上海中小学教师流失人数占该市当年流失教师总人数的 83.7%，浙江省中小学教师流失人数占该省当年流失总人数的 74.3%。[①]

教师工资拖欠问题持续发展，直到进入 21 世纪。2004 年，第 20 个教师节前，陕西渭南 11 个县、市（区）中，只有两个县、市（区）基本没有拖欠工资问题，其他县、市（区）都不同程度地存在拖欠工资现象，拖欠工资总额达到 2.3 亿元。以蒲城县为例，1995—2004 年，拖欠教师工资将近 10 年，拖欠工资总额为 3445 万元。1999—2001 年，县财政实行乡镇教师工资由所在乡镇发放政策，共计拖欠各类人员工资 1865 万元。2001 年，教师工资实行县财政统管并使用 IC 卡发放政策，蒲城县教师正常月份工资做到了按月发放，但正常职务职称晋升和新分配教师确定工资两项合计拖欠 650 万元。[②]

经济地位低下导致中小学教师流失态势越发严峻，严重影响了教师队伍建设与教育事业的正常发展。教师讨薪、教师罢课等现象是教师经济地位恶化到影响基本生存的一种反映。

这个时期，一批"武训式"的情怀教师被推向前台，衬托他们荣誉和道德光环的却是物质的极大贫困。2004 年教师节被教育部表彰的四川省南部县双峰乡龙马镇村小学的王守奇教师、安徽省休宁县板桥乡官坩村的黄荣银教师、陕西省宝鸡市的山村教师苏让巧、河南省王生英教师和湖北

① 胡俊娟. 教师流失问题的辨析 [J]. 中小学管理,1994(2):20-22.

② 斯盛. 农村教育：到底需要多少苦行者 ?[J]. 校长阅刊,2004(12):6-10.

省叶本翠教师，都是以"苦行僧式"的生存方式，"蜡炬成灰泪始干"的奉献精神，撑起一个地方或者一所学校的教育，他们的"荣誉"也因此而来。荣誉地位的提升、道德的推崇和教师的经济地位走向两个方向。个别教师崇高的职业道德境界，并不能增加教师职业的吸引力，在职教师持续流失、师范专业的生源困境，都表明教师队伍出现重大危机。

二、保障教师生存基础的工资制度改革重点

（一）建立独立的教师工资制度 [①]

改革开放和经济领域的翻天覆地变化，使建立在计划经济基础上的工资制度弊端逐渐显现。1984 年，党的十二届三中全会通过《关于经济体制改革的若干决定》，提出了建设"有计划的商品经济"体制，对现行工资制度进行改革，初步建立起能够密切联系职工工资与职工劳绩、较好体现按劳分配原则的新工资制度。教师工资制度改革的成果是开始单独设立中小学教师职务工资标准，逐步建立和完善独立的教师工资制度。

1985 年，国务院发布《关于国家机关和事业单位工作人员工资改革问题的通知》，规定机关单位和包含义务教育阶段在内的事业单位实行结构工资制。此次改革单独设立小学教师、中学教师等七个初步体现事业单位特点的职务工资标准。1987 年，党的十三大在"有计划的商品经济"基础上，进一步提出"计划与市场内在统一的体制"。

1992 年，党的十四大确立"社会主义市场经济体制"的改革目标，并首次做出教育优先发展的战略安排。1993 年，《关于印发机关、事业单位工资制度改革实施办法的通知》将机关与事业单位的工资制度单列，教师工资制度实现与机关脱钩，建立了独立的教师工资制度，并根据各事业单

---

① 2006 年 6 月，国务院出台《关于印发事业单位工作人员收入分配制度改革方案的通知》，规定事业单位统一实行岗位绩效工资制，取消了中小学教师单列的工资制度与标准。

位属性对工资构成和标准进行明确规定，提高了教师工资标准尤其是高级专业技术职务的工资标准，实行年终双薪制，对年度考核合格的教师发放年终奖金。与此同时，为强化对中小学教师工资待遇的保障，1993年发布的《中华人民共和国教师法》从法律层面规定了教师的工资水平应不低于公务员。这在制度层面上实现了教师工资水平与机关、事业单位脱钩，与公务员挂钩，为教师工资标准的确立和保障提供了依据。

（二）明确财政性教育经费支出占GDP的4%

保障财政性教育经费支出，是教师工资制度能够贯彻落实的基础性条件。1993年，《中国教育改革和发展纲要》首次提出财政性教育经费支出占GDP的4%的发展目标，这是基于经济与教育发展的现状及能力做出的研判，也是支撑"教育优先发展"的战略投资。1998年，教育部发布《面向21世纪教育振兴行动计划》，强调落实《中华人民共和国教育法》中关于教育经费的"三个增长"，即教师工资与生均公用经费增长、生均教育经费增长、各级财政拨款增长高于同级财政经常性收入增长。2010年，《国家中长期教育改革和发展规划纲要（2010—2020年）》继续明确2012年实现发展目标，并对义务教育保障与教师地位待遇改善相关问题做出指示。根据国家统计局公布的数据，财政性教育经费支出占GDP的4%的奋斗目标从提出到实现历经20年，最终于2012年首次实现并保持至今。教育经费支出总量实现连年递增，并于2019年首次突破4万亿元（见表2.2）。

表2.2　2012—2020年国家财政性教育经费支出情况

年份	财政性教育经费支出/亿元	财政性教育经费支出占GDP比重/%	年份	财政性教育经费支出/亿元	财政性教育经费支出占GDP比重/%
2012	23147.57	4.28	2017	34207.75	4.14
2013	24488.22	4.16	2018	36995.77	4.11
2014	26420.58	4.15	2019	40046.55	4.04
2015	29221.45	4.26	2020	42908.15	4.23
2016	31396.25	4.22			

与此同时，国家不断优化、调整教育经费支出结构，将经费更多向教师群体倾斜，实现连续多年教师工资福利待遇支出占财政性教育经费支出比重达 50% 以上，从总体趋势来看，教师的地位与待遇得到了实质性提升。

（三）确立教师工资"不低于"标准

1993 年，《中华人民共和国教师法》首次提出"教师的平均工资水平应当不低于或者高于国家公务员的平均工资水平"，明确地方政府为保障教师工资的责任主体。

2006 年修订的《中华人民共和国义务教育法》进一步做出规定：教师的平均工资水平应当不低于当地公务员的平均工资水平。这一规定是为了解决当时高校教师工资水平较高而中小学教师工资水平过低的问题；同时，增加"当地"二字，进一步明确教师工资的比较对象是当地公务员，从而避免了比较对象模糊不确定的问题。

2018 年，国务院出台《关于全面深化新时代教师队伍建设改革的意见》，再次补充：中小学教师平均工资收入水平不低于或高于当地公务员平均工资收入水平。"平均工资收入水平"的表述更为严谨，明确了工资比较范围。

此后，国务院、教育部持续关注各地对教师工资的落实情况，对教师工资待遇政策落实不到位的采取约谈、挂牌督导、追责问责等多种措施督促整改。

三、教师生存发展的物质环境改善

教师工资标准提出后，教师工资保障方面确实取得了重大进展。师资供给、教师队伍稳定、在职教师素质等各方面的状况都得到很大程度的改善。

（一）从社会地位看，教师的经济地位得到实质性提升

2018 年，正值改革开放 40 周年，国家出台的相关文件中多次提及保障教师工资水平。《关于全面深化新时代教师队伍建设改革的意见》提及要不断提高教师地位与待遇，强化各级党委和政府的保障责任；《关于进一步调整优化结构提高教育经费使用效益的意见》规定健全中小学教师工资联动机制，核定绩效总量时务必统筹当地公务员工资收入水平，并优先保障中小学教师工资发放。2020 年，教育部召开新闻发布会，就教师工资标准连发两个通知，要求各地自查，并将组织实地检查。

在不懈努力下，教师工资已由 20 世纪 80 年代之前在国民经济各行业中倒数，跃升至目前全国 19 大行业第七位。2021 年，教育部公布，2020 年经各方共同努力，全国所有县、市（区）均实现中小学教师平均工资收入水平不低于当地公务员的目标。

（二）从供给角度看，师范专业招生和教师资格证考试人数激增

劳动力流动是劳动力市场化的结果，是劳动力追求利益最大化的直接体现，劳动力往往流向工资待遇与社会地位相对较高的领域。教师作为社会劳动力的一部分，同样遵循劳动力流动规律，师范专业招生和教师资格证报考情况可以反映教师职业吸引力和教师社会地位的变化。

从教育部公布的 2010—2019 年普通高校师范类专业的招生人数（含本、专科）的统计数据来看，在高等教育大众化和录取分数线连年上涨的形势下，师范专业招生人数仍持续走高（见图 2.1）。

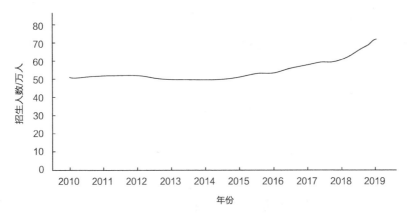

图 2.1 2010—2019 年师范类专业招生人数变化趋势

随着教师社会地位与工资待遇的提升，教师职业吸引力逐渐凸显，根据教育部公布的数据，2016—2019 年教师资格证考试人数每年以 200 万人左右的速度递增（见图 2.2）。

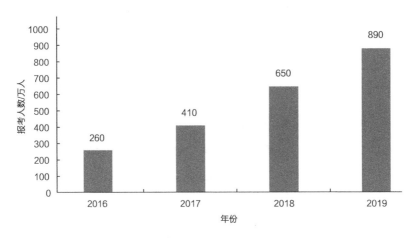

图 2.2 2016—2019 年教师资格证考试人数

中国教育科学研究院发布的第三方评估报告显示，《关于全面深化新时代教师队伍建设改革的意见》落实后，我国教师职业吸引力显著提升，主要表现在教师资格证考试人数激增，2019 年较 2018 年增长了 38.5%；高考成绩排名前 30% 的考生报考师范类专业的比例由 2018 年的 18.3% 提升至 2019 年的 33.4%；教师招聘竞争明显加大，数十人竞聘一个岗位呈常态化。从深层次看，教师工作稳定，工资收入和社会地位在国家强制力保障下稳步提升是吸引人才的主要因素。

（三）从素质角度看，教师队伍的学历结构和水平明显改善与提升

2018 年，《关于全面深化新时代教师队伍建设改革的意见》重申，逐步将小学教师学历提升至师范专业专科和非师范专业本科，初中教师学历提升至本科，有条件的地方将普通高中教师学历提升至研究生。近年来，教师学历变化趋势和工资待遇提高密切相关（见图 2.3）。

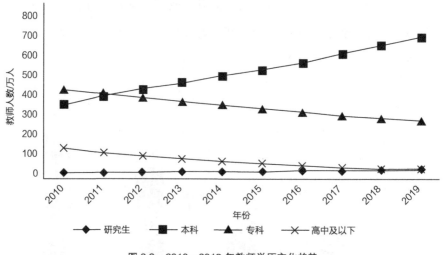

图 2.3　2010—2019 年教师学历变化趋势

2019 年，专科及以上学历的教师占比 98.2%。其中，研究生学历的教师由 2010 年的 2.9 万人增至 21.7 万人，涨幅为 648.3%；本科学历的教师由 2010 年的 356 万人增至 697.6 万人，涨幅为 95.9%；专科学历的教师由 2010 年的 428.6 万人降至 264.8 万人，跌幅为 38.2%；高中及以下学历的教师由 2010 年的 126.7 万人降至 17.6 万人，跌幅为 86.1%。2011 年后，本科学历的教师数量首次超过专科学历。若忽略每年专科与高中及以下

学历教师新进人数与离退休人数的影响，十年间所减少的 163.8 万专科学历的教师与 109.1 万高中及以下学历的教师中，绝大部分选择了继续提升学历。

（四）从城乡均衡角度看，乡村教师队伍缺员、流失局面得到基本扭转与控制

为了扭转乡村教师"请不来、留不下、待不住"的局面，补齐乡村教育短板，2015 年，国务院办公厅印发《乡村教师支持计划（2015—2020年）》，提出发展乡村教育，教师是关键，必须把乡村教师队伍建设摆在优先发展的战略地位。通过提高乡村教师生活待遇，统一城乡教职工编制标准，职称（职务）评聘向乡村学校倾斜等一系列措施稳定乡村教师队伍。根据《中国农村教育发展报告 2019》的调查，《乡村教师支持计划（2015—2020 年）》实施后，对支持计划持满意态度的乡村教师达 84.85%，83.46%的乡村教师愿意继续留任乡村学校。调查还显示，县城、镇、乡、村屯中学一级教师每月实发工资分别为 3248.3 元、4344.2 元、4097.0 元、4155.2 元，县城、镇、乡、村屯小学高级教师每月实发工资分别为 3461.9 元、4317.9元、4289.2 元、4511.1 元，乡村教师工资水平略高于同级别县城教师工资水平。2017 年，乡村教师生活补助首次实现了集中连片特困地区县的全覆盖，其中乡村学校和教师覆盖率分别为 97.37% 和 96.41%，中央投入的乡村教师生活补助资金占 91.67%。截至 2019 年底，全国有 2767 个县通过了义务教育均衡发展督导评估认定，占比达 95.32%，23 个省市整体实现县域义务教育发展基本均衡。①

---

① 邬志辉，秦玉友．中国农村教育发展报告 2019[M]．北京：北京师范大学出版社，2020.

第二节　激励教师工作绩效的工资制度改革

一、分配原则与工资结构的变化：平均、公平与效率

20 世纪 50 年代至今，我国教师工资的分配原则经历了政府主导—市场主导—政府主导的交替。改革开放前，政府主导，工资分配原则以平均主义为主，兼顾公平。80 年代，工资分配原则是市场经济支配下的效率优先。1993 年之后，工资分配原则基本在效率和公平之间摇摆。

分配原则对于工资制度改革发挥重要导向作用，而工资结构的功能设计是分配原则的直接体现（见表 2.3）。

表 2.3　教师工资的分配原则与工资结构

时间	工资制度	改革目的	分配原则	工资结构
1949—1955 年	混合制向工资制转变	解放生产力	平均主义	多种形式向统一标准转变
1955—1985 年	职务等级工资制	发展生产力	公平优先	等级工资、津补贴和奖金
1985—1992 年	结构工资制	消除平均	效率优先	基础工资、职务工资、工龄工资、奖励工资、津补贴
1992—2005 年	专业技术职务等级工资制	解决待遇低问题	效率优先，兼顾公平	职级工资、津补贴及单位节余分配
2005 年至今	岗位绩效工资制	寻找动力源	初次分配和再次分配都要处理好效率和公平的关系	岗位工资、薪级工资、绩效工资和津补贴

（一）"平均主义"下的统一工资标准

新中国成立之初，教师工资制度主要包括薪粮制、工分制、工资米制及工资分制等多种形式。[①] 在当时的历史条件下，这些多以实物为计算单位的工资形式对于恢复办学秩序、保障教师日常生活发挥了积极作用，但

---

① 田正平，杨云兰. 建国以来中学教师工资制度的改革 [J]. 教育评论, 2008(6):158-161.

形式多样使得工资分配过于灵活，缺乏规范，各地工资水平无法衡量且差距较大，不利于国家在计划经济体制下进行宏观调控。对此，国家逐步推行包干制，确保混合制向工资制平稳过渡。

（二）"公平优先"下的职务等级工资制

计划经济下的平均主义分配模式不利于发展生产力，严重限制了生产效率。1956年确立的职务等级工资制在结构上设计了等级工资、津贴补助、奖金三部分，尝试打破统一、固定的工资标准，将工资水平与职员的职务、德才及物价等要素挂钩，同时注重平衡地区间的工资差异。在义务教育方面，教育部颁布了《关于1956年全国普通教育、师范教育事业工资改革的指示》，确定中学和小学教职工不同的工资标准，内部又划分为教学与行政两个子类别，以减少级别、增大级差。在职务等级工资制实行的近30年中，按照《关于1956年全国普通教育、师范教育事业工资改革的指示》中"对现行工资待遇较低的小学教职员应有较多照顾和提高"的指示，我国先后多次调整了中小学教职工工资水平。1981年，为进一步解决中小学教师工资待遇偏低问题，《关于调整中小学教职工工资的办法》要求进一步提高中小学教职工的工资标准。

以公平优先推进的工资改革多次调整了工资级别，提高了教职工工资水平，特别关注中小学教师工资待遇偏低问题及为民办教师发放生活补助，但职级不符、提职不提薪的情况仍然存在，且工资分配中的平均主义倾向并未有效减轻。

（三）"效率优先"下的结构工资制

为进一步破除平均主义的"大锅饭"现象，1985年确立结构工资制，在结构上划分为基础工资、职务工资、工龄工资、奖励工资以及体现地区性、岗位性和福利性的津贴与补助。其中，奖励工资多根据考勤率进行发放，增发教龄津贴以鼓励教师长期从教。1987年，国务院发布《关于提高中小学教师工资待遇的通知》，规定中小学教师工资在现行标准上提高10%，这对于当时生存境况困窘的中小学教师来说无疑是好消息。

结构工资制初步解决了职务等级工资制造成的职级不符、提职不提薪问题，引入了职务工资与工龄工资。在有计划的商品经济形式下，政企工资脱钩，机关事业单位工资由政府统一调控，而企业工资则由市场调节。但由于结构工资制缺乏政企工资增长协调机制，加之财政紧张，机关事业单位工资增长与企业不能保持同步，因此，机关事业单位工资增长相对滞后于企业，教师的经济地位相对下沉，大批民办教师甚至公办教师纷纷离职"下海"经商。

（四）"效率优先、兼顾公平"下的专业技术职务等级工资制

改革开放以来，受效率优先的影响，一切以经济建设为中心，对于经济增长的贡献具有滞后性、间接性的教育行业遭受冲击。为了消除效率优先带来的不良影响，党的十四届三中全会提出"效率优先，兼顾公平"的分配原则。1993年，国家进行第三次工资制度改革，对事业单位进行分类管理，对教师实行专业技术职务等级工资制。工资结构分为固定部分（70%）与非固定部分（30%），在额定编制的基础上实行工资总额包干，单位自主安排。同时，为改变教师工资水平与社会地位偏低的状况，减少教师流失，吸纳人才从教，确定把公务员工资水平作为教师工资的重要参照标准。在专业技术职务等级工资制实施阶段，我国先后六次调整教师工资标准，历次标准均按照1987年国务院颁布的《关于提高中小学教师工资待遇的通知》相关要求，将教师职级工资在现行标准上提高10%。

随着市场经济的快速发展，专业技术职务等级工资制显现出新弊端：事业单位自行扩大津贴和补助发放范围，提高津贴和补助标准，不同事业单位间的收入差距拉大，教师工资收入尤其低；岗位因素体现不足，未能更好地体现事业单位特点；工资划分过多，部分功能重叠，调控机制不健全，不能有效发挥工资制的激励作用。总之，在市场经济背景下，这一工资制度被诟病为"对外缺乏竞争，对内缺乏激励"。

（五）"统筹效率与公平"下的绩效工资制

20世纪90年代，中小学兴办校办企业，结余或自营收入由单位自主安排使用，大部分学校将其用于教师津贴，这在一定程度上增加了教师的收入，但也因自立能力不同，各单位之间收入差距较大。

2003年，党的十六届三中全会明确"完善社会主义市场经济体制"的任务。为了建立起能够与社会主义市场经济效率和公平相适应的激励机制，推进事业单位人事管理由身份管理向岗位管理转变，进行了第四次大规模的工资制度改革。2006年，国务院出台《关于印发事业单位工作人员收入分配制度改革方案的通知》，规定事业单位统一实行岗位绩效工资制，将所有事业单位统一到同一工资制度上，并取消中小学教师单列的工资制度与标准。2008年，国务院通过的《关于义务教育学校实施绩效工资指导意见的通知》规定，义务教育学校于2009年1月1日起正式实行绩效工资制，明确绩效工资水平按照"不低于当地公务员"的原则确定，并随着公务员津贴和补助水平调整而调整，所需资金由政府财政预算解决。

绩效工资制在组成上包括岗位工资（职务工资）、薪级工资（级别工资）、绩效工资（含70%的基础性绩效与30%的奖励性绩效），以及津贴和补助（含教龄补贴、地方性补贴等）四部分。其中，岗位工资体现岗位职责；薪级工资体现工作资历；绩效工资用以体现激励的功能设计，坚持"多劳多得、优绩优酬"的分配原则，重点向一线教师、骨干教师和做出突出成绩的其他工作人员倾斜。绩效工资总量由县级行政部门根据"不低于当地公务员"标准进行核定，各级各类学校根据自身办学和管理的需要进行考核，在保障结果公平的基础上探索按劳分配的过程性表达，激励教师更好地履职以获取更多工资回报，其考核结果也作为教师评聘、晋升的重要依据。总之，绩效工资改革的目的是既拉开收入差距，又能体现分配的激励作用。

2014年，国务院制定《事业单位人事管理条例》，要求建立事业单位工作人员工资正常增长机制，基本每两年调整一次。2014年、2016年、2018年，人力资源和社会保障部、财政部先后三次发布《关于调整机关事业单位工作人员基本工资标准实施方案》，对事业单位工作人员的基本工资（即岗位工资与薪级工资）标准进行调整，其中，中小学教师基本工资标准均按高于事业单位专业技术人员基本工资标准10%确定。

此外，绩效工资制也体现了对偏远艰苦学校与乡村教师的照顾。2006年，绩效工资制改革要求学校上级行政部门核定绩效总量时对农村学校及条件艰苦学校进行适当倾斜；2015年，国务院颁布的《关于印发乡村教师支持计划（2015—2020年）的通知》要求提高乡村教师生活待遇；同年11月，国务院颁布的《关于进一步完善城乡义务教育经费保障机制的通知》提出，绩效工资分配要加大对艰苦边远贫困地区和薄弱学校的倾斜力度。2018年，国务院出台《关于全面深化新时代教师队伍建设改革的意见》，提出大力提升乡村教师待遇，全面落实集中连片特困地区乡村教师生活补助政策。倾斜政策对稳定偏远艰苦地区师资、提高教育质量、补齐教育短板发挥了一定作用。

二、绩效工资的评价标准和办法

（一）绩效和以评激效

绩效思想最早可追溯至大禹时期。《史记·夏本纪》中曾记载："禹会诸侯江南，计功而崩，因葬焉，命曰会稽。会稽者，会计也。""计功"是统计各部落的贡献后进行奖惩；"稽者，计也"所体现的也是"稽查、核查"

的含义。^①工业革命使得劳作模式由手工劳动向机械动力转变，在追求生产效率的过程中，具有绩效意味的管理模式应运而生。19 世纪末，泰勒提出以差别化的计件工资提高生产效率，将绩效简单定义为效率。20 世纪 30 年代，霍桑发现职工的工作效率不仅受金钱影响，态度对生产效率也有着重要影响作用，绩效的含义得到进一步扩展。"绩效"一词沿用至今，学界对其仍未形成统一的定义与解释。从管理学视角来看，绩效是一个组织期望实现的结果，包括组织绩效与个人绩效；从经济学视角来看，绩效与薪酬是职工与组织间的对等承诺，体现了市场经济下的对等交换原则；从社会学视角来看，绩效是社会分工下每位社会成员所承担的职责。实践中关于绩效的认识有：绩效结果论，绩效即工作所达到的结果；绩效行为论，绩效是为达成目标由个体控制下的行为；绩效能力论，能力是职工绩效的决定性因素；绩效综合论，绩效是结果、行为与能力相结合的统一体。^②

　　我国的绩效实践始于企业。在计划经济体制下，绩效工资一直为空白，改革开放后，伴随经济管理体制改革，企业的工资分配逐渐恢复了计件工资和奖励制度，这是我国企业绩效实践的最初形态。1985 年，结构工资制改革，企业与机关事业单位在工资上脱钩，并逐渐拥有自主分配工资的权利，工资增长主要以提高劳动生产效率与经济效益为依据，而机关事业单位工资仍由政府统一调控。1993 年，机关事业单位改革实施行业技术职务等级工资制，工资中 30% 部分用于体现职工贡献，工资结构初步体现了绩效工资理念。2006 年，绩效工资制正式确立，并分"三步走"推进：中小学于 2009 年 1 月 1 日率先实施，专业卫生公共机构与基层医疗卫生事业单位于当年 10 月 1 日实施，其他事业单位于次年 1 月 1 日实施。

　　绩效工资制的本质是在不增加工资支出的固定成本基础上鼓励职工创造更多价值，在配合事业单位人事管理改革的同时建立起奖优惩劣的工

① 高云全 , 杨良成 . 浅析绩效考核制度的起源与发展 [J]. 当代经济 ,2015(32):24-25.

② 兰兰 , 李彩云 . 绩效管理理论与实务 [M]. 北京 : 清华大学出版社 ,2016.

资分配制度。其中，基础性绩效的作用在于约束规范，强调职工履行基本职责；奖励性绩效的本质为"岗位价值押金"，根据职工的实际表现调整发放。

我国绩效实行"行政推动，多方共治"的预算管理模式，[①] 这也就决定了绩效管理的实施是根据行政建制自上而下推进的，以政策推动改革。根据 2008 年教育部出台的《关于做好义务教育学校教师绩效考核工作的指导意见》，省级教育行政部门结合本地区实际制定本省（区、市）绩效考核办法；地（市）级教育行政部门负责指导实施和监督检查；县（区）级教育行政部门制定本地具体实施办法，并指导、监督义务教育学校实施办法。

当前，义务教育学校实行绩效工资制以加强教师队伍建设，促进素质教育全面实施为首要任务，目的是依法保障教师工资收入，激发广大教师投身教育事业的积极性，吸引优秀人才长期从教。从各地绩效政策来看，各地各级教育行政部门都将教师的绩效考核同深化人事管理、推动教师发展及推进素质教育等成效密切挂钩，在政策的制定上践行"以评激效"的理念。这一理念包含两个指向：一是通过实施绩效工资制，激励教师提升工作效能，进而提升义务教育质量；二是通过实施绩效工资制，推动义务教育其他方面的发展。

（二）绩效考核的标准和办法

教师绩效考核的标准，以教师履行法定职责为基本依据，但具体实施细则各地不同。教师除履行《义务教育法》《教师法》《教育法》等法律法规规定的职责，还要履行学校规定的岗位职责和完成工作任务，包括师德和教育教学、从事班主任工作等方面的实绩。《关于做好义务教育学校教

---

① 安百杰，彭蕾. 行政推动下的中国预算绩效管理实践前景分析——基于中美预算绩效管理模式的比较视角 [J]. 财政监督，2020(16):52-57.

师绩效考核工作的指导意见》给出了基本的考核要求：师德方面主要考核遵守《中小学教师职业道德规范》的情况，特别是"为人师表、爱岗敬业、关爱学生"的情况。教师"不得以任何理由、任何方式有碍完成教育教学任务，不得以非法方式表达诉求、干扰正常教育教学秩序、损害学生利益"。教育教学考核涵盖了"德育、教学、教育教学研究、教师专业发展"，教学中的德育考核内容是"教师在课堂教学中实施德育的情况"；教学工作考核重点是教学工作量、教学准备、教学实施、教学效果，以及组织课外实践活动和参与教学管理的情况；教学效果的考核主要以完成国家规定的教学目标、学生达到基本教育质量要求为依据，明确"不得把升学率作为考核指标"，以引导教师关爱每个学生，特别是学习上有困难或品行上有偏差的学生。教育教学研究工作重点考核教师参与教学研究活动的情况。教师专业发展重点考核教师拓展专业知识、提高教育教学能力的情况。班主任工作的考核重点是其对学生的教育引导、班级管理、组织班集体和团队活动、关注每个学生全面发展的情况。

在实际的执行过程中，各地基本上在这一总体框架下尝试推进，在不违背总要求的前提下，绩效评价各有侧重。通过对各地绩效政策的分析，我们发现改革聚焦于创新绩效考核机制、完善绩效考核内容、健全绩效考核标准、规范绩效考核程序、强化考核结果应用、衔接岗位聘任制度等六个方面。其中，以创新绩效考核机制、健全绩效考核标准与强化考核结果应用为绩效改革的重要环节。

本研究选取了九个目标省份的绩效实施政策文本，运用文本内容发掘工具 ROST CM6 对文本进行分词并获取高频词，筛选去除与本研究无关的高频词。结合高频词统计得出的结果（见表2.4），在研读、分析具体省份的绩效实施政策文件的基础之上，确定绩效考核的特性。

表 2.4　九个省份绩效实施办法高频词

序号	关键词	频次	序号	关键词	频次	序号	关键词	频次
1	教育	227	8	考评	58	15	实绩	36
2	教学	188	9	行政部门	51	16	标准	35
3	工资	132	10	能力	51	17	贡献	25
4	义务教育	99	11	职责	50	18	职业道德	24
5	教职工	89	12	班主任	46	19	德育	23
6	管理	65	13	奖励	43	20	师德	23
7	发展	62	14	素质	42	21	工作量	21

1. 师德为绩效考核的第一标准

教育部出台绩效考核指导意见后，各省、市、县（区）级教育行政部门积极响应、逐级推进，在制定教师绩效考核办法过程中都将师德列为考核的第一标准，根据《中小学教师职业道德规范》重点考察教师的为人师表、爱岗敬业、关爱学生等情况。同时，完成教育教学任务、维持正常教育教学秩序、保障学生应有权益等也被视为考核合格的基本且必备要求。此外，多省对师德考核进行了补充，如有的省在此基础上补充了教师应抵制有偿家教以促进教育公平，有的省还强调了教师应有团结协作和大局意识。

2. 教育教学为绩效考核的重心

对教师教育教学的考核主要从职业能力、工作表现、工作成效三方面进行，运用质性与量化的方式重点考察教师在德育、教学、教科研、专业发展等方面的情况。考核实行负面清单制，教育部明确"不得将升学率作为考核标准"，但未明确具体考核办法和标准，由各省根据实际情况制定，特别是奖励性绩效的考核更是由学校制定办法并报学校教职工代表大会通过后实施，因而对于教育教学的考核在不同地区、不同学校都存在一定差别。比如，有的省增加了学生学业水平测试合格率；某小学则表示进行奖励性绩效考核时不考虑学生成绩，而是更加关注教师的科研成果、表彰荣誉、承担公开课等情况。教育教学考核中能够拉开教师绩效差距的标准不尽相同，对教师产生的激励导向也会有所不同。

3. 兼任管理为绩效考核的加分项

班主任是学校管理的中坚力量，是绩效激励的重点对象之一。《中小学班主任工作规定》要求"绩效工资分配应向班主任倾斜"；多省在考核内容中也提出"鼓励教师尤其是优秀骨干教师担任班主任"。班主任的绩效考核内容主要包括从事班级管理、教育引导学生、促进学生全面发展及组织班队活动四个方面，其工作量按照当地教师标准课时量的一半计入。对于班主任绩效考核的具体办法，各地也存在差别，如某省将班主任工作考核详细划分为师德考评、学生教育、班级管理、教育活动、学生转化、学生评价、家庭教育、教育科研、日常管理及协调利用教育资源等项目，考核结果作为发放班主任津贴的直接依据；有的省还提出将学生体质健康标准情况列为班主任绩效考核依据。此外，对于兼任党团少、教务、会计等行政工作的教师也按照实际工作量转化计入绩效，发放行政津贴。

对于教师绩效的具体考核以"自评＋他评"并结合"定量＋定性"的方式进行，由教师述职并组织学科组、年级组、考评组等评价主体进行评议，有的地方还结合学生、家长、社区的评价意见。多元的评价主体与评价方式，目的是追求教师绩效考核程序的公正性与考核结果的客观性。

考核过程中，指标量化是提高绩效考核效率和准确性的有效手段，大多数省份将绩效考核的内容划分为三级指标：一级指标为体现绩效考核的理念、目标与成效，二级指标是关于教师职业的素养与能力结构，三级指标为具体可操作指标。各省对于指标体系的构建及指标的赋值和权重不相同，因此决定教师绩效考核的关键性指标也有差异。但在实际考核中，可视化指标总是成为教师"名列前茅"的关键因素。比如，某小学在考核中尤其看重月考、期中、期末等考试的学生成绩，而荣誉证书、考勤等对绩效考核的影响不是很大；某小学虽不以学生成绩作为考核依据，但尤为看重教师的获奖、论文、公开课等指标；某小学则对学生期末考试成绩以及教师获奖、论文等指标较为看重。

（三）绩效考核结果的双重功能

绩效考核结果是进行绩效工资分配的主要依据，一般将考核划分为三个或三个以上等第。根据考核结果，对考核合格、履职尽责、完成教学任务的教师按月全额发放基础性绩效工资；根据考核等第按学期或学年发放奖励性绩效工资，并坚持向班主任、优秀骨干教师和特殊教育教师倾斜；对于考核不合格的教师扣发部分或不发放基础性绩效工资，不发放奖励性绩效工资。

同时，绩效考核结果也是人事管理的重要依据。具体来说，考核结果是教师聘用、岗位聘任、职级晋升、表彰奖励的重要参考依据。当前，国家加强教师队伍整顿和建设，建立健全教师准入和退出机制，绩效考核在某种意义上对于实施教师退出机制具有推动作用。

三、围绕绩效工资的争议

当前工资制度的改革重心已从保障为主转向以保障为前提，以激励为重心。对于以"保障为主"的制度改革，关注点不在制度本身，而在于制度能否落实、如何更好地落实，而对绩效工资制的关注，从收入差异、考核标准，到激励效果，一直都存在争议。

（一）绩效收入差异与教师主观感受

国家和各省级教育行政部门的绩效工资政策并未对绩效工资的总体水平、绩效考核的具体项目及绩效工资发放的明确标准做出确切规定，再加上创收能力差异，各地对于政策的理解与执行不同，导致地区间教师绩效工资差异较大，县区内不同类型学校绩效工资分配不一，校内分配差距过小以致激励作用不明显等一系列问题。

绩效工资总量主要依据当地财政实力，以及学校在编教师人数、岗位等因素，按照"不低于当地公务员的平均工资收入水平"的要求进行预算与拨付。地方财政实力的差距是地区间教师绩效工资差异显著的根本原因，也是决定教师流向的根本原因。因升学政策、上级教育行政部门的评价侧重点、社会与家长的支持度等方面的差异，县域内不同类型的学校处于不同的绩效工资政策执行微环境，[①] 绩效总量分配不均。校内不同学科之间、行政人员与科任教师之间、后勤人员与科任教师之间工作量的考核和换算也存在较大争议，引发了新的不满。学科建设薄弱而导致工作量较小，弱势学科教师不满；绩效工资向行政人员倾斜引发一线教师不满；绩效工资向一线教师倾斜引发中上层干部不满；绩效工资平均分配使得工作量大的教师不满。[②] 按照学校工作的基本特点，30% 的奖励性绩效工资应该包括班主任工作、超课时补贴、教学效果、师德建设、教师专业发展等多方面的要素。但在实际的执行中发现绩效考核的难度超出预期。从宏观角度看，教师工作性质特殊，许多方面难以量化，难以找到衡量教师工作数量和质量的指标。另外，各地政府出台的奖励性绩效工资政策也无法统一，以班主任津贴等个别项目代替奖励性绩效工资，造成一般不承担班主任职务的其他科目教师的抵触；由学校行政人员单方面考核，出现按行政职务论绩效的现象，引发教师群体的不满；中小学校普遍缺乏教师参与学校决策、监督的机制，导致教师绩效考核的简单化、机械化，教师与学校之间关系紧张。[③]

关于绩效工资分配是否公平的访谈中，T1 教师这样说："班主任的绩效考核大家还是比较认可的，毕竟班主任是很辛苦的。但是学科教师考核

① 李孔珍. 义务教育不同类型学校绩效工资政策执行分析 [J]. 教育研究 ,2013,34(5):46-52.

② 何凤秋 , 刘美玲 . 义务教育学校绩效工资实施情况跟踪研究——基于中小学校长、教师及基础教育行政人员的调研 [J]. 劳动保障世界 (理论版),2011(2):4-9.

③ 胡耀宗 , 童宏保 . 义务教育教师绩效工资政策执行中的问题及解决策略 [J]. 教师教育研究 ,2010,22(4):34-38.

定档后的差距太小。"

2009 年 7—12 月，上海财经大学中国教育支出绩效评价中心就教师绩效工资及其实施问题，对 25 个省市 77 个县的教育局局长和 279 所学校的校长进行访谈调查，调查发现：53% 的县教育局局长认为，绩效工资考核指标难以确定，制约着绩效工资制顺利实施。14% 的县教育局局长认为，绩效考核过程中的一些不公平问题如果得不到解决，很可能会导致矛盾激化，不利于学校的和谐。[①] 在已经实施绩效工资制的学校中，只能对能够量化的显性工作绩效化，如课时数、考勤、学生考试成绩，而诸如师德、课堂教学质量、教师行为等对学生影响较大却较为隐性的方面，很难绩效化。一方面要绩效，另一方面难绩效，这个矛盾目前看不到有效的解决方案和做法。

对于教师的工资差距应不应该拉大，观点也很不一致。41% 的县教育局局长和 51% 的校长认为不应该拉大工资差距，原因是：第一，不利于和谐，工资差距过大易造成教师间的矛盾，影响教育；第二，绩效工资较低的教师会产生心理不平衡和落差，进而影响其工作；第三，鉴于教师工作性质的特殊性，若差距太大，势必会出现急功近利的情况，教师会以提高绩效考评分数作为工作的唯一目标，考核什么，重视什么，而忽视其他难以量化、非绩效考核的部分。39% 的县教育局局长和 41% 的校长认为应该拉大工资差距，他们认为拉大工资差距可以调动教师工作的积极性，有利于提高教学质量。此外，20% 的县教育局局长和 8% 的校长认为工资差距应在合理范围内，他们认为教师的工资差距太大容易产生教师间的恶性竞争，工资差距太小又不足以调动教师的工作积极性。其中，安徽省潜山县的教育局局长认为，教师间的工资差距在 100—200 元较为合理。

因为绩效考核结果不仅作为绩效工资分配的依据，也作为教师资格认

---

① 赵宏斌，惠祥凤，傅乘波. 我国义务教育教师绩效工资实施的现状研究——基于对 25 个省 77 个县 279 所学校的调查 [J]. 教育理论与实践，2011,31(28):24—27.

定、岗位聘任、职务晋升、培养培训、表彰奖励等工作的重要依据，所以一些教师认为绩效考核会拉开收入差距，是人为制造不公平感，使得干群之间以及教师之间出现矛盾。[①] 以云南省为例，2009 年，云南省发布《云南省义务教育学校绩效工资实施意见》，规定校长与学校普通工作人员的奖励性绩效工资的比例暂定为 2.5 ：1。[②] 这个比例确定的依据是什么，不得而知。在绩效工资总量一定的情况下，有人多得必然意味着有人少得。为增加公平性，一些学校增加了教师互评的绩效考核环节，但不可避免地催生了教师利益小团体。个别教师为凸显自身而刻意压低优秀教师分数，抬高弱势教师分数。奖优惩劣的绩效考核设计过于强调竞争，使教师共同体遭到破坏。

此外，绩效考核和职称评审都与教师的岗位聘任相连接，与教师的工资待遇相挂钩，绩效考核直接决定教师绩效工资的多寡，职称定级直接决定教师基本工资的高低。在绩效工资总量有限的情况下，工作量和工作业绩难以通过仅占绩效工资 30% 的奖励性绩效工资拉开收入差距，职称的晋升、荣誉的获得、竞选中层干部等就成为教师提高工资收入的主要途径。据分析，教师的工资水平与职称的关联度更大。职称越高，工资涨幅越大，则工资水平越高（见表 2.5、表 2.6）。相比之下，教龄与课时对教师工资水平的影响甚微。

表 2.5 2018 年教师岗位工资

岗位类别	岗位工资	
	岗位	标准 / 元
正高级	一级	6665
	二级	5157
	三级	4558
	四级	3915

① 赵德成 . 教师绩效工资改革难以深入推动的原因及对策 [J]. 中小学管理 ,2020(9):28-32.
② 赵宏斌，惠祥凤，傅乘波 . 我国义务教育教师绩效工资实施的现状研究——基于对 25 个省 77 个县 279 所学校的调查 [J]. 教育理论与实践 ,2011,31(28):24-27.

续表

岗位类别	岗位工资	
	岗位	标准 / 元
副高级	五级	3405
	六级	3005
	七级	2773
中级	八级	2440
	九级	2174
	十级	2007
初级	十一级	1819
	十二级	1797
	十三级	1675

表 2.6　教师薪级工资

单位：元

薪级	标准	薪级	标准	薪级	标准	薪级	标准	薪级	标准
1	288	14	827	27	1885	40	3381	53	5337
2	317	15	887	28	1985	41	3518	54	5511
3	346	16	954	29	2085	42	3645	55	5702
4	375	17	1020	30	2195	43	3777	56	5894
5	409	18	1093	31	2305	44	3920	57	6097
6	444	19	1167	32	2414	45	4063	58	6300
7	484	20	1249	33	2524	46	4206	59	6514
8	523	21	1331	34	2645	47	4363	60	6728
9	569	22	1413	35	2766	48	4519	61	6960
10	614	23	1504	36	2887	49	4676	62	7192
11	665	24	1595	37	3008	50	4832	63	7446
12	716	25	1686	38	3128	51	4988	64	7700
13	767	26	1785	39	3249	52	5162	65	7989

（二）众口难调的考核标准

相关研究发现，多数学校的绩效考核项目过于全面、注重结果，缺乏科学性和合理性，绩效考核的指标变得日趋烦琐。[①]

[①] 宋洪鹏,赵德成.把脉中小学教师绩效考核——基于绩效管理的视角 [J].中国教育学刊,2015 (8):92−95.

校内绩效把师德、学生成绩、课时量、教研活动、科研工作、公开课、考勤、获奖等项目，根据各项所占比重转换为工作量。对于教师而言，其工作量和实际贡献除了课时量、公开课、科研成果等可以量化的部分，师德、责任心、进取意识等具有不可量化性。企业通过经济效益进行量化从而核定绩效，而作为提供公共服务的教师，其劳动是涵盖了体力、脑力以及情感的复杂劳动，[①] 对其进行绩效考核便存在一定的不可操作性，必然会忽略教师的隐性工作。同时，不断细化的考核标准使得教师之间的差距可能越来越小，对教师工作能力和效果的差距没有解释意义。关于绩效考核标准的访谈中，T2 教师说："我们学校按学科评比，对语、数、英单列学科组，音、体、美、科学及信息技术设综合组，这样确保了每个组都有优秀名额，不然按照工作量和考试成绩的话学科组直接超过了综合组。在实际考评中，学科组尤为看重学生期中、期末考试成绩，这对于学科组教师而言还是比较公平的，大家凭本事拿绩效。而综合组就尤为看重获奖情况，在标准上就不是特别公平，更加偏向体育和音乐，这两个学科活动比较多，而美术就比较吃亏，科学和信息技术就更加吃亏，可能几年都没有活动，没有活动可以参加，没有证书可以拿，自然不可能加分。"此外，无法量化的部分容易打"人情分"。原本可以正常获得的薪酬，需要通过烦琐的考核评定或人情才能拿到，甚至因为差距较小，工资不升反降。

（三）以有限的工资追求无限的绩效和"有效即无效"的激励困境

绩效工资制实施之初，大家以为其能够对教师工作的质和量产生积极的影响。"绩效工资制度将教师的薪酬收入与个人的业绩挂钩，能促使教师加大工作投入，激发优秀教师的潜能，充分调动教师工作的积极性；实施绩效工资改革更能体现多劳多得、按劳分配的原则，即工资额与工作量

---

① 高晓文, 盛慧. 教师情感劳动的特殊性及能力提升策略 [J]. 福建教育 ,2020(25):15–17.

挂钩。"①

调查和研究的结果与预期总是有出入。根据相关调查，近半数教师认为绩效考核的影响一般，有两成多的教师表示对绩效工资制的实施不满意。②赫兹伯格所提出的激励—保健理论认为，激励因素和保健因素是影响员工绩效的主要因素，其中激励因素能够带给人们满意感，而保健因素只能消除不满，但不会带来满意感。③即使绩效工资制实施能够在一定程度上提高教师工资水平，减少不满，但却不会令教师满意。其最大争议在于将教师原本应得的钱划拨出一部分作为奖励性绩效工资来奖励教师，这被许多教师诟病为"拿自己的钱奖励自己"。如果从马斯洛的需求层次理论来看，生理、安全、社交、尊重和自我实现这五个层次，无论是不是按照层级实现，都揭示了人的需求的多元性。当某一层次或者某一方面的需求得到满足，这一需求是否还具有激励作用，或者需要什么条件，才能继续保持激励作用，这些问题都需要追问。如果按照调查结果，半数教师认为绩效考核并没有达到令他们满意的效果，那么能否说明绩效工资制其实并没有契合他们真正的需要，或者这种刺激激发了更高、更多的欲望，从而导致更多的不满足？类似疑问目前还无法给出答案。

积极性挫伤的现象在中西部地区更为突出。当地方财政捉襟见肘，难以保障对教育投入的"三个增长"，实施绩效工资制只能在教师现有的"工资盘子"中做文章。在赵宏斌等调查的 77 个县中，61% 的县教育局局长和 65% 的校长认为，目前教师工资本身就很低，低于公务员的工资，不应该再从教师的现有工资中拿出一部分作为绩效工资，这种挪动教师现有工资做绩效的方式，势必导致一些教师工资水平降低。39% 的县教育局局

---

① 赵宏斌,惠祥凤,傅乘波.我国义务教育教师绩效工资实施的现状研究——基于对25个省77个县279所学校的调查 [J].教育理论与实践,2011,31(28):24-27.

② 秦田田.义务教育教师绩效工资政策执行偏差研究 [D].长春:东北师范大学,2019.

③ 牛志奎,刘美玲.赫兹伯格双因素理论与教师绩效工资制度激励问题的探讨 [J].中国教师,2012(4):27-30.

长认为，可以从教师的工资中拿出部分作为绩效工资，但拿出哪一部分做绩效，又出现意见分歧。72%的县教育局局长认为可以从工资总额中拿出30%做绩效工资，14%的局长认为可以从薪级工资中拿出一部分，还有14%的局长认为可以从职务补贴中拿出一部分。更进一步的调查发现，青海省的循化县和山东省的高唐县就是拿出教师现有工资的一部分来做绩效工资，效果并不佳，教师的工作热情非但没有提高，反而有下降的趋势，这种方法最终由于被太多教师反对而终止。[①]

如果说绩效工资制实施之初，受各种不适应因素的影响，达不到调动教师积极性的预期目的，那么十年之后的情况是不是有所改善？2020年，宁本涛基于东、中、西部13省份四学段各类相关人员的调研结果给出的答案仍然不乐观：绩效工资激励存在多方位欠缺，尤其不能有效保障优秀骨干教师的工资待遇，优秀骨干教师流失加剧。教师认为他们的工资收入水平和公务员相比差距较大，对绩效工资考核方案的满意度最低，绩效工资对教师工作积极性的调动作用是最差的。[②]

无论如何，绩效工资的效果危机是存在的：如果绩效工资对优秀骨干教师的激励效果不佳，那么可以进一步推断，优秀骨干教师之外的、低绩效的教师，对绩效工资的满意度也不会太高，因为"高绩效，高收入"的反面是"低绩效，低收入"。那么，绩效工资到底激励了谁？如果优秀骨干教师仍然处于流失状态，那么稳定教师队伍的关键因素不在于绩效工资。

有限的绩效工资激励无限的劳动投入导致的"有效即无效"困境，在现有的绩效框架中难以破解。出于调控收入分配和减小收入差距的考量，事业单位实行绩效总量核定制，绩效工资的总量在进行下一年度工资预算之时已经核定，并没有根据教师整体素质的提升和工作质量的提高而增

---

① 赵宏斌,惠祥凤,傅乘波.我国义务教育教师绩效工资实施的现状研究——基于对25个省77个县279所学校的调查[J].教育理论与实践,2011,31(28):24-27.

② 宁本涛.高中绩效工资制实施进展分析——基于东中西部13省高中的调查[J].华东师范大学学报(教育科学版),2020,38(1):73-84.

加；反之，也没有减少。若无重大政策变动，多数地区的绩效总量一经确定便多年不再进行调整。在绩效总量相对固定的情况下，单纯依靠校际、校内的绩效分配实现对各校和教师的持续性激励，过于理想化。用绝对有限的绩效工资总量，去激励产生相对无限的劳动状态和效果，会陷入"有效即无效"的激励困境。[1] 绩效工资制的设计意图是通过动态的工资分配，激励先进，鞭策落后，使优秀的教师更优秀，使不优秀的教师追求优秀，但这样就形成一个闭环——即使所有的教师都"优秀"，也要对教师进行绩效分层、分级，以绩效差异为准，使工资差异等级化。过度激励能不能提高工作效率和质量，目前缺少足够的证据支持，相反，如果寻找绩效的负激励作用，倒是容易获得研究领域和实践领域的认同。

同时，在现行绩效工资制的结构中，发挥主要激励作用的奖励性绩效工资占绩效工资的30%，在教师工资整体中的占比相对来说较小，如果学校的绩效工资分配差距较小，绩效工资能发挥多大的激励作用，其实很难衡量，甚至是否能发挥作用，都不确定。因为各种因素，如目标群体、学校组织复杂性和外部激励弱等因素，学校为平衡上级政策要求和目标群体的利益诉求，普遍采取缩小绩效工资差距的做法。[2] 关于绩效工资激励效果的相关访谈中，T3教师讲道："入职至今（两年教龄）没有见过工资单，只是根据工资卡扣除国家法定的基本工资和补贴后，可以大体推算出绩效工资水平，至于绩效体现的各部分有多少并不清楚，其他教师的绩效有多少就更不清楚了。"

赵宏斌等对77个县的调查还有一个比较有意思的现象，愿意实施绩效工资制的县的比例高达97%，只有两个县对实施绩效工资制的意愿不是很强烈。为什么97%的县愿意实施绩效工资制？访谈结果显示，无论是教育局局长还是校长，他们都认为实施绩效工资制后能够提高教师工资，这

---

① 辛治洋. 教师绩效工资制度实施的困境与出路 [J]. 中国教育学刊 ,2012(9):1-4.
② 严凌燕. 义务教育教师绩效工资政策执行偏差研究 [D]. 上海 : 华东师范大学 ,2017.

说明他们在潜意识中把实行绩效工资制和涨工资等同了起来。意愿不强烈的县不想实施绩效工资制的原因也恰恰在于此。一个县认为，实际测算后发现，实施绩效工资制意味着部分教师的工资将会比原来的工资低，实际上是降低了部分教师的收入水平；另一个县则认为，现行的绩效工资制是拿出了教师工资的津贴部分，教师工资的"总盘子"并没有增加，这样势必造成一些教师的工资比原来低，教师对这种做法不满。[①]

（四）发展性功能体现不足

教师的工作积极性与绩效工资的相关性是无法确定的，那么绩效工资预期的教师专业发展功能又如何？

教育部颁布的《关于做好义务教育学校教师绩效考核工作的指导意见》明确了绩效考核结果和绩效工资分配的关系：对于履行了岗位职责、完成了学校规定的教育教学工作任务的教师，全额发放基础性绩效工资；对有突出表现或做出突出贡献的教师，视不同情况发放奖励性绩效工资；坚持向骨干教师和做出突出成绩的教师倾斜，适当拉开分配差距。同时也指出，绩效考核结果也要作为教师资格认定、岗位聘任、职务晋升、培养培训、表彰奖励等工作的重要依据。这说明对绩效工资管理性功能和发展性功能的双重期待。

对绩效考核的双重目的本身应该没有异议。从评价的角度看，管理性功能是对教师考核期内履职情况的约束和评价，为人事任免、工资发放提供依据，属于终结性评价；发展性功能是分析教师自身的优势与不足并进行反馈，用于指导教师对自己的发展过程进行反思，对未来发展进行预期和规划，属于诊断性评价。[②] 理论上讲，二者应该相互补充，共同服务于

① 赵宏斌，惠祥凤，傅乘波. 我国义务教育教师绩效工资实施的现状研究——基于对25个省77个县279所学校的调查 [J]. 教育理论与实践,2011,31(28):24~27.
② 宋洪鹏，赵德成. 把脉中小学教师绩效考核——基于绩效管理的视角 [J]. 中国教育学刊,2015(8):92~95.

学校与教师的长远发展。也有观点认为，两个目的有主次的分别，绩效工资的首要目的是全面提高教育质量，促进教师教学技能的提升，之后才是将考核结果运用于工资和奖惩等方面。但实地的考察发现，"在绩效考核的价值取向上，一些学校只注重其鉴定、激励、选拔、管理等作用，未能关注其促进教师专业发展的功能。在考核内容上，更多的是对过去业绩的衡量，属于一种终结式的考核，而不是面向未来侧重于教师专业发展的考核"[①]。在具体操作过程中，绩效工资发挥的管理功能，要优先于、大于发展性功能，这是一种非常普遍的现象。大量的学校将绩效考核简单视为对教师进行奖惩的评价工具，并且在绩效考核中将教师的工作价值以"货币化"的方式进行衡量，这样的做法很容易引导教师去关注绩效工资的纵横向对比，考虑如何在绩效考核中使自己利益最大化，进而导致工作重心的偏离。学生的发展、教育教学工作的质量，是真正的群体合作的结果，在某种意义上可以说，教育中应该排斥单纯利害的竞争原则。过于关注和计较个人绩效的得失，分化、割裂了教师群体，会侵蚀教师共同体的目标一致性。

在绩效工资制执行的具体项目和指标上，也暴露出激励效力的疲软问题。把基础性绩效工资按照教师现有的职称分配，是比较普遍的做法，而且对它的质疑也不多，但是这样会造成基础性绩效工资与工作业绩和工作量不匹配。有些工龄和职称较高的教师，承担的实际教学工作可能较少，但他们依然可以获得较高的基础性绩效工资。在现有的教师职称晋升条件下，一旦教师职称达到"顶峰"，教师职业生涯的后半段就缺少激励机制。一方面，对于"职称顶峰"的教师，基础性绩效工资的激励效力疲软；另一方面，教师的职称晋升所要符合的条件越来越多，但职称晋升的机会并不一定增加。从既有的研究看，学校性质、职称和教龄是教师工资水平的显

---

① 赵宏斌，惠祥凤，傅乘波.我国义务教育教师绩效工资实施的现状研究——基于对 25 个省 77 个县 279 所学校的调查 .2011,31(28):24-27.

著预测变量，但学校性质对教师工资收入总变异的解释率达 24.6%；教龄对于教师收入水平的影响显著，但其收入差异效应有限，对教师收入差异具有主导性影响的因素是职称，即同一学校内职称等级的差异是教师工资收入差异的主要原因。[①]

（五）"中部塌陷"的收入差距和向城或返乡的青年教师流失

第一，绩效工资制的实施与"不低于当地公务员的平均工资收入水平"目标的落实虽然提高了教师的地位和收入，但并未有效解决地区间收入差距较大问题。中央与地方财政分担不明确、财政保障主体逐级下移、县级财政薄弱导致教师绩效工资相关政策推行困难、落实迟滞、低水平兑现等问题。[②] 东部地区经济基础良好，西部地区在国家一系列教师支持计划下具有稳定的财政补贴，而中部地区自身经济基础薄弱，加之处于国家政策的边缘地带，使得教师收入水平呈现"塌陷"状况。[③]2019 年实施的《基本公共服务领域中央与地方共同财政事权和支出责任划分改革方案》明确了义务教育公用经费保障由中央与地方根据支出责任分项目、按比例进行分担，改善了中央与地方政府因财政事权与支出责任不明确造成的经费短缺现象。各级政府对义务教育办学条件和基础设施等方面的投入不断加大，但对于提高教师工资待遇水平的经费转移支付力度仍然不足，呈现出"重物轻人"特征。[④] 在现行财政分级管理体制下，教师工资经费仍由县级政府兜底，教师工资水平仍与县级财政实力和政府重视程度直接相关。因此，"中部塌陷"的经济发展格局，财政分权背景下中部地区县级财政过重的投

---

① 吴晶,张一枫.OECD 国家评价教师薪酬水平的主要指标及启示 [J].现代基础教育研究,2019(4):19-25.

② 庞丽娟,韩小雨,谢云丽,等.完善机制落实义务教育教师绩效工资政策 [J].教育研究,2010,31(4):40-44.

③ 汪传艳,雷万鹏.农村中小学教师收入"中部塌陷"现象的实证研究——基于全国 7 省 21 个县 123 所学校的调查 [J].西南大学学报 (社会科学版),2017,43(4):88-94.

④ 王梅.事业单位工资制度建构与实践探索 [M].北京:中国社会科学出版社,2020.

入责任及政策上的边缘化使得"中部塌陷"地区的教师收入差距现象仍然存在。

第二，是向城或返乡的青年教师流失问题。地区资源禀赋、基础设施建设、政治制度匹配及市场化经济等因素，在一定程度上决定了地区经济发展的内在潜力，随之吸引而来的劳动力、科技创新、产业结构等因素，又直接决定地区经济的发展实力。市场经济条件下，当地工资总体水平由地区经济实力决定，而工资水平又是人力资本集聚的重要导向，"人往高处走"，人力资源流向发达地区的趋势是不可逆的。经济发达不仅意味着较高水平的工资收入和舒适的生活条件，子女的教育问题和父母的养老问题也会得到较好的保障。因此，每年教师招聘时，经济相对发达的地区总能吸引大量的高学历人才，而经济欠发达地区则远逊于发达地区，甚至处于无人问津的境地。近年来，在国家"公费师范生计划""中小学教师国家级培训计划""乡村教师支持计划"等一系列政策的扶持下，经济欠发达地区的生师比有所下降，但教师"招不来"和"留不住"问题仍不容忽视。对云南省 30 个县 10356 名乡村教师的调查发现，近 80% 的乡村教师有流动及改行意愿，其中 30 岁以下的青年教师流动及流失意愿最强，呈现向城和返乡两种趋向。[①] 这严重影响到经济欠发达地区的教育质量和教师队伍的稳定性，也使得教师队伍结构老龄化问题加剧。教师平均工资水平不低于当地公务员的标准，对于减轻当地教师的不公平感、稳定原有教师队伍起到一定作用，但对于吸引高学历人才前来从教和留住青年教师，还远远不够。青年教师正处于人生的发展时期，在保障自身生活的同时肩负着赡养老人和养育子女的义务，当尴尬的收入境况不足以支撑起自身和家庭的日常生活时，他们便流向工资收入与生活条件相对较好的城区或者流向方便照顾老人与子女的家乡，甚至干脆离开教师队伍流向其他高薪职业。经济欠发达地区

---

① 王艳玲, 李慧勤. 乡村教师流动及流失意愿的实证分析——基于云南省的调查 [J]. 华东师范大学学报 (教育科学版),2017,35(3):134–141,173.

的高级教师拥有多年的教龄，经过数次职称评聘，其工资水平可能低于发达地区新入职教师，这样的工资差距足以动摇经济欠发达地区教师队伍的根基。

第三节　工资制度改革对教师的发展导向

作为一种制度化的设计，教师工资制度有一定的价值导向，也必须发挥价值导向作用。对教师来讲，外部生存得以保障，内在发展才有基础。所以，工资制度本身、工资制度的转向，改变的不仅仅是教师的生存状态，还改变了教师的发展方向、发展内涵，甚至发展质量。

一、从保障生存到促进发展

保障教师的基本生计是工资的首要功能。1956 年、1985 年和 1993 年三次工资制度改革都是以"保障"为主，适应经济发展变化形势，着眼于提高教师工资水平，改善教师生存条件。工资制度改革注重的是对教师工资总量的调整，由国家根据国民经济发展水平及物价波动等因素对工资标准进行普调。党的十三大发出"将教育放在突出的战略位置"的号召，20 世纪 80 年代末提出在现行工资标准上再提高 10%，以示对教师的重视。特别是在 20 世纪末教师待遇每况愈下的情形下，在教育经费总投入上明确教师平均工资水平对标公务员，拉升了教师工资水平在国民经济行业排名中的相对位置。就成效而言，三次改革都在一定程度上实现了改革的初衷，虽然较理想的状态仍有不小差距。

2006 年工资制度改革具有转折意义。工资制度改革的重心发生重大转变，在保障教师工资水平的前提下，着手探索通过调节物质杠杆，激励教师工作和自我发展，以实现提高义务教育发展质量的目的。在我国四次大的工资制度改革中，前三次的工资水平主要建立在职务基础上，被诟病为"干好干坏一个样、干多干少一个样"，所以第四次工资制度改革旨在改变分配原则，引入绩效工资。在工资结构上，岗位工资与岗位等级挂钩，而不再与职务挂钩；薪级工资用以体现资历，与所聘岗位也有一定关联；绩效工资用以体现教师工作实绩，坚持"按劳分配、多劳多得"原则，旨在发挥激励作用。而且，绩效的考核结果成为教师职称评聘、评先评优、岗位调动等的参照依据，以收入激励教师专业发展的意图非常明显。

四次工资改革的逻辑思路是清晰的，方向也是明确的，让教师的物质权益得到基本保障，而且不断提升的工资水平，也提高和稳定了教师的社会地位，使教师生存危机、教师队伍稳定危机得到有效化解。随后的绩效工资制改革，在继续保障教师权益、稳定教师队伍的同时，通过工资结构的设计和调整，对工作业绩和收入进行锁定，而且引导教师关注教育教学、科研、公开课及获奖情况等，不仅向教师传达"发展"等价值引导信息，而且让教师知道不仅要"发展"，更要明白"在什么方面发展"。如果暂时撇开局部问题，在整体上考察绩效工资制的改革，其效果还是显而易见的。

二、从按照标准"发工资"到根据指标"挣绩效"

从教师获得工资的主观感受上来说，绩效工资制改革前后，发生了微妙的变化。除了"拿自己的钱奖励自己"的感觉之外，在访谈中，教师普遍认为：以前是等着发工资，现在要考虑如何挣到绩效工资。

绩效工资制之前，虽然薪资有等级和差异，但基本上是稳定的。教师知道自己拿到的是什么钱，应该拿到多少，与其他人的差异是多少，为什么有差异。绩效工资制是在保障教师日常生计的基础上，将教师表现与工资挂钩而建立起的教师激励机制。围绕着工资激励的功能设计，工资发放形式、发放额度也产生了相应变化，从原来的确定变得不确定。从前是按照相应标准直接发放工资给教师，现在是首先考核教师的"德、能、勤、绩"，占绩效工资 30% 的奖励性绩效工资在学期末或学年末统一发放。与工资发放形式相匹配，重新构建了一套多元的考核指标体系，教师根据绩效考核标准和细则工作，最后按照这些指标达成度，"挣到"对应的奖励性绩效工资。

在生产性行业中，计件工资能直接提高工作积极性，提升工作效率，也能使生产者产生很强的获得感。有劳有得，多劳多得，优劳优得，虽然简单，但是有效。但在非生产性行业的科研、教育等领域引入"绩效"手段，其实施效果一言难尽。绩效工资制实施之后的相关研究，大多持保守态度，至今为止，实地调查研究都没有提供足够的、有说服力的肯定性证据。

第三章　职称制度改革与教师的生存发展

第一节　教师职称制度的改革

一、职称

对职称内涵和性质的理解一直是不固定的，从职务到学衔，从学衔到职务，从职务到资格，不停演变。[①]新中国成立初期，国家有关政策文件对于职称的提法有职名、职称、职务名称等。改革开放初期，在恢复职称的实际工作中，沿用了 20 世纪 60 年代的理解思路，即将职称从职务转化为学衔或学术称号。1979 年，国务院科技干部局发布《关于做好科技干部职称评定工作的通知》，把技术职称视为衡量科技人员技术工作成就、技术水平和业务能力的标志，而且指出"评定不应限制年限和晋升比例"。1986 年，中共中央、国务院转发中央职称改革领导小组《关于改革职称评定、实行专业技术职务聘任制度的报告》，提出"实行专业技术职务聘任制度"。同年 2 月，国务院发布的《关于实行专业技术职务聘任制度的规定》明确，"专业技术职务"是根据实际工作需要设置的有明确职责、任职条件和任期，并需要具备专门的业务知识和技术水平的工作岗位，和一次性获

---

① 　主要参见：李建钟. 论职称制度改革 [J]. 中国人力资源开发 ,2010(11):72-76. 李廷洲，金晨，金志峰.
中小学教师职称改革成效如何？——基于多元评估理论的政策评估研究 [J]. 教育发展研究 ,2018,
38(18):17-23.

得的终身学位、学衔等各种学术、技术称号是不同的。

20 世纪 90 年代初，伴随完善专业技术职务聘任制的需要，国家开始专业技术资格制度的试点工作。1993 年，党的十四届三中全会通过《关于建立社会主义市场经济体制若干问题的决定》，确定实行学历和职业资格两种证书制度，制定各种职业资格标准。职业资格制度的实行又引起职称内涵的变化，职称更倾向于被理解为"专业技术资格"，代表学术技术水平的学衔或称号，而原来的职务任职资格不是"职称"。

由于"职称"和"职务"关系混乱，有人提出把职称分为大职称和小职称。小职称特指职称（资格），大职称则包括专业技术职务、职称（资格）、执业资格等。深化职称改革，各级政府人事部门的职称司、职称局、职称处等中的"职称"，都指大职称。提到专业技术职称（资格）时，指的是小职称，即专业技术水平（能力）的标志。[①]

在学理上理解"职称"，可谓见仁见智，但是，一旦进入实际操作层面，即进入职称评定环节，就变得相当混乱。尤其对中小学教师的职称评定，相对于大学教师和科研人员的职称评审，更加复杂化。

虽然职称的内涵不确定，但是大家对职称制度的理解相对统一，都认可职称制度是专业技术人员管理的基本制度，是包含专业技术职务聘任制、岗位管理、职业资格等在内的管理制度系统。[②]

自 1986 年实行专业技术职务聘任制以来，伴随着经济、政治体制和事业单位人事制度改革，中小学教师职称结构不断调整。也正因为职称对教师个人生存发展至关重要，职称问题越来越成为一线教师的"心病"。教师职称制度发展至今，在激励教师发展方面的作用不言而喻，但也存在许多固化的问题与新生的问题。对于教师职称制度的讨论持续已久，存在

---

① 刘广琳. 我国职称制度的沿革、现状及改革建议 [J]. 理论学刊 ,1996(2):55–58.
② 冯连旗. 人力资源和社会保障法制概述 [M]. 沈阳 : 东北大学出版社 ,2014; 张志坚. 当代中国的人事管理 (下)[M]. 北京 : 当代中国出版社 ,1994.

取消与完善两种声音。在"看问题、求完善"这条逻辑线上，前提是认可制度本身，以不断完善制度为旨归。教师职称制度争议最大、诟病最多的当属评价标准，相关政策一直在不断调整，"唯学历、唯论文"等现象或缓解或强化，最后都困在"究竟以什么为核心指标""核心指标如何评价"等问题上。教师职称制度希望通过对教师能力与业绩的鉴定，更好地引导、促进教师发展。但是现行的职称制度及其实施过程中，引导教师追求什么，发展了教师的什么素养或能力，却仍值得审视。

二、教师职称制度的改革进程和基本原则

依据教师职称制度改革重要文件的颁布时间，本书把教师职称制度的演变过程划分为如下阶段。

（一）教师职称制度的改革进程

1. 教师职称制度的萌芽（1949—1985 年）

新中国成立初期，职称工作基本处于停滞状态。1956 年曾实行过专业技术职称任命制度，一批知识分子获得了相应的技术职称。1960 年，国务院全体会议第 96 次会议通过了《关于高等学校教师职称名称及其确定与提升办法的暂行规定》，至此，我国正式颁布了第一个职称条例，其中明确提出了"职务名称"即"职称"。该条例建立了学术称号和技术称号制度，并开始建立职务等级工资制。当时高等学校教师的职称分为教授、副教授。但是这一时期的职称工作未能全部落实。1977 年，中共中央在《关于召开全国科学大会的通知》中指出，应该尽快恢复职称，建立相应考核办法，并实行技术岗位责任制。由于教师职称的管理工作还未规范化，所以此时的职称认定出现论资排辈、唯学历、随意更改评审标准等现象，1983 年评定工作宣告暂停。此后，经过调研和试点，1985 年中央职称改革领导小组提交了《关于改革职称评定、实行专业技术职务聘任制度的报告》，专

业技术职务聘任制度的制定被提上日程，建立中小学教师职称体系的意见也被提出。①

这一时期，职称评定和聘任等工作在高等教育方面初步进行，中小学教师职称工作尚未开展。

2. 教师职称制度的规范化（1986—2008 年）

1986 年，国务院颁布《关于实行专业技术职务聘任制度的规定》，正式推行专业技术职务聘任制度。同年，国家教委印发、中央职称改革领导小组转发《小学教师职务试行条例》《中学教师职务试行条例》和《关于中小学教师职务试行条例的实施意见》等文件，正式拉开了中小学教师职称制度改革与发展的序幕，标志着中小学教师职称制度的建立。这一阶段，中小学教师职称制度逐步形成一套初具规范的体系，建立了中学与小学两个职称系统，对中小学教师职称制度的基本内容、评价条件、结构比例设置及评定委员会等 14 个方面内容做了详细的规定，中小学双轨职称体系形成。

之后，1993 年的《中华人民共和国教师法》和 1995 年的《中华人民共和国教育法》，进一步重申了中小学教师职称制度的重要性，中小学教师职称制度进入法制化建设时期。

3. 教师职称制度的改革试点（2009—2014 年）

历经 20 余年的探索后，教师职称制度建设取得了很大成绩，但同时也暴露出许多问题，尤其在评价标准的合理性、评价机制的完善性与科学性、与事业单位聘用制度的衔接性等问题上，存在很多矛盾和冲突，需要尽快给出解决方案。因此，山东潍坊、吉林松原、陕西宝鸡被确定为首批试点城市，探索中小学教师职称改革。2009 年，《关于深化中小学教师职称制度改革试点的指导意见》发布，明确要求围绕体系构建、评价标准、

---

① 王天成 . 职称的由来及沿革 [M]. 西安：陕西人民出版社 ,1990.

评价机制等问题，继续进行教师职称制度改革。此次改革主要是探索统一的中小学教师职称制度、完善评审机制及向乡村教师倾斜等问题，为全国中小学教师职称统一体系的构建积累经验。

4. 全方位职称体系的深化建构（2015年至今）

经过多年职称制度试点改革，2015年，人力资源和社会保障部、教育部联合印发《关于深化中小学教师职称制度改革的指导意见》，正式提出进行全国性的教师职称制度改革，要求以能力和业绩为导向，与事业单位岗位聘用制度相衔接，健全制度体系、拓展教师职业发展通道、完善评价标准与创新评价机制。以试点阶段的改革举措为基础，从较为微观的层面进一步细化了评审工作的若干规范性要求，同时完成相关人员的过渡工作。2016年，中共中央办公厅、国务院办公厅印发《关于深化职称制度改革的意见》，又对制度体系、评价标准、评价机制、评价与人才培养等做出进一步的规定。2017年，《全面深化新时代教师队伍建设改革的意见》提出继续深化教师职称和考核评价制度改革。

（二）职称制度改革的基本原则

1. 岗位结构比例与因需设岗相结合

1985年，《关于改革职称评定、实行专业技术职务聘任制度的报告》决定从1986年起，有计划、有领导、有步骤地改革职称评定，实行专业技术职务聘任制度。这次改革和1978—1983年职称评定最大的不同，是实行了指标限额，从上至下，逐级下达指标，按指标评聘。

中小学高级、中级和初级教师岗位的结构设置，以事业单位专业技术岗位结构比例为前提和依据。1986年颁布的《关于实行专业技术职务聘任制度的规定》明确，本机关内各级专业技术职务的结构比例要在国家规定的专业技术职务的总结构比例内确定与提出。教师的职称结构比例也据此做出相应规定。2006年，人力资源和社会保障部印发的《事业单位岗位设置管理试行办法》对全国事业单位岗位设置做出正式规定，专门的中小学岗位设置制度随后出台。2007 年，《高等学校、义务教育学校、中等职业学校等教育事业单位岗位设置管理的三个指导意见》印发，指出教育事业单位要根据一定比例设置高级、中级、初级专业技术岗位，教师聘用要在核定的岗位总量及结构比例内进行。

在事业单位专业技术人员岗位结构比例的基础上，中小学结合自身发展可以因需设岗。1986 年，《关于中小学教师职务试行条例的实施意见》规定了中小学各级教师职务的定额应当依据学校发展与教学工作需要，同时结合教师队伍结构及编制确定。此后的职称制度改革，都是在职称定额与因需设岗相结合的原则下进行的，但限额要求越来越严格，这和职称制度实施初期数量限制宽松造成的职称评定混乱有关。

2. 评审标准逐步趋向教师的专业发展

"欲知平直，则必准绳。"职称评审标准一直是职称制度改革的重点和难点，当然，这也是教师最为关注的问题之一。最初颁布的《小学教师职务试行条例》和《中学教师职务试行条例》分别对各级教师的岗位职责与任职条件做了初步规定，随后标准越来越具体和细化。在职称评审出现唯学历、唯论文等倾向后，2015 年，《关于深化中小学教师职称制度改革的指导意见》规定评价标准要和素质教育、课程改革的实践挂钩，要体现教师职业特点和教师教书育人工作的专业性。2016 年，《关于深化职称制度改革的意见》规定以品德、能力与业绩为职称评审标准。此后，《全面深化新时代教师队伍建设改革的意见》也进一步提出评审要重视德才兼备，突出教育教学实绩，引导教师潜心教书育人，尤其强调师德的重要性，提出师德一票否决制。职称评审标准表现出关注教师专业发展的倾向，但并不意味着"何为标准"这个难题得以顺利解决。

3. 在公平原则下健全评审机制与向乡村倾斜

教师职称评审中普遍出现领导及相关行政部门掌控实际评聘权的问

题，考核、名额分配、评审等各个环节出现不公平现象。针对这种情况，在评审机制上进行了一些针对性改革。例如，在评审人员的选择上，缩小教育行政部门领导人员比例，把评审权力更多交给同行专家，建立以同行专家评审为基础的行内评价机制。同时考评方式更加多样化与多元化，设置说课讲课、面试答辩、专家评议等多种适合一线教师的考核方式。在评审流程中，不断强化公示制度，使教师职称评审过程增加透明度，对行政权力进行适当的约束。

乡村教师在职称评审中存在明显的弱势，表现在指标、评价条件及收入分配等诸多方面。城乡二元格局造成的城乡教师差距日益加大，职称改革不得不回应这一基本的现实。1986年，《关于中小学教师职务试行条例的实施意见》提出各地根据实际情况，先大中城市后城镇农村进行职称改革的原则性意见。国家教委下发的《关于"九五"期间加强中小学教师队伍建设的意见》提出，大城市及中心城市的中高级教师的比例应高于平均水平。[①] 这一明显的地域层次推进策略，最初目的是提高教师职称评审工作的效率，但最终的后果是加深了乡村教育的"洼地"，造成乡村教师队伍的根基动摇，所以不得不在后续的改革中进行针对性弥补，如对长期在农村和艰苦边远地区工作的教师，可放宽学历要求，对论文、外语和计算机应用能力不做统一要求。2017年，《全面深化新时代教师队伍建设改革的意见》对城市地区的教师职称评审增加了一条新规定，即教师申报高级教师职称必须到乡村或薄弱学校任教一年以上。此后，人力资源和社会保障部、教育部《关于做好2018年度中小学教师职称评审工作的通知》进一步提出基层中小学高级专业技术岗位实行"定向评价、定向使用"，不占用各地中小学教师高级职称的比例。在过去的30余年，教师职称评审从以城市为中心到向乡村及薄弱地区倾斜，反映出在城乡巨大差异客观存在的前

---

① 《最新中小学教师政策法规问答》编写组.最新中小学教师政策法规问答[M].北京:新华出版社,1998.

提下对公平性原则的追求。

4. 统一评审制度与地方自主结合

基于制度统一的要求，各地的职称评审均在国家相关政策统一指导下开展，但是考虑到区域、地方的差异性，各地可根据自身发展需要制定具体政策。

在职称制度建立之初，中学和小学实行两轨并行的职称序列与评审标准。2006年，新修订的《中华人民共和国义务教育法》规定统一义务教育教师职务制度，教师职务由初级、中级和高级职务构成，把教师职称系列统一起来。这一任务在改革试点中率先实行，为拓宽教师职业发展通道，还增设了正高级职称。进入全面推广阶段，为规范正高级职称指标的设置，正高级职称指标的总量由国家控制，各省根据人力资源和社会保障部、教育部核定并下发的指标数，结合地区教育发展状况制定后续的职称评审工作计划。统一的教师职称系列及专业技术岗位结构至此形成。但是，在职称评审中对于评聘关系一直未能达成共识。其间，曾有多个省市开展了"评聘分开"的改革试验，将资格评审和岗位聘用分开，规定申请者达到职称晋升标准就能获得专业技术资格，待有岗位时再进行岗位聘用，但鉴于与国家开展的教师职务"评聘合一"试点工作旨趣不符，"评聘分开"的试点工作从2007年起决定停止。目前，各地评聘工作均在岗位结构比例范围内进行。

按照事业单位改革的要求，我国实行中小学教师聘用制度和岗位管理制度。依据《事业单位岗位设置管理办法》，目前高级专业技术职务正高级岗位为一至四级，副高级岗位为五至七级，中级岗位为八到十级，初级岗位为十一至十三级（见表3.1）。专业技术高级、中级、初级岗位之间的结构比例全国总体控制目标为1 ∶ 3 ∶ 6。

表 3.1　中小学教师职称与岗位系列

专业技术职务等级		专业技术职务名称	专业技术岗位等级
中小学教师职称（职务）系列	高级	正高级	正高级教师	一
				二
				三
				四
		副高级	高级教师	五
				六
				七
	中级	中级	一级教师	八
				九
				十
	初级	助理级	二级教师	十一
				十二
		员级	三级教师	十三

此外，评聘衔接，实现中小学教师职务聘任和岗位聘用的统一，避免出现"有岗不聘"的现象。教师职务的聘任在核定的岗位结构比例内进行，可以说岗位聘用是教师职称评审结果的直接表现。将职务聘任与岗位聘任统一，实质上是把对教师职务的身份管理过渡到教师岗位管理上，使教师职称与职务职责、实际工作及相关管理一体化。

三、教师职称评审的实施

全国范围内的中小学教师职称制度改革于 2015 年正式开始。根据全国统一的教师职称改革要求，各省（区、市）陆续制定并公开发布中小学教师职称制度改革实施方案、评价标准及相应的评审办法等。本书收集了安徽、北京、福建、广东、海南、河北、河南、湖南、江西、内蒙古、山西、陕西、四川、天津、浙江等 15 个省（区、市）的职称政策文件，主要包含职称制度改革实施指导意见、职称评审办法、评审标准及过渡人员办法四类。通过文件整理和分析，认识省域职称政策的共性和差异，以及职称评审对教师日常工作和生活的可能影响。

政策是对某种价值的权威性表达，通过政策驱动改革，通过改革促进发展，这是一个通用逻辑。从 15 个省（区、市）的政策表述来看，其都把中小学教师职称制度改革的实践同素质教育、课程改革及教师评价机制等密切关联，而最后的工作重心都落在评审标准、评审办法或程序上。

（一）教师职称评审的标准

将 15 个省（区、市）的政策文本进行初步处理，剔除与教师职称评审标准无关的部分和一些无意义话语（例如，分别具备下列条件、其他条件等），运用 Rost 内容文本发掘工具，进行分词提取并生成高频词（见表 3.2），并利用人工干预的方法，去除文献中涉及非相关用语的异常高频词。结合计量分析结果，在研读具体省（区、市）政策文件的基础上，确定教师职称评审的同一标准。

表 3.2 15 个省（区、市）政策文本高频词

序号	关键词	频次	序号	关键词	频次
1	教育教学	1050	11	能力	228
2	教研科研	734	12	研究	216
3	中小学教师	658	13	班主任	209
4	学历	467	14	乡村	182
5	荣誉称号	434	15	成果	171
6	学生	413	16	行政部门	155
7	学科	367	17	师德	133
8	教育	361	18	教学课时量	130
9	中小学教师职称评审	291	19	实践	129
10	优质课	266	20	业绩	113

1. "教育教学"是教师职称评审的关键维度

"教育教学"占据了评审标准的中心位置。教育教学是教师职称评审标准构建的主导性条件，各地的评审标准中均强调教师要长期工作在教育教学第一线，完成规定的教育教学任务以及具备一定教育思想、教学方法、

教学艺术等。这一统计结果在预料之中，因为教育教学毕竟是教师最基础、最日常的工作之一。

2. "教研""科研"成为教师职称评审的通用标准

"学术型教师"是几十年教育改革赋予教师的新形象，而标志这一新型教师形象的，就是教研、科研成果。在表3.2中，"教研科研"居第二位。具体到政策文本中关于教研、科研条件的规定，各省（区、市）政策文本内容概括后主要包含三个部分：教研论文、教改课题（主持或参与）、教材编写。无论哪一个层级的职称评审，都有相应成果要求，但对于不同的职称层次，申报条件存在教研、科研层次上的区别。

以四川为例，其高级教师评审条件中有关教科研的规定如下。《四川省中小学教师专业技术水平评价标准条件》第十六条："具有指导与开展教育教学研究的能力，在课程改革、教学方法改进等方面取得显著的成果，在素质教育创新实践中取得比较突出的成绩，任现职以来1项以上教育教学成果获县级以上奖励，或者完成1项以上县级以上教研课题，或者在县级以上教研活动中书面交流本专业高水平教研文章，或者在公开发行的学术期刊发表本专业高水平论文或出版教育教学专著1篇（部）以上。教研机构教师任现职以来1项以上科研成果获市级二等以上奖励，完成1项以上市级以上教研课题，在公开发行的学术期刊发表本专业高水平论文或出版教育教学专著2篇（部）以上。"

3. "荣誉称号"成为教师职称评审的加分项

荣誉称号在关于教师职称评审标准的政策文件中出现的频次较高，在一定程度上反映了这一项的较大权重。依据"品德、能力、业绩"三个维度，将职称评审标准划分为基本条件、学历资历条件、能力条件、工作业绩条件、教科研条件五大部分。聚焦到具体的政策文本中，工作业绩主要考察教师的教学工作量及教学成果。其中教学工作量的考核依据教师所教授的学时，教学成果的考核常与各项荣誉称号挂钩，包括"省特级教师""优秀教师"等教师荣誉头衔，各级教学成果奖，以及各种教学大赛的获奖等。

依据《关于印发浙江省中小学教师职称评价指导标准（试行）的通知》，浙江正高级教师的学历条件为，"一般应具有大学本科及以上学历，并在高级教师岗位任教5年及以上"。如果不具备规定的学历或资历，任现职以来具备下列条件中的两项者，可破格申报正高级教师：一是获国家级劳动模范、省功勋教师（省杰出教师）、全国模范教师或全国教育系统先进工作者、全国优秀教师或优秀教育工作者、全国教书育人楷模等荣誉称号。二是获省特级教师荣誉称号。三是获省教育教学成果奖一等奖或国家教育教学成果奖二等奖（集体项目排名前三）及以上。

由于能够拿出直接的支撑材料，在职称评审中可以进行直观对比，从公平性来看，荣誉称号属于最少受评审者主观因素影响的指标之一，因此构成教师职称评审的加分项。

政策文本中教育教学看似有绝对优势，但实际的职称评审中，教研、科研成果和荣誉称号这些外显的量化指标，往往才是关键。虽然教育教学重要，但不容易确立具体的评审标准；而教研、科研成果和荣誉称号，操作容易，评价直观，看起来最为客观公正，是管理和评审最方便、快捷的手段之一。

4.优质课等从"教育教学"中独立出来，成为不与日常教育教学相关联的独立事务

衡量教师教育教学的指标，除了工作量，还有各类评比课。教学工作量是基础性要求，虽然在职称评审中占有一席之地，但实际上并不具有比较意义或者评审价值。工作量是一个门槛要求，决定评审的关键是各类评比课成绩。政策文本中涉及的评比课包括教学示范课、观摩课、优质课、考评课，以及各类各级教学竞赛课等。日常教学课上得好不好，缺少评价标准，用种类繁多但数量较少、又被公开评价过的"优质课"反映日常教

学质量，成为通用办法。

5."教书"的评价多于"育人"的评价

教师的职业素养和教师的专业素养并不仅仅是语词的形式差异。在职称评审内容中，评审标准反映"教书"的多一些，"育人"方面则体现较少。例如，常提及的"引领精神价值"，在评审标准中就找不到相关表达。

（二）教师职称评审的程序

中小学教师职称评审流程主要包括：评审前确定相应岗位数量，教师个人提出申请，学校确定推荐人选并呈报相应评审委员会办事机构，评审委员会办事机构依据要求受理申报材料，评审委员会对推荐人选进行综合评价、投票表决，确定人员名单，各单位公示无异议，审核确认。

1.专业技术岗位结构比例的核定

各省（区、市）按照国家中小学岗位设置管理的有关规定，根据教师队伍结构和编制等实际情况核定教师岗位的结构比例。目前，各省（区、市）中小学教师职称评审文件中均明确教师职称评审在核定的岗位结构设置比例范围内，不进行岗位结构比例之外、与岗位聘用相脱离的资格评审。

2.量化为主的考核方式

根据职称评审的标准和程序，评审委员会办事机构之前的审核主要依据申报材料，教师以可量化的指标填报申请书，并逐级递交静态材料。评审过程中，指标体系成为量化考核的手段和前提。通常情况下，指标体系包含指标、权重和指标评分标准，是将评价内容按照类型化特征分解与细化后，使之成为具有内在联系、可实现量化的技术系统。[①] 其指标主要可分为三级：一级指标关注职称评审的理念及战略思想；二级指标关注教师职业与专业内的素养结构；三级指标则是具体量化指标，是在实际中可操作的

---

① 郑方辉，陈磊.法治政府绩效评价：可量化的正义和不可量化的价值 [J]. 行政论坛,2017, 24(3):86-92.

条件。基于此，教师职称评审的先决条件就是满足一个个量化指标，甚至说课讲课、面试答辩、专家评议也是基于量化的过程，或量化程序的一环。

3. 分类评价与同行专家评审

依据中央的职称制度改革意见，各省（区、市）对中小学教师职称评审办法做了一定调整，基本采取分类评价与同行专家评审相结合的方式。分类评价是指不同职称等级教师的申报材料由不同级别的部门呈报，并递交至相应评审权限的评审委员会办事机构。同时，依据评审的需要，分别组建和调整各级专业技术资格评审委员会及评委库。在具体的评价方式上存在一些地区差异，一些省（区、市）要求各级职称均需通过评审方式获得，而一些地方诸如北京就规定二级教师和三级教师由用人单位按照岗位需要，根据申报条件的规定，考核合格直接聘任到相应职务岗位。

同行专家评审是推进职称评审去行政化的重要举措。同行专家对教师的教育教学能力与教育教学实绩进行评价，目的是保证教师职称评审的公平性。各省（区、市）的职称评审委员会由相关部门的行政领导和同行专家共同组成，并对同行专家的比例进行了规定。

（三）教师职称与教师工资制度高度黏连

依据现行的教师工资构成，职称在很大程度上影响了教师的工资水平，处于同一地区的教师工资差别主要来自职称的差别。依据事业单位工作人员的工资改革文件，专业技术人员岗位工资提高到1150—3810元，薪级工资依据岗位确定，教师工资相应提高10%。2016年，机关事业单位基本工资再次进行了调整，专业技术人员岗位工资提高至1390—4850元，薪级工资也相应提高，同时教师工资在此基础上依旧追加10%。根据最新的事业单位工资标准，专业技术人员岗位工资提高到1510—6010元，薪级工资也有所提高，教师工资继续追加10%。由此可见岗位职级与工资联系的紧密度。

第二节　职称制度的限额设计与评审标准

职称制度是关系我国中小学教师切身利益的关键制度，无论是从管理角度，还是从发展角度（发展也可以理解为管理的目标），目的都是利用"职称"这一工具，合理配置资源，调动教师工作积极性和提高专业发展的内动力。职称制度历经几十年，根据运行情况和实际需要，经历若干次调整，在教师发展中的积极作用应该给予充分的肯定，虽然其取得的效果不能像教师工资制度那样，可以通过纵向、横向比较，得到直观呈现。对于制度执行中的问题，我们通常认为可以通过不断完善制度来解决问题。但不断变化的教育现实并不会给制度完善自身的机会，而是对它提出不停变革的新要求。所以，与其证明制度的成效或设想"完善制度"，不如面对不断变化的教育和教师发展需要，思考它遭遇到的现实困境。

一、教师职称岗位结构的限额设计

1986 年以来的中小学教师职称岗位结构，一直都是限额设计。教师职称制度改革取消了岗位结构之外的评审，由于岗位数量的限制，在分配环节上不可避免地会出现矛盾。无论从组织管理还是公共利益的角度看，优化岗位结构，控制一定比例都是必要的，在实际运行中出现各种矛盾，也是正常的，关键要看是什么性质的问题，以及如何对待这些问题。当问题出现时，需要确定是制度设计问题，还是运行问题，抑或者是教师的主观感受问题。

（一）职称名额有限性和教师晋升需求无限性

设立教师职称制度及职称等级主要是为了"逐步建立起充满活力的专业技术人员管理制度，改变人才结构不合理的状况，创造出一种生动活泼的环境，使优秀人才能脱颖而出"①。

2016—2020 年，中小学教师的数量不断扩张，与此同时，获得职称的教师数量不断增长，但是，二者的增速和增幅并不完全协调，职称数量的增长速度低于教师规模的扩大速度，进而使得实际获得职称的教师数量占教师总量的比例逐年下降（见图 3.1）。五年来下降的幅度约为 3%，这一下降幅度看起来较小，但是面对基数较大的教师群体，带来的影响却是巨大的。这一数据意味着更多的"合格"教师无法获得职称，或者相较之前，教师获得职称的年限被延长。

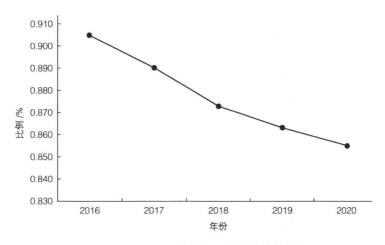

图 3.1 2016—2020 年获得职称的教师比例趋势

《事业单位岗位设置管理试行办法》规定了专业技术高级、中级、初级岗位之间的结构比例，全国总体控制目标为 1 ∶ 3 ∶ 6。从目前情况来看，高级职称教师总体维持在规定比例内，而按照事业单位岗位结构比例，中级职称教师比例明显高于规定标准，初级职称教师比例明显低于规定标准，实际职称结构比例是失衡的（见图 3.2）。

① 李玉林，赵玉涛 . 职称改革若干政策问答 [M]. 沈阳：辽宁人民出版社，1988.

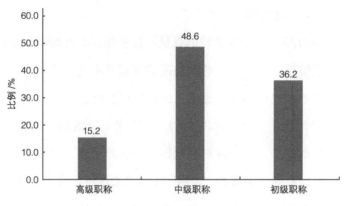

图 3.2　高级、中级、初级职称教师比例

（二）小学高级职称教师占比低

高级职称是激励教师发展的重要目标，根据政策规定，高级职称教师比例应控制在 10% 左右。相关数据表明，基础教育学校高级职称教师占教师总数的比例，呈现出从高中到小学的递减趋势（见图 3.3）。目前，高级职称教师的总量是符合制度标准的，但是从学段来看，高中阶段高级职称教师的比重明显过高，而小学高级职称教师的占比明显过低。

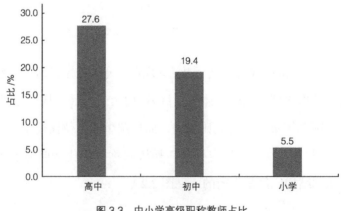

图 3.3　中小学高级职称教师占比

根据 2016—2020 年的教育统计数据，以五年全国各职级教师平均数

为标准，小学阶段，每年 15.3481 万人获评高级职称，557.4064 万人获评初级、中级职称，高级职称教师的晋升率仅为 2.75%。初中阶段，每年 61.3166 万人获评高级职称，288.3138 万人获评初级、中级职称，高级职称教师的晋升率为 21.27%。高中阶段，每年 46.1090 万人获评高级职称，123.7804 万人获评初级、中级职称，高级职称教师的晋升率为 37.25%。这表明大多数小学教师难以获评高级职称。

如果职称晋升作为主要甚至唯一"官方"认定的教师发展标志，那么对于小学教师来说，职称晋升的停滞是否意味着发展空间有限？

（三）高级职称的"向城性"倾向

职称的区域结构，可以体现教师职称结构的空间分布特点，一般被视为衡量公平性的指标。针对城乡教师职称发展的差距，国家也不断出台相关政策，强调在职称评审过程中对乡村教师予以照顾和倾斜。其中，2007 年发布的《关于义务教育学校岗位设置管理的指导意见》规定，农村地区学校教师高、中、初级职称结构比例应与城镇教师大体相同。同时，《乡村教师支持计划（2015—2020 年）》等文件也均明确职称评审要向乡村教师适当倾斜。在国家政策的统调下，城乡之间教师职称结构比例逐渐趋于一致，城乡教师职称比例差距不断缩小。

但是乡村教师职称结构仍旧存在两方面问题：其一，乡村教师职称内部结构不合理。具体表现在高级职称比例远低于国家对专业技术岗位设置的比例，近年来高级职称教师比例虽逐年提高，但依旧低于 10%。其二，"向城性"问题依旧存在。具体而言，对于不同学段的高级职称教师的占比，城市学校总体高于县镇学校，县镇学校总体高于乡村学校。[1]2016—2020 年，从总体上看，乡村教师高级职称比例（5.5%）低于县镇（12.7%）和城区（17.1%）。

---

① 高慧斌. 中小学教师职称制度改革特征与现状分析 [J]. 教师教育研究 ,2016(6):25−31.

（四）菱形职称结构传递的"负面信息"

对于教师职称结构的比例，有人认为应该是"正三角形"结构，有人认为是倒三角形结构，也有人认为是菱形结构。从近年各层级教师职称比例的统计数据可以看出，我国中小学教师职称结构呈现菱形（见图3.4），即教师职称群体组成了一个两边小中间大的层级结构，各层级上的教师总数不协调，每个层级的晋升比例也是不协调的。小学阶段的这种菱形特征则更加明显，2015年，职称改革增设正高级职称且正高级职称总量由国家控制，而小学教师在实际评审过程中所占比例仍然偏低。其中，2017年正高级教师评审中，安徽99名正高级教师中仅有10名小学教师，北京77名正高级教师中仅有9名小学教师。

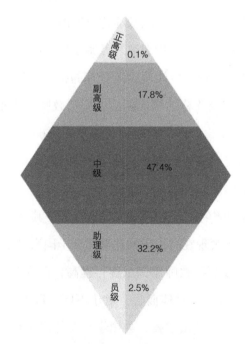

图3.4 中小学教师职称结构比例

我们暂时找不到一个理想的职称结构模型，但是现有的菱形职称结构发出这样一种信号：绝大多数的教师都不会停留在最底层，同时只有少数教师能够到达顶尖，大多数教师均停留在中间位置。

二、评审标准的导向

（一）"比赛"为主

在各省（区、市）的政策文件中，教育教学实绩在教师职称评审中都处于重要地位。由于各地可以依据职称评审政策和教育教学实际制定评审方案，因此在具体落实上，评审的指标和细则会有差异，但是总体上来说，是趋向一致的。教育教学的考核主要包括两个维度：一方面，常规性的教育教学任务包括课时及出勤量等，往往通过提供教育教学报告、教学设计、教学计划等静态材料呈现；另一方面，通过相关的教育教学奖励，尤其是教学竞赛、评比，例如教学成果奖、优质课等奖项，或者学生的获奖材料来体现教育教学的质量。

教育教学的评价，是教师评价最核心的内容之一。对于刚入职的教师而言，职称评审的标准相对较为宽松，大部分职称评审文件中也都规定，二级、三级教师经考核合格后直接晋升。在访谈中，教育教学能力的认定是青年教师普遍认为较简单能够完成的考核指标。例如，T3教师认为，"（中二的评审）是很简单的，教学相关的评价，主要就是一份述职报告，因为述职报告中已经介绍自己的教学工作表现了，基本上所有人都可以通过这个直接定级"。T4教师说："（教学能力的考核）就是根据表格中的指标填写课程教学和教育教学成绩，然后上级、同事、自我评价打分。"

在初级职称评审上，教育教学方面的考核确实如政策文本反映的那样，相对简单和宽松，只要能够完成教学任务与安排，考核基本上都可以通过。常规性的教育教学考核，在中高级职称评审中，其实并没有实际意义，更多的是一种基础性门槛。真正在评审中有分量的，是各种各样的成果，即那些能提供证明材料的教育教学成果。T5教师反映，"教学业绩从优质课等评选以及所带班级排名等方面考量"。T6 教师也指出："教育教学方面的考核是很重的。"而这里的"很重"实际上指和教学相关的各种奖励，不仅有数量要求，而且奖励的级别更重要。因而，在教育教学这一评审指标里，实质性的决定因素其实是教学奖励，即使增加考评课，其也很难抗衡"教学成果奖"的影响力和决定性。并不能说教学方面的竞赛和评比结果与教师的教育教学能力、教学业绩没有关系，但是到底有什么关系、有多大关系，其实无法说清。

（二）"荣誉"至上

荣誉构成教师职称评审的重要条件，与职称政策文件的评审标准相契合的是，在具体实践中"荣誉"也成为教师职称评审的关键因素。对各职称政策文件的分析发现，各种荣誉称号对于教师职称评审有强附加作用。在访谈中，教师反映比较多的是，作为一般教师，一些荣誉称号是较难达到的要求。除了上述教学成果奖、优质课比赛名次，其他荣誉类型还包括各级优秀教师或骨干教师、作为班主任所带班级被教育行政部门授予先进班集体称号、参加教育部门组织的教研活动获奖、艺术教师和体育教师在相关会演活动中获奖、所指导学生在省级等创新科技活动中获奖、各级科研成果奖等。

在相关访谈中，教师普遍表现出焦虑情绪，认为相关荣誉称号在教师职称晋升中非常重要，甚至是必要条件，但是这一条件难以达到。例如，T7 教师提出，"就我们办公室的一位老教师来说，他目前就缺少荣誉表彰材料，论文至少获得区级一等奖才能评高级。但是获奖的证书等级低了对评一级高级也没用。"

T8 教师主动谈及，"现在农村任教达到 20 年就可以评高级职称，但是里面很多条件难以达到，要求的一些奖项条件比较难达到。"

虽然对于教师而言，各种比赛、活动，从数量和层次上似乎充斥日常工作，但荣誉称号，尤其是一定级别的荣誉称号，却是一种稀缺性资源。荣誉称号、职称、工作绩效以及绩效工资之间，建立起密不可分的关系。究其本质而言，相比奖励、绩效、收入，荣誉称号应该更多地体现精神价值，但这一价值由于和评审、评比、绩效捆绑得过于紧密，被消解成工具。

（三）"科研"为王

近 20 年来，论文和课题俨然成为中小学教师研究能力评审的主要依据。职称、绩效评审和评价，把科研成果视为一项重要指标，科研成果和工资制度、职称制度改革表现出直接关系，但伴随着改革出现的"教师是研究者""研究型教师""反思型教师"等相关教育理念赋予了教师一种新的价值目标或者行为导向。暂时不讨论"科研"何以成为教师职称评审的一个重要标准，先看一下在教师职称评审中科研及其成果的权重对教师产生的导向作用。教师的科研的标准认定，基本上是发表论文和申报课题。如果把这点和目前批判的"唯论文""唯项目""唯职称""唯学历""唯奖项"的"五唯"评价导向，以及"破五唯"的纠偏努力关联起来考虑，就可以判断教师职称评审在"科研"这一维度上的价值偏离。科研本身作为教师专业发展的一个重要途径，对于提升教师的问题意识、分析和研究问题的能力，进而促进教师成长的作用不可否认，但是，把"科研"作为职称评审的一个指标，甚至是晋升中高级职称不可或缺的条件，其合理性和正当性是需要慎重对待的。教师科研与晋升（职称和工资）挂钩，使得科研的工具价值得以极度凸显，在利益驱动下，教师纷纷加入科研行列，这是一种值得警惕的现象，而不是值得庆幸的现象。

重成果、轻研究的首要表现就是成果上的投机取巧。在与教师的访谈中，我们发现，科研并不是教师越不过的职称门槛，T5 教师说："发表论文其实不是太难，只要你的论文在市、县获一等奖就可以了，这个比较简单。"在实践中，有些教师已经掌握了或者打通了"科研变现"的通道，让论文"获奖"代替"发表"。只要有需求，总有一些部门或者机构，会给教师搭建一个展示"科研"的舞台。只要在这个舞台上表演过，就可以获得"资格"，置于表演的质量如何，并不需要较真。

第三节　职称制度改革对教师的发展导向

一、"质"与"量"的难题

2017 年颁布的深化职称制度改革文件中提出以"品德、能力、业绩为导向"，克服"唯学历、唯资历、唯论文"的倾向。其中提出对长期在艰苦地区的专业技术人才，可以探索以专利成果、项目报告、工作总结、教案等形式代替论文。可是教师职业是复杂的，有些工作具有显示度，但是更多的具有隐蔽性，这些工作难以量化。然而，具有选拔（或淘汰）功能的评审标准，无法避免用具体的指标及量度去计算。因此，只要评审制度存在，寻求科学合理的评审标准就一直是无法回避的问题。

教师职称评审的前提是对教师职称标准的制定，需要对教师是否符合某一层级的条件进行核准、界定。量化评价作为一种评价方式，通过数量化的处理，将教师的基本条件、能力、科研等职责内容折算成一定的数量单位，用以衡量教师劳动产出的价值。量化评价就是通过赋值的方式使评价具备形式上的科学性，在量的维度上，保证评价的客观性、公平性和透明度。

教师职称制度作为一种凸显秩序性与规范性的评价架构，量化考核一直是其主要的评审方式，通过考评教师品德、能力与业绩，把复杂的教育教学问题简化、折算为数量，并借助量的分析与比较，从而推断某一评价对象的工作成效。于是自然就出现了"以量论质"的问题，教育教学被割裂成课时数、各种考评课分数及教学相关的荣誉称号等部分，在科研方面则对课题等级、论文发表层次、排名顺序等赋予权重计分。此外，诸如继续教育、支教、扶贫等经历也都被纳入量化考评指标。看似许多不能用"数"来衡量的维度如师德，也不得不创造出量的表达办法。教师职称评审实施师德一票否决制，关于师德的评定细则，各省（区、市）以《中小学教师职业道德规范》为基本内容，对师德提出要求，描述品质的有"教师要立德树人，爱岗敬业，教书育人，为人师表"，关于行为规范性的有"不得从事有偿补课""近 5 年内不得出现歧视学生、对学生实施体罚和变相体罚等侮辱其人格尊严的行为"。教师职称申报需在师德考核合格的基础上进行，事实上《中小学教师道德规范》中的一些规定非常模糊，很难进行判断。目前多地在具体考核时，一般是从个人述职、考核测评、征求学生和家长意见，以及获奖的实证材料等方面进行考察，但是考核测评如何操作，学生意见和家长意见如何保证其客观性，都是经不住进一步推敲的。师德很重要，但最难评价，最终不得不以"简约"的方式评价。在针对师德这一指标的访谈中，T5 教师就指出："师德评价是这样的，自己写一篇师德总结，原来没有专门的师德考核，现在有年度考核，考核年年都有排名，这都有原始记录。校长在排名表上签字，就相当于学校证明教师的师德很好。然后自己再写一篇总结，在职评中就问题不大。"

从评价学角度而言，依靠指标体系量化"公平与科学"具有必要性和可能性，但缺失全面性，指标体系反映的是量，但什么样的量能表达全面的质？目前，在教师评价上，这几乎仍然是一个无解的问题。职称评审是对教师职业与专业做出判断与评价的系统性工程，如果评价中将不适宜量化的评审标准人为地加以赋值，就会导致职称评审标准的失真与价值偏移，而这种失真和偏移的评价标准，最终会扭曲职称评审的本意，对教师发展产生与预期不符的导向。

二、具有竞争性的外显性行为受到过度刺激

教师职称评审标准以构成条件的行为指标为基本系数，通过指标来分析评判教师能力与业绩的基本状况。因此，选择什么评审指标来描述评价对象是首要问题。选取哪些指标，不选哪些指标，选取指标的权重是多少，选择和权重依据是什么？如果这些问题得不到回答，职称评审会推动、引导教师向哪个方向发展，就很难判断。

选取何种方式对教师的工作进行评价，需要借助与教师能力和业绩相匹配的外显行为指标，因此教师职称评审通过设计、锚定一些与之相匹配的观测点来进行，以点带面，以量论质。对于目前教师职称评审的外显行为指标，在理论上给予认同的并不多；相反，批判和否定随处可见。基于教师的职业属性和工作特点，越是强调它的质性、精神性、超越性、审美性、价值性、内在性，就越显现出教育评价的悖论，也就是说，越强调教师的教育理念、对学生精神世界的培育及工作的努力程度等质的要素的重要性，越衬托出各种教师评价的无力性。教师职称评审依据品德、能力与业绩的指标体系，在具体的考评上以各种实证性材料为依据，评职称就是评材料、评条件。在这种环境下，对教师来说，在有限时间内，更快更好地充实材料，才是在职称评审中决胜的关键。适宜于竞争的外显性行为被过度刺激，教育的内隐过程则在"冷处理"中。

中小学以职称为表征的晋升机制，使得职称晋升制度成为教师激励的一个重要方式，回报与晋升等级相对应，即高一级的职称与经济收入、教育声望和社会地位呈正相关。借由这种方式，中小学教师职称晋升机制在具体的实施过程中表现出一种典型的"锦标赛"特征。

锦标赛模式是一种重要的激励机制，通过候选人之间的竞争选拔优胜者，依据相对次序决定胜负，同时依据研制的可度量标准进行考核。在教师职称评审领域，职称锦标赛模式使得开展科研和获得各项荣誉称号具有

重要作用。但以竞争为主的职称评审模式使得符合相应标准的教师更关心的是与其他参与评审的教师相比自己所具有的条件是否够"硬"，而不是仅关注自身的绝对业绩。教师职称评审的过程需要标准，教师据此对自身的专业素养进行评价，以标准为参照反思自己的优点与不足，促进教师自觉发展。由此，教师职称评审模式应完成由锦标赛向资格赛的转向。教师在达到相关的职称评审标准后可以自然晋升，更易将教师的注意力转移到自身发展上。现代教育评价理论普遍认为，评价的目的不是证明，而是改进。教师职称评审结果若仅是一次评审活动的终结，那它就无法满足评审活动的最终目的。为此，教师职称制度改革应当强调评审结果不仅在于鉴定教师的职业水平，更重要的是改进和提高教师的专业水平与职业素养，在全面掌握教师职业水平信息的基础上，找出教师发展的优势与不足，给予反馈，从而为教师发展提供改进建议。改变教师在职称晋升中盲目攀比的现象，引导教师在实现自身定位上追求卓越发展。

三、重视结果而忽略效果和过程

教师职称评审是教师岗位管理制度的组成部分，从学校教育管理的角度出发，职称评审以规范为核心，才能形成运作有序的教师评价机制，这一管理逻辑本身无可厚非。但在职称评审制度实施中，重结果、轻效果的评审方式占据主流地位。评审看重的是结果，但教师的工作效果并不完全体现在评审倚重的"结果"上，终结性的评审材料也并不能反映教师工作的过程和内容。从管理角度来看，如果从教师发展的角度审视无可置疑的结果性评价，结果和效果、结果和过程就是一个需要认真对待的矛盾性问题。

重结果、轻效果的突出特征就是重视教师是否具有评审标准中规定的材料，而不关注材料背后的内容。《全面深化新时代教师队伍建设改革的意见》中对师德的要求是具有爱与责任的意识，爱岗敬业，关爱学生，为人师表，教书育人。各省（区、市）也依据该意见做出相关规定，但是这些理念上的要求该如何进行实际考核？一些地区的做法是把师德考核细化为个人德育总结、德育实证材料、各方评价及年度考核等外显方式。个人师德总结、德育实证材料、师德年度考核可以在一定程度上反映师德情况，但个人师德总结、德育实证材料、师德年度考核都合格，在多大程度上表示教师做到了爱岗敬业、关爱学生、为人师表与教书育人？观测指标的确定，是人为定义了稳定的素质与随机的行为之间的单向度关系，一旦某一行为不合规，就意味着对师德的全盘否定。其他维度同样出现类似的问题，在教育教学的考核中，教师可以提交相关教学资料，如教学计划、教案设计、听课记录本等，教师可以花很多力气做出足够漂亮的材料，而足够漂亮的材料与好的教学之间有更多隐蔽的环节和因素，但大家看不见，评审不到。

职称评审的价值取向是教师职称评审活动开展的前提，人们确定评审内容、选择评审方式及制定评审标准时无不依据价值导向。在此意义上，有什么样的价值取向，就有什么样的职称评审活动。

长期以来，受教师奖惩性评价思想的影响，教师更多关注职称评审带来的晋升效用而忽视其对教师专业发展的作用。教师职称评审的限额设计发挥了职称"鉴定"与"分等"的管理功能，在甄别、挑选标准内优秀人才方面发挥了应有的作用。但是在统一标准的规范下，教师的发展容易走入同质化和程式化的困境。职称评审作为教师评价的一种手段和方式，根本目的是促进教师的发展、提高和成长。教师职称评审的价值和功能不应只是让少数人脱颖而出，应当致力于整体教师队伍素质的提升。由此，采取奖惩性评价和发展性评价相结合的方式更有利于促进教师发展，在发挥职称评审对于教师职业行为的鉴定功能以外，形成集激励、引导和教育于一体的专业发展效用。

第四章　名师的生存发展方式

第一节　研究背景和研究基础

一、为什么选择名师群体

（一）名师现象

特级教师评审制度始于 1978 年，自此中小学"名师"制度化拉开了序幕。20 世纪 80—90 年代，虽然没有规范化、程序化的评审标准或机制，但伴随着教育领域的改革，逐步形成颇具盛名和规模的名师队伍。90 年代以后，在国家的"跨世纪园丁工程"项目之下，各级政府、教育行政主管部门开始出台各种培养名师的文件和项目方案，教育界的名师数量逐步增加，社会影响也进一步扩大。时至当下，名师已有了不同系统、不同规范的评审标准和机制。新课程改革背景下，"教育家办学"等教育理念的提出，也引发了一系列以培养一批省（市）级、国家级教育教学专家为目标的"名师培养工程"。《国家中长期教育改革和发展规划纲要（2010—2020年）》中也提到"鼓励学校办出特色、办出水平，出'名师'，育英才"。

名师研究也成为同期教师发展研究的一个主题。柳斌主编的《中国著名特级教师教学思想录》，分中学数学卷、语文卷、生物卷、地理卷、外语卷、物理卷、政治卷、化学卷、音乐卷、体育卷、美术卷等。[①]

教育部师范教育司组织编写了"教育家成长丛书"，从名师成长历程、教育理念、社会反响、成果等方面介绍了魏书生、窦桂梅、丁有宽、于漪、李镇西、程红兵等20位名师的成长过程及其社会成就。[②] 此外，还有朱永新教授主编的《中国著名班主任德育思想录》《中国著名特级教师教学思想录》《中国著名教育局长管理思想录》《中国著名校长办学思想录》。学校因名师而成为"名校"的例子也不鲜见，名师成为一个学校的身份符号，一种重要的优质教育资源。"社会各界对名师都有着非常强烈的需求，有供不应求的趋势：家长们抱着殷切的期望，希望自己的孩子跟着名师学习，认为这样孩子才可以得到良好的教育，取得优异的成绩，并获得长远的发展；学校要求有名师，这样就可以把名师作为招牌和门面吸引学生，利用名师效应扩大学校知名度和影响力，从而起到招生宣传作用；教师本身也立志成为名师，不仅会获得各种荣誉和赞赏，提高待遇，人生经历也会大大改变；教育行政单位也希望有名师产生，从而凸显他们的政绩；教育教学研究部门希望有名师，这样就能在出版、发行教学教材辅助资料时起到作用，获得经济效益……"[③]

（二）透过名师看"非名师"

之所以把研究对象首先锁定在名师群体，是因为在既往的研究中发现，任何一个时代对教育有影响力的人（可以被称为教育家、教育专家或者教育名师的人），都和急剧的社会变革、教育变革有关。他们既是教育变革的引领者、实践者，也因教育变革而成长或成名。教育变革与教育名师或名家，是互相成就的。研究他们的生存方式和发展，可以看到个人和变革之间的关系状态。

---

① 柳斌 . 中国著名特级教师教学思想录 [M]. 南京：江苏教育出版社 ,1996.
② 教育部师范教育司 . 教育家成长丛书 [M]. 北京：北京师范大学出版社 ,2006.
③ 储朝晖 . "名师"是歧路 "良师"是正途 [N]. 中国教育报 ,2012-05-23(10).

同时，在锁定名师群体时，也自然引发对隐藏在名师背后的更庞大的"非名师"群体的关注。在任何时代，名师、大家影响力较大，但却永远是少数；而普通教师以一种静默的方式，托起名师。对名师进行不同维度的考察和分析，探讨不同时代背景下名师的称呼、被认可方式和生存状态，审视名师发展的问题，以及名师的名、实、责关系等，是一个容易引起广泛兴趣的研究取向，但透过名师观察非名师群体，是本研究的另一个重要旨归。

二、有关名师的认同和争议

（一）关于名师的概念

对名师的定义一直是多维度的。

从哪些人或群体可以称为名师的角度看，最广义的名师是指在社会不同的行业或者领域有着广泛影响、拥有一定知名度的优秀人才。[①] 如果在教育领域里进行限定，名师不仅包含教师，也包括从事教育实践及理论研究的其他工作者，如校长（目前名师和名校长在培养和评价层面做了区分）、教育研究专家等。

最狭义的名师特指中小学教师。名师首先是教师，其次在一定范围有知名度、认可度、影响力，即在教育领域内有一定的"名望"[②]。

因此，从"名"的维度界定名师，就是指在一定的地域范围、学术领域或者实践领域内，具有一定的知名度、认可度和影响力的优秀教师。

从教师个人对教育事业的态度、人格魅力等角度考虑，名师指那些高度热爱教育事业，并拥有较高的人格魅力的优秀教师。

以教学能力、教学水平、教学风格定义名师，教学水平是关键，在此

① 程大琥 . 试论名师的基本特征 [J]. 中国教育学刊 ,2000(3):60-63.
② 周红 . 高等学校教学名师内涵辨析 [J]. 煤炭高等教育 ,2004(4):65-67.

基础上形成了独特且稳定的教学风格和教学特色，并被广泛认可和赞誉的教师，才能称得上是名师。[①]

如果综合上面几个维度，名师就是指那些热爱教育，在教育或教学实践中形成独特的个人风格并取得较突出的成绩，因而在一定范围内拥有一定知名度的优秀教师。

此外，还有观点认为，名师是不能定义或者是很难定义的。名师既不能用单纯的业务能力进行衡量，也不能用综合的全面素质来评判，名师更体现为一种境界，一种超越于普通教师的公共性价值存在。[②]

虽然对名师内涵和外延的界定有不同，但为了研究，还是需要在多数认可的维度上进行基本的确定：在教师这个职业范围内，名师就是拥有较高的名望或较大的影响力的教师，其名望或者影响力的获得与教师的职业能力或专业素养、人格魅力相关；从学术角度看，有些名师形成了比较有辨识度的教育教学观念或者体系。

（二）关于名师的成长、成名

因为成长本身是教育的重要议题，对于成长过程或规律的研究，是教育领域里的一种研究偏好。名师是成功的代表，通过研究名师的成长规律，来推动所有教师"像名师那样成长"，是名师研究的初衷和归宿。

对于"成长"的习惯性解读，也是从外因和内因两个方面进行。从外因分析，比较常见的有"打造说""选拔说""压力说"。打造说倾向于认为名师是教育行政部门或学校采取一些特殊的组织形式、程序或手段培育打造的，没有刻意的打造，就没有名师的产生。选拔说则认为名师是按照德、能、勤、绩等某种特定的考核标准进行筛选的结果。压力说认为名师是把教育工作或者自身发展的压力转化为发展动力，不断挑战极限而成长

---

① 郭华. 名师是怎样成长起来的：从对五位名师质的研究中谈起 [J]. 中国教育学刊 ,2008(8):31–34.
② 王培峰."名师"的理性批判教学 [J]. 人民教育 ,2008(19):33–35.

起来的。内因方面则侧重于自我发展，认为名师成长和成名都需要自身的努力，自觉意识、自我意识、首创精神是其中的关键因素。[①]

按照全面、辩证的思维方式完整地表达，名师的成长是内外双因素共同驱动的结果，如关键人物、事件、图书促成了名师，而追求个人理想、追求个性品质成就了名师。[②]

（三）对名师制度的争论

认同名师的成长是"内外双修"的结果，是承认和支持名师制度的依据，或者认为应该有一个有关名师培养、评价、管理的制度。在这个认识前提下，对于名师制度的期待就是建立和完善系统，例如，"名师需要制度来保证他们的工作、生活、学习，建立规范的、系统的、制度化的体系已经迫在眉睫"[③]，或者有人认为名师制度的研究至今为止还未形成规范化、系统化、制度化的体系，[④] 这些都是对名师制度化的肯定。

在操作层面上，名师制度就是"按照特定程序，每年从学校一线教学岗位的教师中评选出一定数量的、在教育教学和教育科研上有突出成绩的教师作为学校名师，并给予他们特定待遇的一种教师管理制度"[⑤]。名师制度作为教育管理制度或者教师发展制度的一部分，可以对教师队伍发展起到激励、导向、辐射等作用。[⑥] 从中可以看出，名师需要培养。事实上，在教师队伍建设和发展中，出现了用"教育家"代替"名师"的现象，如常被使用的"培养教育家""教育家工程""教育家办学"等说法。

同时也存在质疑名师制度的观点，但这种观点不占主流。例如，名师

---

① 郑爽，胡凤阳."名师热"的冷思考 [J].教育学术月刊,2011(3):53–55.

② 赵桂霞.从名师的成长经历看教师培养 [J].基础教育,2007(3):10–12.

③ 张贤金，陈光明，吴新建.中小学名师培养人选的遴选：做法、评析与建议 [J].中小学教师培训,2013(3):22–24.

④ 王雪，严秀英.国内中小学"名师制"的研究综述 [J].现代教育科学,2015(4):63–65.

⑤ 谌涛.校名师制度：破解"教而优则仕"之惑 [J].教书育人,2008(11):24.

⑥ 庞建群.谈"名师"的辐射作用 细化名师制度 [J].成功（教育),2011(6):159–160.

在诞生的方式或者途径上，应该是"自然成名"而非"制度成名"，"名师，即知名的教师。名师既不是上级任命的，更不是自封的，而是在长期的教书育人实践中形成的"①。

还有一些研究者从名师制度实施过程中产生的弊端和名师制度化中的异化现象，如行政化②、商品化、符号化、功利化③等角度来质疑制度本身的合理性。

从上述对名师现象的关注来看，对名师的培养、评价、作用等相关问题的聚焦，反映了对名师制度的认可，即使是对评选标准、过程、作用、管理的质疑和批评，也不是针对制度本身的合理性，所以，"名师是可以培养的""名师是可以评审的"等观点至少是在制度层面和实践层面被认同的。那么我们就有必要进一步厘清名师的产生机制、名师的存在方式等问题。

第二节　三代名师存在方式的比较

"人的存在方式，就是指人作为社会实践主体所具有的本质行为呈现出的现实及变化发展的总体状态。简言之，人的存在方式就是人的社会实践活动的整体架构。实践就是人的存在方式。"④而生存方式就是"人们在特定历史时期、特定生存背景下，依照特定生存'根据'而存在，并通过多种生存实践来实现生活"意义"、彰显生存价值的方式"⑤。同样的，"名师"

①　康万栋. 名师素质浅谈 [J]. 天津教育 ,1998(11):25-26.

②　吴维煊."名师"与"官帽"间的畸形嫁接 [J]. 教育理论与实践 ,2010(29):30-31; 孙瑞欣. 问题重重的名师评选 [J]. 教学与管理 ,2012(9):38-40.

③　王培峰."名师"的理性批判教学 [J]. 人民教育 ,2008(19):33-35; 储朝晖."名师"是歧路"良师"是正途 [N]. 中国教育报 ,2012-05-23(10).

④　范彩娥 , 等. 人的存在方式问题探研 [J]. 北京大学学报 ,2001(S1):23-27.

⑤　杨振闻. 生存方式的哲学界定 [J]. 吉首大学学报 (社会科学版),2013,34(2):7-12.

的存在方式就是其在教育教学实践中的整体架构，通过教育实践，在社会历史的背景下，凭借自我能力和其他多方面诸因素的共同作用，不但力求"活着"，而且力求"活出意义来"。

下面从成名因素、认可方式和生存方式等方面来分析三代名师的存在状态。

一、中小学的名师形象

通过众多对名师的描述性定义，可以肯定名师首先是比较好的、优秀的教师。"好的教师无论在什么场景中都'像'是一个教师，他身上有教师特有的文化符号。"[①] 何为教师特有的文化符号？有学者认为，名师要具备丰富的专业知识，提出先进的教育教学理念，拥有高尚的道德品质，掌握娴熟的教学技能，具有突出的人格魅力。[②] 从事实和可能性来看，其中"提出先进的教育教学理念"换成"掌握或拥有先进的教育教学理念（教育思想）"，似乎更合理。名师有很多，但是都"提出先进的教育教学理念"不太现实。

此外，从教师外在影响力来讲，名师有较高的知名度和广泛的社会影响，在他们生活的地区、所在的教学系统中，被同行熟知，被学生欢迎，被社会肯定和赞扬，有很高的名气和威望。简单来说，一名教师要实力（师）与知名度（名）兼顾，才能称得上名师。

上述从内而外对于名师的形象描述，尚属基本的事实表达，即作为名师，其内在有什么特性，外在影响是怎么样的。此外，还有和学理性表达迥然不同的方式，即对名师带有浓烈情感色彩的称颂，如"捧着一颗心来，不带半根草去"，"把整个身心都投入到教育、教学工作、学校管理中，把

---

① 刘云杉 . 学校生活社会学 [M]. 南京 : 南京师范大学出版社 ,2000.

② 李瑾瑜 , 李泽林 . "名师" 因何而名？ [J]. 西北成人教育学报 ,2003(2):1.

学生的成长、学校的发展当作自己最大的快乐"，"一个理想的优秀教师，他应该是个天生不安分、喜欢做梦的教师。教育的每一天都是新的，每一天的内涵与主题都会不同，只有具有强烈的冲动、愿望、使命感、责任感的教师，才能够提出问题，才会自找'麻烦'，也才能拥有诗意的教育教学生活"[①]。

日常称颂性的语言、文学性的比喻与学术的陈述，是需要做出必要区分的，尤其是在学术性研究中，文学性语言的混用、借用对逻辑、论证，并不会起到增强作用。对于其他研究对象，这种区分很容易做到，但在"教师"这个特定对象上，有时候就显得比较困难。这大概是我国教育研究领域里的一种特别现象，与对教育的特别期待有关，与教师的职业形象有关，与德性文化传统有关。

二、三代名师的划分依据：教育变革的主题变化

从 1986 年教育部、国际计划委员会制定颁发《关于评选特级教师的暂行规定》，启动全国特级教师评选，到 2003 年为止，被评为特级教师的有 1 万多人，获得全国优秀教师、全国优秀教育工作者、劳动模范等称号的有 4 万多名教师和教育工作者。这是一个不小的教师群体，他们在教育发展和变革中被给予更高的期望，也发挥了不一样的作用。

对名师的代际划分很难找到统一标准，达成共识也比较困难。在语文名师研究中，于漪、钱梦龙、魏书生等作为"那一代"的代表，可以看成第一代名师。"那一代"的提法源自 2004 年《教师之友》刊发的一系列题为《那一代》的文章，这些文章可以看成"后一代"对于漪、钱梦龙、魏书生等代表"那一代"语文名师的教学理论和教学实践的反思与批判。"那一

---

① 王铁军 . 名校长名教师成功与发展 [M]. 南京 : 江苏人民出版社 ,2005.

代"语文名师是一个群体,于漪、钱梦龙、魏书生是其中的杰出代表。"①

继于漪等之后,语文教育界迎来了以李镇西、韩军、程红兵等为代表的"这一代"语文名师。对于这两代,无论以什么标准划分,歧义较小。②

"三代"划分法主要从年代上进行:"那一代"语文名师主要活跃于 20 世纪 80 年代初至 90 年代初;"这一代"语文名师主要活跃于 20 世纪 90 年代初至 21 世纪初;"新生代"语文名师主要活跃于新课程改革以后,以郭初阳、王君、熊芳芳等为代表。③

由于本书的主要研究目的并不是名师的代际划分及标准,也不是他们的教育变革贡献,主要是借助名师研究,分析名师的认可方式和他们的生存、发展方式,以及他们对"非名师"的影响,所以,本书不再深究名师到底应该划分为几代,以什么方式划分,主要采纳"三代"划分法。

三、三代名师的成名与认可

20 世纪 80 年代初至 90 年代初,因急剧的社会改革与教育发展需求,提高教学质量成为对教育发展最急切的期待之一,具体来说就是提高教学效率,使学生在有限的时间和空间内,更高效地掌握知识、掌握更多的知识。为实现该目标,学校内部的教育改革聚焦在"课堂、教材、教师"这三个中心,作为课堂教学主导者的教师,在探索提高教学效率的过程中,不约而同地聚焦到教学方法的改革上。这一时期,各个学科都诞生了改革名师,如语文名师朱绍禹、刘国正、钱梦龙、魏书生等,数学名师邱学华、马芯兰、黎世法、卢仲衡等,物理名师冯容士、郭鸣中等,另外还有一些分布在其他学科及因优秀管理能力而成名的教师、校长。

---

① 朱永新,姜广平.关于"那一代"的立场与态度 [J].教师之友,2004(11):74.

② 李海林.论语文教师的代际传承——兼论历史叠影下的"第五代" [J].语文教学通讯,2007(29):4-9;徐相红.改革开放以来,三代语文名师之间的"破"与"立" [J].现代语文(教学研究版),2016(9):47.

③ 孔德钰.改革开放以来三代语文名师教育思想比较研究 [D].南充:西华师范大学,2022.

（一）第一代名师

1. 以教育方法为主的教育改革

党的十一届三中全会以来，我国社会政治、经济、科技、教育等诸多领域整体发生转型性大变革。政治、经济、科技领域的改革和变化，对教育提出新的要求，同时也为其发展提供了丰富的机遇和强大的动力。随着对外开放、对内搞活，经济体制改革全面展开，旧教育体制的弊端凸显出来。1985年，中共中央颁布《关于教育体制改革的决定》，标志着新时期我国教育体制改革的序幕正式拉开，教育体制改革的根本目的是提高民族素质，多出人才、出好人才。教育必须为社会主义建设服务，社会主义建设必须依靠教育。政策指明了教育改革的重点和方向，"多出人才、出好人才"的目标最终落脚在课堂教学效率与学生的学业成绩上。通过改革教学方法提高教学效率，几乎是当时教师可做的唯一选择。教师创新教学方法，总结改革经验，那些高效地解决了效率问题的教师，因为更好地顺应了时代，出色地满足了教育发展的要求而一举成名，如魏书生、于漪、钱梦龙、李吉林、于永正、孙双金等。

正常的教学秩序得以恢复后，在改革开放的大潮下，国外的发现法、情境教学法、暗示教学法、探究法等教学理论和教学方法传入我国，这些教育方法和它们背后的教育理念涌进教育领域，对中国教育产生多层面的文化冲击。观念的变化影响实践，对于教师而言，无论是教育目的观，还是师生观、教学过程观，对任何教育观念的吸收、接纳最直观的反映和证明就是教育和教学行为的变化。传统的双基论与新的人才观、育人观相遇，在发展学生智力、培养学生能力、弘扬人的主体性的理念下，催生出一系列教学方法上的改革。

20世纪80年代，中小学教学改革实验十分活跃，对那段时间我国教学方法进行分项统计发现，其中涉及教学方法改革实验的有267种。其间，涌现出很多著名的教师，例如，魏书生运用民主和科学的教学思想，主张从学生的主体性出发，培养学生的自我学习能力和自我管理能力，并提出了六步教学法、情景教学法、学导式教学法等。于漪在语文教学中提出"教文育人"的观点，工具性和人文性相统一，"左手激情，右手激趣"，在教师主导下，听、说、读、写结合，提高学生的语文能力，强调知、情、能、理有机融合，培养学生的主动性、自觉的学习习惯和自学能力，从而提高课堂学习效率。钱梦龙立足于语文教学自学模式的探索，1979 年提出由"自读式""教读式""复读式"构成的语文课堂教学模式。另外还有李吉林的小学语文六步教学法、邱学华的尝试教学法、顾泠沅的数学教学法、马芯兰的四性教学法、赵宋光的综合构建教学新体系等。[1]

"那一代"名师之所以成名，在于他们能够很好地回应社会转型的需要和教育变革的主题，在教育变革的过程中，交出了比较出色的"答卷"。借着改革开放，他们率先吸收和接纳一些外来的教育教学理念，并积极主动地在教学实践中实验、创新、总结，形成自己的独特风格，当然，主要也是以学生成绩的提高，证明了自己教学方法的有效性。

2. 名师的学科分布特征

20 世纪 80 年代的教学改革实验，成就了一大批有开放意识和进取精神的教师。虽然各个学科都有，但从分布上来看，并不均衡。语文、数学这两门学科发展较早，后逐渐扩展到其他学科。从对 80 年代教学方法改革的统计和分析发现，从学科分布来看，96 项学科新教学法中，语文40 项，占 43.5%；数学 14 项，占 14.2%；化学 16 项，占 13%；物理 10 项，占 10.9%；英语 5 项，占 5.4%；历史 5 项，占 5.4%；政治 3 项，占 3.3%；地理 1 项，占 1.1%；音乐 1 项，占 1.1%；美术 1 项，占 1.1%；

---

[1] 苏春景.关于我国教学法改革实验的统计分析 [J].教育研究与实验,1992(2):55-62; 高天明.二十世纪我国教学方法变革研究 [D].兰州：西北师范大学,2001; 李森,赵鑫.20 世纪中国教学论的重要进展和未来走向 [J].教育研究,2009(10):42-48; 宋秋英.全球化背景下中国教学论本土化问题研究 ——以教与学的关系范畴为基点 [D].北京：首都师范大学,2011.

体育无。而在 14 项典型教学法中，语文 7 项，占 50%；数学 6 项，占 42.9%；英语 1 项，占 7.1%。可以看出，语文、数学项目最多，外语其次，其他基本无涉及。[①] 语文和数学是教学改革最为活跃的领域。这个现象并不难理解，因为语文和数学是传统主科，不仅贯穿整个基础教育阶段，而且课时比重也最大，至少在时间分布上，是其他学科无法相比的。与之相对应，80 年代的中小学名师也以教授语文和数学的居多，特别是语文。相比数学来说，语文的学科性质在成就语文教师方面，可能更有优势。80 年代语文名师以于漪为代表，被称为"于漪们""那一代"，包括于漪、钱梦龙、魏书生、欧阳代娜、张孝纯、宁鸿彬、洪镇涛等。所谓"那一代"几乎特指成名于 20 世纪 80 年代、至今仍有影响力的语文教育大家。[②]

在数学领域，有马芯兰创造的以"开发学生智力、减轻学生负担，提高教学质量"为主要目标的"马芯兰教学法"[③]，邱学华的"先试后导、先练后讲"的"尝试教学法"，卢仲衡的"自学辅导法"，黎世法的"异步教学法"。

在教育管理（主要是班级管理）领域，也有以班主任为主体的管理方面的变革。以魏书生为代表，他们在践行班级民主管理、学生自主管理方面，做了那个时代勇敢的尝试，受到了学生的高度认可，也成为班级管理的全国典范。

教学方法的改革并不只是方法的变化，其实质是教师教育思想和观念的变化。如果以今天的眼光来看，那个时期教育教学变革的想法和做法，可能显得过于简单，如注重主体性，强调自主性，一方面会和"灌输"对立起来；另一方面，会把自学辅导法、发现法、探究法等同于尊重学生主体性。但是，如果把这些置于那个特定的时代背景和教育土壤中，就能给

---

① 苏春景．关于我国教学法改革实验的统计分析 [J]．教育研究与实验，1992(2):55-62.
② 魏本亚．"于漪们""那一代"的语文教改探索 [J]．中学语文教学，2009(3):77.
③ 黄露，刘建银．中小学卓越教师专业特征及成长途径研究——基于 37 位中小学卓越教师传记的内容分析 [J]．中国教育学刊，2014(3):99-104.

出比较公允的判断：在时间意义上，他们是先行者；在文化意义上，他们率先面向世界接纳新文化。

总体来看，20世纪80年代的名师，借助教学改革，践行了新的人性观，确立了学生的主体地位，构建起新型的师生关系。在教育变革中，他们成就了学生和教育，也成就了自己。

3. 认可方式

教师的职业认可包括专业认可、荣誉认可和社会认可。教师专业认可的形式和标准几十年来变化比较大，学历达标、资格认证、职称评定、编制认可都属于这个范畴。

虽然没有专门的名师评价标准，但由于名师首先是教师，所以他们的专业认可遵循一般教师的专业认可标准，只是还要体现出名副其实，所以，可以理解为名师至少有某一方面在一般标准之上，或者在某一方面更加突出，如有人认为"除了职称评定以外，专业能力需更加突出"。一般而言，名师"都需要有一定的创新精神和创造能力，拥有个性化的教学风格和教学模式，实行个性化的教学，并在教学实践中总结、提炼出新的教育教学观点和理论，科研成果丰硕，是同辈中的佼佼者，在校内外产生了较大影响"[①]。

（1）专业认可。有研究者把名师按不同性质分为教学型、科研型、管理型。教学型从教学方面来认可名师的专业教学能力，名师在教育理念、教学方法上拥有自己独特的教学体系，名气和威望主要靠学生传播；科研型从科研方面来认可名师的专业能力，科研成果的突出让这类教师扬名，首先在同行中，随后在社会上产生广泛的影响；管理型从教师管理能力方面来认可教师能力，这类教师会形成一套符合学校特色的教育管理理念，成就一些颇具知名度的学校，因学校而扬名。[②]但这三类名师的分类只是

---

① 王铁军，方健华. 名师成功：教师专业发展的多维解读 [J]. 课程·教材·教法 ,2005(12):70-78.
② 杜海平. 何为名师 [J]. 绍兴文理学院学报 ,2004(4):99-102.

相对而言，并不是界限分明的，事实上有的名师是两者兼顾或三者兼具的，他们可能既是教学上的行家、学术上的专家，也是育人能手。第一代名师一般凭借其教学能力出名，教学型名师居多，如于漪、钱梦龙、邱学华等；也有部分管理型名师，如魏书生凭借班级管理出名。

（2）荣誉认可。荣誉认可是提升教师社会地位的一种制度化结果。教师的荣誉认可方式一般是指获得官方的或者权威性的荣誉称号。在荣誉称号中，比较重要的一类和教师的教育教学实践能力相关，可以看成教师在教育领域内有专业实力的代名词。这一时期较为典型的荣誉称号是"特级教师"。特级教师是"国家为了表彰优秀中小学教师而特设的一种具有先进性和专业性的称号，是增强教师的光荣感、责任感的符号"[①]。教师在从教过程中，不断积累实力，提升专业素养，在专业领域脱颖而出成为名师。展示实力的方式或途径有参加各式各样的教学竞赛，参与公开课，做学术汇报等。获评"特级教师"是对教师专业素养的荣誉认可，同时，特级教师还享受特殊津贴，退休后仍可以继续享受，并且数额不减。中小学民办学校教师评上特级教师的，也享受同样待遇，所需经费由教育事业费列支。

特级教师之外，还有"劳动模范""优秀班主任""三八红旗手"等荣誉称号。例如，魏书生先后被评为"辽宁省劳动模范""辽宁省特级教师""辽宁省特等劳动模范""全国优秀班主任""全国劳动模范""首届中国十大杰出青年""辽宁省功勋教师""辽宁省模范校长"等；钱梦龙获得全国中小学教学改革金钥匙奖，被评为"上海市特级教师""全国教育系统劳动模范"等。

（3）社会认可。社会认可主要表现为国家、政府、公众对教师职业的肯定和期待。第一代名师得到国家、政府的认可与重视，表现为根据贡献

---

① 何小忠.特级教师群体的结构分析和发展反思——以江西省六次入选的702名特级教师为例[J].教师教育研究,2012,24(6):66-72.

给予其一定的政治和社会地位，使其更好地承担包括教育责任在内的社会责任。部分名师被推选为各级人大代表或政协委员，或者参加一定的社会活动，他们得到了充分发挥才能（不限于教育才能）的舞台。与"特级教师""劳动模范"等这些通过评审获得的荣誉称号不同，国家、政府对于名师的社会认可主要是通过选举或其他行政方式，如名师退休后，学校聘请其担任名誉校长、教育顾问，或由学术团体安排相应的名誉职务。政府部门会出台各种文件，开展研讨会，让所属机关单位学习名师理念。部分名师会受到省市甚至国家领导人的重视和接见，媒体宣传推广名师，鼓励其他教师学习。名师受到国家、各级政府、教育行政部门及学校高度重视的例子有很多。例如，魏书生被认为是年轻的教育改革家，中共辽宁省委、省人民政府联合出台《关于开展向魏书生同志学习活动的决定》，各省各级政府和机构对他进行表彰并下发各种通知和学习文件，号召"各级领导干部要向魏书生学习"。魏书生曾在天安门上与邓小平同志合影，中央拍摄了以他为原型的电视连续剧《一介书生》。

于漪、钱梦龙等名师也一样，受各省市政府官员邀请，去各地讲学，做汇报，进入政府体制内部工作等。于漪曾任中华全国总工会候补执行委员，上海市第七届、第八届、第九届人大常委会委员，教育科学文化卫生委员会副主任委员，全国语言学会理事，全国中学语文教学研究会副理事长等。

名师的各种头衔，政府或其他官方组织的各种学习某名师的交流会，或借助媒体、报刊等宣传学习研讨名师思想，都是政府运用公共权力对名师宣传和推广的表现。

（二）第二代名师

在第一代名师的持续影响下，20世纪90年代到21世纪初，和社会发展、教育改革同步，第二代名师诞生了。他们以提高教学效率并兼顾课堂教学的人文性为己任，推行新的教育与教学理念，涌现出不同教学风格的名师，如李希贵、李镇西、韩军、薛法根、余映潮、吴正宪、王崧舟、李烈、程红兵、张思明等。

1. 教育体制和教育观念改革

如果说 20 世纪 80 年代是在改革开放中摸索前进的时期，那么 90 年代就进入全面大力发展商品经济、向社会主义市场经济过渡的时期。经济体制的改变对教育改革和发展提出新的要求，同时随着信息化时代的到来，社会发展效率提高、节奏加快，知识迅猛累积扩增，在经济发展中的作用越来越大。社会发展对人才素质的需求又有了新的变化。

中共中央、国务院在 1993 年 2 月颁布《中国教育改革和发展纲要》，要求认真落实"教育优先发展的战略地位"，全面提高教育质量，培养德、智、体、美、劳全面发展的建设者和接班人，并特意阐述了美育和劳动教育问题，对加强教师队伍建设提出了新的建议，教育的主题和行动目标变成了"素质教育"。为了推动应试教育向全面提高全民族素质的教育转轨，1999 年正式以政策文件的形式明确"素质教育"的概念。

教育体制改革促进了多元教育思想的传播及教育教学观的转变，在不同的教育理念的影响下，内涵丰富、形式多样的教育实验迅速展开，这是我国基础教育改革过程中，改革主体的自主性、探索性、多元性都比较强的一个时期。针对传统应试教育中存在的问题，"主体教育""和谐教育""情感教育"等被提出，要求尊重学生主体性、自主性，激发学生的个体潜能，重视培养受教育者的完整人格与和谐发展。[①]"创新""创造性""个性"等逐渐成为学校教育改革的方向。各种教学改革实验和教学方法的引进，强化了教师的改革意识和实验意识，推动了他们教学思想的变化。教育观念的灵活多元为教师提供了更多的教育灵感和契机，他们对过

---

① 郝志军，田慧生.20 世纪 90 年代以来我国教育实验的新进展 [J]. 人民教育，2007(10):4-9.

去僵硬、固定的教学模式和方法提出批评，并结合个人的教学实践，强调教学艺术性的特点，追求课堂教学的个性。"这一代"教师进行了各自的探索，如程红兵的"语文人格教育"，王崧舟的"诗意语文"，李镇西的"爱心教育""民主教育"，韩军的"新语文教育"等。

2. 从教意愿

相比第一代名师，从教意愿在第二代名师身上显得比较重要。不是说第一代名师没有从业意愿或者从业意愿不强烈，事实可能恰恰相反，第一代名师的职业荣誉感可能更强，职业情感可能更纯粹。例如，魏书生曾谈及自己做教师的意愿："我原来在工厂当政工干事，出于对教师的深深眷恋之情，反复申请长达 7 年，150 多次，才于 1978 年来到中学教语文。"[①]

之所以特别强调第二代名师的从业意愿，是因为他们的成长处在一个受市场经济冲击非常严重、许多人不愿从教的特定环境下。所以，愿意成为教师，把教师作为终身职业，并在这个岗位上实现自己的价值、取得瞩目的成就，就显得难能可贵。但所幸随着《中华人民共和国教师法》等一系列法规、政策的颁布，教师待遇、从教环境等持续得到改善，教师队伍也逐步趋于稳定。收入提高，中小学教师、中专教师被列入享受政府特殊津贴的评选范围，再加上其他层面的社会地位保障，对教师的职业信念感起到稳固作用。职业理想和信念是保证教师持续快速发展的重要动力，也是他们不断完善充实自我、提高能力，最终成长为名师的关键因素。例如，20 世纪 90 年代成名的韩军，在德州师范专科学校中文系毕业以后，首先选择在山东临邑师范学校担任语文教师，后又应聘于清华附中语文教师；李镇西毕业于四川师范大学中文系之后，担任语文教师兼班主任；程红兵、李烈、李希贵、余映潮等也都是在完成学业后把教师作为自己的职业。他们愿意成为教师，也许首先是把教师职业作为一种生存手段，但是

---

① 魏书生. 甘心受"逼"上好公开课 [J]. 人民教育 ,1984(2):53–54.

一旦入职，就一直坚守，并不断成长，最终以突出的成绩，立在教师职业的突出位置。

3. 教育理念的更新

在接受外来文化、教育思想方面，这一代名师显得更为自觉和开放。韩军作为"新语文教育"的代表人物，在全国语文教育界首次提出"人文精神"的概念，并因此引发了持续多年的"工具性"和"人文性"的语文教育大讨论。他的"新语文教育"成为新中国成立以来著名的教学流派。他指出在语文教育中应自始至终贯彻人文精神，注重培养学生的民族文化精神和真正的人文精神，还注重以语言立人，注重在阅读中引领学生成长。他以诵读为基本教学法，提出了语文六大理念：真实自由、举三反一、美读吟诵、重文写白、文字素养和化意为字。程红兵倡导"健康人格"，在语文教育改革实践中形成了自己的语文人格教育思想。他认为语文教育不能浮于表面分数，不能被形式化，要在教学中求真、求善、求美，充分诠释语文学科的内涵与魅力，从而实现"语文人格教育追求的'以能力为核心、以发展为主线、以人格为目标'的完人教育"[1]。李镇西的教育观受卢梭、杜威、苏霍姆林斯基、陶行知思想的影响，形成"爱心教育""民主教育"，并付诸实践。[2]

第二代名师的教育思想和观念与第一代之间并不是割裂的，有一定的承续性。例如，韩军倡导的让语文"回归人文"与于漪倡导的"目中有人"一脉相承；李镇西崇尚"自由、平等、民主"来源于魏书生的民主教育和民主管理。

有研究者认为，"这一代"语文名师有他们的局限性，他们都有自己所创建的理论，但是他们的教学实践往往达不到所倡导理论的深度。造成这一现象的原因是他们教育的浪漫主义色彩过重，没有找到理论与实践的契

---

[1]　程红兵.程红兵与语文人格教育 [M]. 北京：国际文化出版公司,2003.
[2]　李镇西.走进心灵——民主教育手记 [M]. 成都：四川少年儿童出版社,1999.

合点。^①即便如此，"这一代"名师还是在一些教育基本问题上，做出了自己切实的努力，例如，（1）自主化学习问题。培养目标从"应试教育"转向"素质教育"，注重学生差异，更愿意自觉践行个性化的教学方法，包括发现学习、合作学习、探究学习等。李希贵在素质教育的大背景下，提出了"给学生自由呼吸的空间"的素质教育观，在教学改革上提出"语文实验室计划"，改变学生课程安排，改变传统教学方式，向学生放权利、放时间，使学生成为学习的主体，通过大量阅读量来提高学生自身的语文素养。^②（2）教学方式多样、综合。薛法根形成了"着眼整体发展、着力语言训练、着重内化进程"的教学思想、"教得轻松、学得扎实"的教学特色及"走向智慧、走向生活、走向综合、走向运用"的教学新理念，并初步形成了组块教学模式。^③余映潮建构了一套新的"板块式、主问题、诗意手法"阅读教学艺术体系，总结出了"思路明晰单纯，提问精粹实在，品读细腻深入，学生活动充分，课堂积累丰富"教学设计30字诀。^④（3）关注学校—社会—家庭的教育合力问题，尤其是建立家校关系成为这一时期教育发展的一个新趋向。^⑤

4. 认可方式

第二代名师的专业认可和第一代名师类似。

在荣誉认可方面，第二代名师在专业范围内参与竞赛的机会比第一代名师多，表现在他们有较多的荣誉平台，荣誉称号也越来越多样化。例如，第二代名师韩军因参加山东省教学能力抽签讲课大赛，获山东省教学能手称号，之后又被评为山东省骨干教师第一名、全国教育系统劳动模范、特级教师，并获得人民教师奖章、曾宪梓教育基金会教师一等奖，后

---

① 孔德钰. 改革开放以来三代语文名师教育思想比较研究 [D]. 南充：西华师范大学,2022.

② 李帆. 李希贵：教育改革路上的思想者 [J]. 华人时刊 (校长),2012(4):48-50.

③ 辛宇. 薛法根与智慧语文教育 [J]. 全国优秀作文选 (写作与阅读教学研究),2011(4):7.

④ 齐慧艳. 如何提高初中生的语文素养 [J]. 语文教学与研究,2011(23):27.

⑤ 李硕，刘根平. 九十年代中国基础教育的使命与现实的选择 [J]. 现代中小学教育,1991(6):1-6.

来还被授予山东省专业技术拔尖人才荣誉称号；李镇西获得成都市教育专家、全国优秀教师、全国优秀教育工作者等称号，还被誉为十杰中小学中青年教师，被称为中国的"苏霍姆林斯基"，荣获学习和运用苏霍姆林斯基思想特别奖。

社会认可方面也没有出现更多的变化，除了行政部门的物质奖励和名誉职务，第二代名师也会被部分高等院校、教学研究机构、出版社等聘请、特约。韩军担任过全国青少年研究会学术委员，曾受到国务院原总理李鹏接见，教育部原副部长韦钰为他题词"献身教育，富国强民。赠韩军同志"。

（三）第三代名师

随着教育改革的不断推进，教育政策的不断完善，2000年以后，特别是国家实施新课程改革以后，出现了第三代名师。除了独立成名外，还出现了很多名师工作室，以及名师共同体。

1. 新课程改革和名师工程

2001年，教育部出台《基础教育课程改革纲要（试行）》，对新课程改革做了整体规划。这是一场由课程改革带动的全面、整体的中国基础教育改革。从总体看，21世纪以来掀起了由政府推动、理论研究者带动、广大中小学教师参与的课程与教学改革实验热潮。[①] 新课程改革之前，学校层面，尤其是教学层面的教育改革，由部分人自主进行，而新课程改革把所有教师都卷入其中。他们与新课程改革一起成长，在这个过程中，又有"十百千工程""百千万工程""名师名校"等名师工程、教育家工程，新课程改革和这些事件，使这一时期的名师生成，呈现出新的特点。

2. 名师评选组织化

新课程改革以后，名师外延扩大，出现了许多概念性的名师。在全

---

① 郝志军，田慧生.20世纪90年代以来我国教育实验的新进展 [J]. 人民教育,2007(10):4-9.

面加强师德、师风建设，培养出高素质的教师的要求下，各级政府倡导全社会形成尊师重教的风气，发起名师评选活动，各个教育团体也联合成立"名家名师"推选活动组委会，通过广泛推荐、严格审核遴选、专家初评、专家委员会终评等程序，推选出教育名师。评选的标准涉及思想觉悟、道德模范、理论建树、影响范围等方面。类似还有各地骨干教师、卓越教师、精英教师等的评选。

正因为名师工程化、名师泛化，名师的数量和类型繁多，所以很难像之前那样，推出新课程改革之前"纯粹"的名师。这也是很多人质疑名师的原因。

3. 教育主张个性化 [①]

对苏地新生代语文名师的研究发现，新课程改革下的名师在教学主张方面有了明显的外显特征和内在追求，在教育主张表达上，更具个性。

第一，教学主张命名。一是前两代名师在命名自己的教学主张时倾向于概括教学策略体系，如丁有宽的"读写结合"，钱梦龙的"三主四式导读法"，宁鸿彬的"五步阅读教学程序教学法"，余映潮的"板块式、主问题、诗意手法"阅读教学艺术体系等。新时期，"诗意语文""青春语文""绿色作文""童话作文"等成为风潮。二是前两代名师的教学主张指向的都是具体的教学程序（教学策略），全面探索和构建教学方法与教学艺术，教学主张紧扣基本知识、基本能力，执行课程工具论的指导思想。而第三代名师开始对课程进行全局思考，对语文本体性进行深入思考。前两代名师的课程意识是内隐的，这一代名师的课程意识是外显的。第三代名师也更喜欢把自己的教育主张以"独特品牌"的方式表达出来，如深圳市张学新倡导"培根语文"理念，形成了问题探究式的语文"养根模式" [②]。

第二，对理论的自觉追求。第三代名师有着对理论自觉的追求，同时

---

① 张雄锋. 苏地新生代语文名师教学主张研究 [D]. 南京：南京师范大学,2014.

② "全国名师工作室发展联盟" 名师工作室推介 [J]. 教育家,2017(26):43-45.

又积极建构展现自己的理论框架。吴勇的"童化作文"是以交往理论为基础而生发开来的，王笑梅的"嬉乐作文"则自称是一种"生态学的努力"。他们的"儿童立场"也比较鲜明，希望在自己的教学中找回儿童。周益民认为在应试和纯工具化的压迫下，理性认知排挤了感性体验，压抑了个性自由，人的功能退化成机器，导致富有青春活力的儿童变成了"老态龙钟的儿童"。

第三，建构新的课堂模式。不满足现行的课程内容和教学方式，第三代名师把建构新的课堂教学模式作为主动追求的目标，在自己的主张之下进行积极建构。周益民指出课程内容的权威化和意识形态化，主张开设班级读书会，将儿童文学作为课程内容进行开发，开拓语文课程的新领域。同时，对颠倒歌、绕口令、童谣、民间故事等民间文学进行系统发掘，并将其作为课程内容建设，寻找回归话语之乡的路径。

4.认可方式

与前两代相比，第三代名师在专业认可和荣誉认可方面的需求淡化，这是由于专业认可和荣誉认可基本被纳入制度化体系中，评选遵循规范的程序，变成了基础条件，如职称评审制度。另外，第三代名师更加看重社会影响力，更加注重通过各种渠道使公众熟知从而获得更广泛的社会知名度。

由于这一代名师有了显性的评选标准，直接被授予"XX名师"称号，名师办学校，开工作室，出现名师集体荣誉。

除了受政府和国家的官方认可，社会群体的关注度提高，相比前两代，第三代名师的社会受众更加广泛。网络、传媒的发展与使用，以及家长对教育的参与意愿和途径增加，使得名师以比较直接的方式出现在家长面前。名师共同体、名师工作室、名师学校，既面向教师群体，也面向社会。

四、三代名师的生存方式

"人是具体的存在者，生存作为每个个人生命的表现和体验活动，只能由他们自己选择或担当。"[①] 相较一般教师，名师的生存方式和社会活动有其特殊性，他们会运用一些特殊的方式（或主动开辟，或由官方、社会机构、组织提供）来行使教育权利和承担社会责任。

（一）第一代名师

第一代名师常见的生存方式有：发表文章，出版著作，参加节目，全国各地演讲，上公开课，参与社会团体研讨会，开工作室，办学校等。这些生存方式被后继者继承，成为名师生存发展的基本方式。

1. 著书立说

名师发表言论的舞台、展示才华的机会比一般教师要多。作为教育实践者，名师关注教育问题，学习教育理论，从事教育变革，总结和思考自己的实践经验，在成名之后，更容易通过著书立说来表达与宣传自己的教育理念、教学成果和教育改革的想法与做法。出版著作、发表文章是常见的方法，魏书生出版了《魏书生文选》《语文教学探索》《班主任工作漫谈》《家教漫谈》，他在 1981—1995 年发表的文章就有 30 多篇，如《研究学生的自学能力》《研究学生心理 提高语文教学效率》《教给学生自学语文的方法》等，这些基本上都是他对自己教育探索、教学和管理经验的提炼与总结。

2. 公开课

名师成"名"于课堂，课堂是展示名师风范的最初舞台。但成名之后，课堂的形式、上课的方式、上课的目的都产生了变化。以公开课为例，公开课虽然还是课堂，但它承载的功能和目的出现了变化，或者说，公开课

---

① 张曙光 . 生存的哲学的命意及其当代旨趣 [J]. 哲学动态 ,2001(1):2–7.

是从常规课堂分离出来的、主要用于展示的一种课型。后来公开课又演变出"示范型公开课""研讨型公开课""竞赛型公开课"等各种类型,其目的和作用也不尽相同,但即便是随堂的公开课、回归真实的公开课,也和教师日常的课堂有区别。[①]

公开课在第一代名师扬名的过程中起着非常重要的作用。20世纪60年代初,就曾经推出过霍懋征、王企贤、关敏卿等一批名师的公开课。80年代以后,范围扩大到中小学教师,示范课、研讨课开始成为教师从事课堂教学研究时观摩和交流的主要形式。[②]第一代名师一般通过上课展示其课堂教学技法,同时在课堂中侧面体现教学的理念、整体设计、内容、活动、策略等。名师上公开课时,各地教师在观摩过程中学习、模仿。于漪、魏书生等先后上了2000多节公开课,钱梦龙的著名公开课有"愚公移山"与"观巴黎油画记"等。

在第一代名师身上就已经能看到公开课性质的变化,甚至在第一代名师身上也能清晰看到公开课的异化、教师上公开课的挣扎,以及他们的化解方式。

初期的公开课带有一定的检查或验收性质,尤其对于青年教师来说,公开课是对教学能力的鉴定。例如,魏书生刚当教师不久的一次公开课,被指定在一个"差班"进行。他说:"我一听就紧张起来,愁得厉害,一愁自己,二愁学生。"为了准备这次公开课,他做了三件事:首先,翻阅教学内容有关资料来提高自己;其次征求学生意见;最后,广泛向老教师请教,从上课的步骤、环节,甚至每句导语的设计,等等,都付出了比以往多数倍的力气。上公开课更倾向于被认为是促进教师互学互助、互切互磋、提高教学质量的形式。

---

① 宋永成. 异化的公开课何以归真 [J]. 教育家,2021(42):35-37; 刘莉,蔡金法. 七十年来公开课的历史演进 [J]. 小学教学研究,2021(12):5-8. 刘莉,蔡金法. 公开课的不同类型 [J]. 小学教学研究,2021(12):9-11,30.

② 裴娣娜. 在追问中把握公开课的现代意义 [N]. 中国教育报,2005-10-25(8).

但是，成名之后，上公开课的机会越来越多，听课的人数也越来越多，有时候几百名教师一起听课，上课慢慢变得像标准化的样本展示。每节课成了模具冲压出来的标准件，结构相等，样式一致。这样的公开课，学生觉得索然无味，教师"也感觉像戴着枷锁跳舞，处处受辖，很不是滋味。当年魏书生的做法是改革和实验，每次上公开课都逼着自己有一点新的讲法，让没有生命力的'标准课堂'呈现生命力。为了减轻学生负担，之后上课，无论什么类型，"决不占用学生的课外时间，需要预习也拿到公开课上搞"。学生公开课上"怎么想就怎么说，说错了也没什么，正因为你不懂，才来听老师上课"①。

公开课在第一代名师时期所占比重较大。到第三代名师时，公开课基本成为青年教师成长的"必须课"，但公开课对于教学的借鉴意义被广泛质疑。公开课失去了固有的原生态，形式化严重，原因在于其价值仅剩"展示"，或展示一所学校的课堂模式，或展示一个学科组的实力，或展示执教教师的个人技艺。此外，定位失衡，如果价值偏离，则难免把完美作为最终的追求，"环环相扣，字斟句酌，甚至精细到把时间掐到分、秒，细化到每一个表情、动作"。如此，公开课的研讨价值不复存在。公开课往往是集体智慧的结晶，学科组、教研专家、行政领导会为一节公开课全力以赴，执教教师为了一场精彩的"教学表演"，不仅需要导演、编剧、道具等，还需要群演。公开课在评价环节是比较尴尬的，公开课的评价程序化、形式化几乎是必然的，优点、缺点都泛泛而谈。②公开课的"八股文"作风愈演愈烈。

3. 专题演讲与汇报

名师受到了社会、政府、学校的认可与肯定，社会团体、教育行政部

① 魏书生. 甘心受"逼"上好公开课 [J]. 人民教育,1984(2):53–54.
② 丁卫军. 一言难尽公开课 [J]. 教育研究与评论, 2020(3):123–125; 韦丽银, 徐学福. 中小学公开课"表演"为何屡禁不止——基于多学科视角的分析 [J]. 上海教育科研, 2020(10):70–73; 冉亚辉. 公开课中教师的讲与评：问题及改进路径 [J]. 教师发展研究, 2021,5(4):68–72.

门、学校会邀请他们做专题学术演讲、汇报等。这是传播和宣传名师教学理念与方法的途径，也是名师维持名气与声望的另一种手段。通过汇报演讲，展示精深的业务水平，讲解自己的教学理念，产生吸引人的力量，即人格魅力。名师的形象、语言、学识、才干、品格等汇聚成的人格魅力，令与会者折服，从而达到宣传与推广的效果。例如，魏书生被邀请到全国各地讲学，还到新加坡介绍改革经验。其他名师也不例外，运用新闻媒体做一系列的教育专题节目等宣传自己的理念。

名师是经专业能力与社会声望综合考量形成的一个称号，其成名是一个复杂的过程，是多方因素促成的结果。第一代名师的共性条件如下：顺应时代潮流，与时俱进；具有专业能力并获得荣誉；政府提供政治支持；通过各种途径宣传，扩大影响，维持声望。

（二）第二代名师

对于第一代名师而言，在某种意义上，他们成为名师的目的性、计划性、指向性并没有那么强烈，所以说更带有"自然而然"的性质。第二代名师的教学改革意识、市场意识、媒体意识，以及学校和地方教育系统培养、推出名师的意识，比第一代更强，因此宣传包装的力度更大。参与会议，公开演讲，发表文章，出版著作，利用媒体宣传，上公开课，等等，这一系列的活动会同时进行。他们更积极地把自己的教学成果、教学经验写成文章，在期刊上发表，有的还出版图书；或是参加、主持各级学术交流会，举办个人学术讲座；学校、政府通过电视、网络、报刊进行大量专题报道。例如，韩军在全国各地给教师上公开课，巡回讲学 200 余场；发表《反对伪圣化》《中国语文教育的十大偏失》《中国语文教育的两大瘤疾》《"新语文教育"论纲》等文章；参与主持全国语文教育论坛"韩军在线"。程红兵在《中国教育学刊》《人民教育》《全球教育展望》《上海师范大学学报》等 40 多家刊物发表 100 多篇论文；出版了语文教学和学校管理方面的图书 10 多部。

整体来说，第一代、第二代名师的成名方式和生存方式有很大相似性，但是也都有一定的独特性。

（三）第三代名师

新课程改革之后，不仅各种名目的名师大量出现，而且出现中小学名校、中小学名校长。虽然名师、名校长、名校的数量增加，但像第一代、第二代名师那样，拥有全国影响力和知名度的并不多见。数量泛化、形式泛化，本身就是对少数核心力量的稀释。

由第一代、第二代名师开辟的生存方式在第三代名师身上沿用，但是第三代名师创造出自己独有的生存方式，即名师工作室和名师办学。

名师工作室是"名师的成长平台，是在一定范围名师交流与共享的机制，是对较高的合作层次与发展的追求"[①]。有的名师工作室的宗旨直接是"服务名师，培养名师，成就名师"。

一般以名师本人的姓名和所教学科来建立工作室的品牌，从而保持和提高名师本人的威望，如"窦桂梅语文教学研究室""葛文君工作室""陆长根工作室"等。如今，名师工作室已成为名师工作的一种常态机构。

《教育家》曾经推出过《"全国名师工作室发展联盟"名师工作室推介》，其推介语比较清晰地说明了联盟的宗旨，以及包装打造名校、名师的方式。[②]

联盟以"连接、连通、共建"为宗旨，是以工作室为单位，完善教师专业成长培训体系，联系、连接名家及各地一线名师，实现其专业引领常态化，促进集体研修、交流互动、成果转化的一项重要举措。主办方汇集线上、线下的多重资源，对名师工作室提供包括专家指导、宣传推介、成

---

① 武兴华 ."名师工作室"内涵建设三要素 []. 教学与管理 ,2012(4):21–22.
② "全国名师工作室发展联盟" 名师工作室推介 []. 教育家 ,2017(34):43–45.

果推广、联盟共建等在内的多样化的常规性支持，通过媒体、网络、活动等给予联盟成员全方位的专业服务与保障，以使各工作室充分发挥促进自身专业成长和实现带动引领的双重功能，促进更多专业型、特色型优质学校及优秀教师的涌现，打造名校、名师和学科领军人才。

联盟同期推介了六个名师工作室，包括江苏省南通市中青年名师姜树华工作室、安徽省合肥市蜀山区初中语文名师工作室、黑龙江省杨修宝小学语文名师工作室、深圳市张学新名师工作室、江苏省扬州市教育名师工作室中小学班主任室和贵州省初中语文台桂莲名师工作室（之前已经推介过全国各地工作室近70个）。

从这六个工作室的组成、运作、主持人特点，可以窥见当前名师工作室的基本运作方式与目的。

名师工作室的组织构成，有地方院校、基层教育机构、学校、名师个人等。名师工作室的运作形式，集科研、教研、调研于一体，线上、线下结合，帮扶成长与参赛拿奖并举。名师工作室主持人的"名"的内涵，可以从个人简介中出现频次最高的几个词体现出来：职称、比赛、荣誉、论文、课题、头衔或称号。

和名师的生成机制一样，同期还出现了很多名校长、名校长工作室。名师也会利用自身资源，开办民办学校。例如，杨瑞清运用"乡村教育"办学思想，办田园牧歌式的学校；张炳华创造了"东洲模式"；刘彭芝将中国人民大学附属中学打造成国际一流的世界名校等。

四、三代名师综合比较

从三代名师的成名因素、认可方式、生存方式出发，可以比较发现他们之间存在的异同点。

三代名师的成长和成名都发生在特定社会与教育改革发展的需要下。

社会文化背景与时代环境的变动，影响着教育发展的主题，影响着教育改革的内容，从而决定了名师的实践模式、改革方向、时代风貌。三代名师都主动顺应时代潮流，因时因地改革教育模式和方法，创新教育风格和师生关系，总结和发展教学经验。他们都成长于教育一线，然后利用学校以及各级平台走向更广阔的舞台。

第一代名师产生的时代背景为 20 世纪 80—90 年代，他们在实践和成长过程中经历了"文革"和改革开放。随着改革开放，教育领域也开始尝试突破种种限制，教育体制改革刚刚拉开序幕。"效率"是经济领域的发展主题，也是教育领域的主攻目标，教学方法成为攻坚焦点和突破口。第一代名师大多以"方法"成名，如自学辅导法、六步教学法、马芯兰教学法等。因为之前没有名师现象做引导，所以第一代名师的成名较为自然，他们"成名"的主观功利性并不强，而更多是"成事"的责任感和使命感。

第二代名师活跃于 20 世纪 90 年代初至 21 世纪初。此时，我国进入社会主义市场经济阶段，并步入信息化时期。市场经济的发展需要更多具有独立性、自主性和创新精神的个体。教育目标转向培养全面、自主、和谐发展的人才，培养学生的主体人格，实现学生的自我发展。这一代名师的成长伴随着主体教育和素质教育的兴起。主体教育、和谐教育和情感教育实践是他们对应试教育的回应。另外，与第一代名师相比，第二代名师成为名师的主观愿望相对清晰和明确。90 年代颁布了《中华人民共和国教师法》，教师福利待遇的提升使越来越多的人涌入师范专业，教师的职业竞争力增强。做教师，成名师，既是谋生手段，又能促进自己发展。第一代名师的存在和影响，客观上对第二代名师的成长和追求起到了引领和导向作用。

第三代名师成长的现实条件与前两代有明显的不同。一是教育背景方面。第三代名师处于新课程改革的过程中，教师在改革中领会精神，与新课程改革一起成长。在某种程度上可以说，第三代名师是新课程改革成就的。另外，基于新课程改革的推动和需要，出现了"十百千工程""百千万工程"和"名师名校"等名师工程、教育家工程。这些都成为第三代名师成长的契机和途径。

二是自我发展需求方面。无论他们有没有成名的内驱力，或者内驱力有多大，他们都有成为好教师的能力和愿望，不然，教育变革的勇气、主动开放的学习心态、面向世界的视野就无从谈起。但是，应该说第三代名师的"名师理想"最为清晰，因为他们受到外在名师工程的直接激励，也有更多的组织和机构给他们创设名师的晋级阶梯和标准，他们是批量打造的产物。

对于名师的专业认可、荣誉认可、社会认可，三代之间有不同的侧重点。

第一代名师侧重专业认可方面。当时整体教育处于恢复期，教育改革更关注宏观，教师队伍发展也是以增量为主，还没有衍生出更多的认可方式。第一代名师都是辛勤耕耘在教学一线，凭借着出色的教育教学能力和突出的教学成果，获得社会地位和名望。他们用专业赢得了荣誉和社会名气。第二代名师侧重荣誉认可方面。除了专业素质、教学能力、教学方式、教育观念等专业素养外，为教师设立的各种荣誉称号也丰富起来。第三代名师侧重社会认可方面。他们更善于利用新的宣传包装途径和方式。名师工作室、名师学校是第三代名师创造的新事物。而且由于网络、传媒的发展，文化传播速度加快，名师的名气不断扩大，宣传力度大大增加。很多人首先知道他们是名师，之后才了解其专业能力，有什么教学理念、教育思想，获得了哪些荣誉称号。在新媒体的助力下，名师的名气得以维持，社会声望得以提升。有了社会认可，专业和荣誉也就有了保障。

通过著书立说、上公开课、参加媒体节目、参与各地演讲和社会团体研讨会等方式履行教育和社会责任，并宣传自己的教学思想，是名师和普通教师在生存方式方面最大的不同。

第一代名师以官方提供的宣传渠道为主。他们以公开课作为主要的展示途径，其他教师在观摩过程中学习、模仿；另外，著书立说、在全国各地演讲、参与社会团体研讨会，一般也以宣传自己的教学经验为主要目的。

第二代名师受益于市场经济和信息化途径，拓展了自己的生存渠道。除了参加会议、公开演讲、发表文章、出版著作外，他们开始利用媒体宣传渠道，如开设直播公开课、录播教学视频等。很多名师受学校或社会团体邀请参加或主持各级学术交流会，开办个人学术讲座，电视、网络、报刊也进行专题报道。

第三代名师具有量产特征，名师工作室、名师共同体、名师工程，从培养、宣传、展示，到教师日常的发展或成长，都在越来越复杂、越来越程序化的系统中进行。名师很多，名师的自我意识也更强，但是总体来看，区别却越来越小。科研、教研成为日常，发表论文、申报课题、参加各种各样的竞赛和评比（作为参赛者或者作为评审者）成为名师新的生存方式。

第三节　关于名师现象的再思考

一、名师的结构特征

名师结构一般是指名师在学科、性别、岗位等方面的比例。学科方面，名师主要出现在语文、数学、英语等所谓的主科，其他科较少，音乐、体育、美术等科目更是少之又少。[①]从 20 世纪 80 年代第一代名师出现到现在，名师结构特征基本没有变化。《名校长名教师集体性个案研究》选取的 7 位名师中，语文学科 5 人，数学学科 2 人;《与名师为友》选取的

---

① 周群 . 名师专业成长困境与突破 [D]. 武汉 : 华中师范大学 ,2015.

36位名师中，语文学科18人，数学学科9人，历史、生物、物理学科各1人;《中国当代教育家丛书》选择的20位名师中，语文学科12人，数学学科7人，英语学科1人。男性名师多于女性，管理者比普通教师更容易出名，或者成名后更容易进入管理岗位。有人把在学科、性别、岗位性质方面呈现的结构特征叫作结构失衡，既然是失衡，就要寻求平衡，但首先需要检讨这种思考问题的方式。比例的不平衡不一定是需要解决的问题，比如学科比例失衡，可能和学科的性质及学科教师本身的数量有关，那么这方面的失衡，就不能通过"找平衡"的方式解决。但有些失衡是需要引起注意的，如性别比例，第一代名师、第二代名师时期，中学尤其高中阶段的男教师比例大于女教师，男性名师多于女性名师是合理的，但在当下小学阶段女教师总量远远超出男教师、中学阶段男女教师基本持平的情况下，如果还存在男性名师多于女性名师的现象，可能就需要深究一下原因，到底是性别本身差异造成的，还是评比或者其他因素造成的。

二、名师的继续成长问题

在制度化、规模化助推名师产生和成长的状态下，名师数量相对增多，名师的成长周期也大大缩短，一些教师迅速成名，社会活动、其他非教育性活动越来越多，他们能否继续潜心教学就成为一个比较大的问题。有的名师长时间教授同一节公共课，在示范引领新教师方面"不作为"；有的专注于在全国各地开会、演讲、出书等，这些活动成为他们主要的工作。离开了讲台的名师，还能被称为教师吗?

如果以成为名师作为奋斗目标，似乎能起到促进教师发展的作用，但是如果成为名师之后的发展方向是模糊或缺失的，其发展的内驱力会不会下降，这是一个问题。但是有研究发现，部分名师身上，确实会出现这种情况:工作热情被消弭，不愿意再劳神费力地反思教学，有的甚至不再承担教学任务。在荣誉和鲜花中保持自我的难度本来就很大，名师作为一种身份或符号资本，在现实中很容易变现，如利用名师效应提供有偿服务、创办培训机构，或者把精力放在编写出版教学材料上，[①] 这些做法本身可能不是问题，但前提是不能影响到教师的本职工作。

外部环境给予名师的再发展空间也是有限的。一旦被冠以名师称号，至少在学校层面，就对名师的后续成长产生懈怠情绪。另外，名师是学校的招牌，需要更多的资本，一般情况下，"教而优则仕"，被提拔为学校的重要领导几乎是名师的归宿。所以就会出现这样的一幕：名师在各种相关场合中成为公众人物，身兼数职，频繁出席各种活动，身心疲惫，最终导致在本职工作中"碌碌无为"（不包含本职工作之外的功成名就）。[②]

三、名师异化现象

对学校来说，名师是一种有明显价值导向的文化符号和文化资本。由于强劲的社会需求，名师的数量，影响到学生、家长、社会对于学校的认可度，因此，许多学校把名师作为学校发展的重要条件，没有名师，就不会有名校，"挖名师""打造名师""宣传名师"，被赋予了更多的意义。名师成为学校的宣传标语和行动标杆，沦为学校标榜自我价值的文化符号。[③]

教师是一种常规的职业身份（自然身份），而名师是附着在职业身份之上的另一种附加身份。"身份不是一种固定不变的实体，而是在不同的社会情境中，个人根据自己的实际体验来界定对身份的态度……随着身份的转变，个人亦在身份后的不同的社会世界中迁徙，在不同的人生场域中升迁。"[④] 教师在原有的自然身份基础上，延伸出另一个具有极大附加

① 傅松桃.真师之道 名师之路 [J].当代教师教育,2012,5(4):1-8.

② 赖志群,谢泽源.名师再成长停滞原因分析及其解决策略 [J].教育学术月刊,2011(4):59-60,107;董建华.教师如何防范"仅吃青春饭"[J].辽宁教育,2017(12):63-64.

③ 李文佳,王帅.名师的隐性意喻、价值异化及多维矫正 [J].教育科学研究,2015(6):66-71.

④ 刘云杉.学校生活社会学 [M].南京:南京师范大学出版社,2000.

值的名师身份，并把它作为从业生涯内追逐的目标。"豹死留皮，人死留名，尚名誉者，人之美德也。然急于闻达，而不顾其他，则流弊所至，非骄则诡。"名和利的关系，向来是密切的，而且是一种互相成全的咬合联结关系。理论上的对立，或者伦理上的不相容，在现实中并不是主流。从20世纪80年代出现名师，到后来开始有意地打造名师，再到21世纪有组织、有计划、有标准地量产各级各类名师，这一演进方向，并不能仅仅用"促进教师发展"这一理由进行解释。名师有广泛的需求基础，有制度的支持和鼓励，再深究，可以到传统文化那里找寻根源。有人认为，培养名师本无可厚非，然而，一旦重心失衡，功利性过强，就会导致名师的培育、选拔、评定脱离教育实践，出现一系列副作用，令名师最终名不副实或名过其实。[①] 这一观点没有指向教师本身，而是指向了名师培养，指向的是环境的功利化和浮躁化。对个人来说，追名逐利并不是不可理解、不可接受的自然人性，它本身不具备伦理评判意义，但是当名气、物质待遇和社会尊重等这些功利性目标成为衡量教师个人价值和社会价值的重要标准时，我们却批评教师为了成名去追求教学竞赛名次、获奖证书、荣誉称号、社会头衔、科研业绩等这些远离教学现场的虚名，这显然是不公允、不合情理的。还有比较流行的一种说法，认为把名师作为目的而不是教师自我发展或教师群体专业发展的途径或者手段，背离了名师的初衷。这种说法必须在明确"名师初衷是什么"的大前提下才能成立。当把名师作为可以培养的对象，作为一种特殊资本进行利用时，就不能再奢求纯粹的初衷。

谋生型、享受型、超越型是教师生存方式的常用类型，通常认为"谋生型"教师将教师职业看作一种基本生存手段；"享受型"教师把教育过程看作他们参与生活、体验人生的重要途径；"超越型"教师为使自己生活得

---

① 周群. 中小学名师专业成长的困境与突破 [J]. 教育导刊, 2015(13):67-70.

更有意义，不断地完善自我、为教育和社会做出贡献。[①] 如果按照这个三分标准，名师应该属于"超越型"教师，但这明显不符合常识。任何人身上都具有谋生、享受、超越的属性，它们不存在境界或者等级的差异，只是在不同的教师身上，在特定的情境下（不一定具有一惯性），某一属性表现出程度差异。

第三代名师创立了很多工作室，出现了很多共同体。但是在实际建设的过程中，出现形式化、简单化、形象化现象，名师工作室成了摆设。创建名师工作室的部分名师已经远离教学岗位或者退休，其名下的工作室并未真正运行；有些名师收下学生后，很少开展教研活动、组织课题研究；有的名师工作室为了应付上级考核，只在最后关头整理材料，花费在完善名师工作室上的时间较少。[②]

四、名师的名、实、责

无论名师是怎么产生的，又以什么样的方式产生，事实上名师已经成为普通教师追求的人生境界和价值目标。如果从应然性来看，名师之"名"，应该是名副其实的"名"，这种"名"才是受到社会敬重、同行认可、家长信任、学生爱戴的。名师不靠外在的包装，更不在于速成的宣传，而是凭借高超的教学艺术、优秀的教育理念、自身的学识涵养让人信服。[③]但事实是，这是一种超出现实的理想主义。从现实意义上来思考，既然名师已经成为一种制度化、标准化的存在，在专业、荣誉、物质等方面已经被赋予超过一般教师的地位，那么，名师就应该具有与"名"相符的实力，承载起与"名"相符的责任。高水平的教师不一定是名师，但名师却应该

① 范艳勤. 中学语文教师生存方式与发展研究：基于驻马店市某县中学的调查 [D]. 信阳：信阳师范学院，2011.
② 马张留. 对促进名师工作室高效运作策略的思考 [J]. 江苏教育研究，2010(30):8-9.
③ 王培峰. "名师"的理性批判 [J]. 人民教育，2008(19):33-35.

是高水平的。在教育变革的时代，符合教育发展要求的专业水平、教育理念，以及超时代的独特人格魅力，都应该成为名师之"实"。在"实"的基础之上，名师还需要承担远超一般教师的教育责任和社会责任。

名师的教育责任如何区别于普通教师，可以从他们因何成名的角度去思考。在"传道、授业、解惑"的教育基本职责上，名师和非名师之间没有分别，只是名师应该更突出、更优秀。除此之外，是名师与教育变革的特殊关系，他们应该是教育变革的主动承担者、教育方向的积极探索者、教育现实的勇敢超越者。三代名师可能表现各有不同，但毫无例外，他们都站在教育变革的舞台中心。

名师的另一教育责任表现在对于教师群体的影响，即他们应该承担起培养教师、发展教师的责任。培养名师的目的，并不限于名师自身的发展，还在于名师在教师群体中的引领、推动作用。名师工程、名师工作室的目的也在于此。他们不一定都需要有自己先进的或者独特的教育教学思想（这对于教师来说是困难的，也是非必要的），但他们至少可以凭借自己的专业水平和声望，利用现有的各种平台或者创造更适宜的平台，在其他教师的专业成长中，付出自己应有的努力，也就是起到"传、帮、带"的作用。

至于名师在教育之外的其他社会责任，在我们的理解中，并不属于作为教师的本职工作，因此不在这里讨论，同时也表明，名师不是全能的，他们的责任本来就有界限。

第五章　非名师的生存发展状态

第一节　像名师那样生存

一、无法定义的"非名师"

教育舞台的中心位置是教育名师，除此之外是教师队伍中占绝大多数的"沉默群体"。

对于如何定义这些占大多数的教师群体，是比较困难的一件事。从历史的长时段视角来看，按照发挥的作用和形式，我们曾经把教育者群体分成教育家、教育专家、职业（专业）教师。他们虽然都是教育者，但从史实考察，或分属不同时代，或分属不同阶层；或有多种社会身份，或局限在特定的教育现场；或引领时代精神，或传承传统惯习；或以知识创新、生产为本职，或以知识传递、复制为责任……他们相互关联，却又彼此独立，也不能相互替代。在清末民初新学堂和旧学塾的嬗变之时，同一时空条件下，教育者可分为新型教育家（阐述并传播时代精神）、新型教育实践家（在旧教育土壤中开拓"新教育"气象）、在大时代的洪流中艰难转型的传统旧教师（"他们作为教师队伍的主体被裹挟着进入一种新教育场域、被动地进行新的教育实践"，他们是"教师群体的主体构成"，但又往往是被遗忘、被忽视、被湮没的一种历史存在）。[①]

在现代社会，教育者群体的第一类为教育专家，其基本分布在各个高校、研究所等机构，是现代高等教育体制的产物，统一拥有体制身份，受雇于国家；第二类为教育变革推进者和管理者，其更是国家行政体制的一部分；第三类为广大的中小学教师。名师虽然可以有类别的跨越和兼容（成为管理者，进入其他行政系统等），但仍然是中小学教师这个群体的一部分。这三类主体无一例外都是现代教育体制的组成部分，是与班级授课制、义务教育一起诞生和发展的现代社会的"职业人"，并随着教育系统本身的复杂化逐步被专业化。所以，即使是从名师工程、教育家工程中走出来的被称为专家、名师甚至被称为未来教育家的教师，仍然是被专业化的教师。

即使都属于专业教师，但为了研究需要，必须把名师分离出来，因为在事实层面，名师和非名师确实有一定的界限和差异。按照这个思路，如何从与名师区分的角度命名非名师群体，就成了一个问题。我们都认同名师是成功的教师，是教师群体中的强者，但是不能说非名教师是不成功的教师，他们更不是失败的教师。

强者的另一个对应群体是弱者。弱者更多是一个社会学概念。在社会学上，弱者，或者弱势群体，是指在社会资源上，占有份额相对较少的个人或群体，泛指那些在社会生产和生活中，由于力量、权力等相对较弱而处于劣势地位，因而较难也较少获得社会资源和社会财富的个人或群体。在现实的中国语境中，被视为弱势群体的有农民、残障人士、城市化进程中的进城务工群体等。

相对于名师，普通教师的资源明显是较少的，处于弱势地位，但是名师和普通教师，与社会学中的强者和弱者，并不等同。社会学视角的

---

① 吴黛舒 . 教育实践与教师发展 [M]. 福州 : 福建教育出版社 ,2014.

强者、弱者，是被阶层限定的、固化的、绝对化的，而教师队伍中的强与弱，是在同一个阶层或者共同体之内，一种动态的、相对分化的关系状态。

最初的研究设想引进了"教育变革"这个实践要素，把这些普通教师描述为：相对于一个具体的教育变革，有自始至终坚持到底的，有中途被淘汰或者选择自我终止的，也有自始至终都以旁观者的姿态"隐形"从而被认定为拒绝发展、发展失败的。"沉默者"是教育变革中的隐形群体。他们身在变革场域中，但与教育变革没有实质性交集；他们处在教育变革的洪流中，但又游离在教育变革行动之外。在理论研究和变革实践中，他们成为变革者的背景、发展者的底座、成功者的衬托。

这是一个非常不准确也非常主观的描述，意味着他们是被变革淘汰的、是阻碍变革的、是对变革无意义的。但对这个群体的研究并不少，只是基于研究立场和视角，他们被框定在虚化的集合概念中，或者作为被"消解行为"的对象。

我们无法定义他们。和站在变革舞台前沿、中心的名师相比，他们相对"安静"，但也不是沉默到没有声音；即使他们的声音经常被无视、忽视，但他们也不是没有力量。我们必须在事实上承认：第一，他们可能不是某项教育变革活动的中坚力量，但他们是教育的基石，是决定了教育存在的存在；第二，他们也许不积极主动参与变革，甚至会"反抗"变革，但是未必没有在变革中发挥积极作用——除非所有的教育变革，无论在观念，还是运作上，都是无可挑剔的。

所以，在没有更加合适的称呼之前，本研究虽然权且以"沉默者"来指称他们，但并不认为他们是特别需要被激发发展动力的一个群体，更不认为他们对特定变革实践的阻抗心理和行为是需要消除的，原因在于以下两点。第一，教育变革、教师发展，成功的阶梯和方向，都是针对特定目标而进行的人为设定。但即便如此，这个设定的意义，无论如何都不应该是为了少数的成功而制造大量的不成功或者失败。第二，在特定的变革实践中获得的发展是发展，在变革实践之外获得的发展也是发展。教师变革行为的产生和发展是教师发展的一个方面，但不是教师发展的全部。

二、名师的"影子"

在最初的设想里，我们认为普通教师和名师在生存发展方式上，一定有本质的区别。后续的研究发现，这个设想存在很大问题。普通教师也走在名师成名或者发展的道路上，绝大多数人注定要一直在路上。所以，名师与普通教师的区别不在于生存发展方式本身，而在于他们离某一个既定目标的距离。普通教师是名师的"影子"，他们沿着名师走过的路、名师攀爬过的阶梯前行；普通教师又是名师的观众。

名师怎么样生存，普通教师就怎么样生存，因为名师存在的功能性目标之一就是对普通教师的示范作用。一名教师不管有没有成为名师的雄心或者抱负，他都必须像名师那样生存，这不是由他自己决定的，而是制度化和系统化的规定。

我们最初认为名师和普通教师在生存发展方式上会有很大的差异，是因为以第一代、第二代名师作为参照样本。这两个时期，名师是教师的学习榜样，但不是每个人都必须像他们那样。而到了第三代名师，情况发生了变化：从名师工程、教育家工程中走出来的名师，又在他们自己的名师工作室里，规模化地"复制"新一代的自己。名师推选委员会掌握着名师评选标准，等待着新生代名师成熟；新生代名师对照着职称评定条件，特级教师、先进教育工作者的评选要求，忙碌在科研、教研、公开课、竞赛、各种评比活动中。

教师资格制度、教师晋升制度、教师培训制度、教师评价制度、名师培养制度，所有制度和规范都不是只针对名师的，而是把所有体制内的教师都纳入其中。制度和规则预设了或者给定了每个教师发展的必然逻辑，名师只是这个逻辑中的胜出者，名师不可能在制度之外产生，普通教师的生存与发展也无法跳出这个系统圈出的界限。

2006年，《今日教育》策划了首届"重庆名师"评选。2007年教师节，37位教育工作者被重庆市人民政府评选为第二届"重庆名师"。对于"名师究竟因何而名"的问题，2008年《今日教育》刊载文章《"名师"，因何而名？》，其引导语中提道："名师之'名'，不在名声高低；名师之'名'，不限范围大小；名师之'名'，'名'在自身素质，'名'在个人对群体的影响程度……"最后一句话指出了一个关键信息，即"在名师身上，你也许能够找到自己的影子，而这些影子正于冥冥之中指引你通往成功教育的彼岸。"之所以标识出某个系统中的"成功者"，目的就是树立一个行为标杆，引导所有人一起前行。

长期以来，无论是制度设计的教师发展路径，还是教育研究对教师发展阶段的归纳，都基于一个共同的前提：发展是有规律的；成功者的发展道路就是典型的发展途径，可以被模仿。这一认识前提被哈佛大学教育学教授托德·罗斯否定，就人的发展问题，他的看法是：任何类型的人类发展，包括身体、心理、道德或职业发展，都没有单一、正常的途径。"第一，在我们生活的所有方面以及对于任何既定目标来说，都可以通过许多不同的有效方法来达到相同的目的；第二，最适合你的那种途径取决于你自己的个性。""人类发展没有通用的固定顺序，所有人的成长、学习以及实现目标，都没有固定的发展阶段。"① 今天看来，这个观点并没有多么新奇，因为共性与个性的辩证统一，是我们所熟悉的。我们不是不承认个性，只是区别在于我们承认的个性是在共性的基础上，托德·罗斯没有谈这个前提。

----

① 罗斯.平均的终结：如何在崇尚标准化的世界中胜出 [M].梁本彬,张秘,译.北京：中信出版集团,2017.

笔者在早期调研中，只想找到教师发展的某种规律性东西，至少归纳出教师发展一定的共性。但是后来发现这种调研意义并不大，因为即使影响教师发展的共同要素很多，即使同一要素对大多数教师起作用，但这一要素对不同教师作用的时间、作用的结果未必相同。

三、被改变了的"职业生活"

几十年来，从内容到结构，教师的职业生活都发生了重大改变。除了伴随着教育尤其学校教育诞生的常规教学任务之外，现在教师的职业生活中还有经常被提及的非教学任务，甚至非教育任务。对现在的教师来说，曾经基础的教书育人活动，已经不一定是最重要的事情。

（一）教学任务、非教学任务和非教育任务

一般情况下，教师的工作任务有两类：一类是和日常教学与自身专业发展相关的工作任务，另一类是非教学任务。有人把非教学任务看作学校和上级教育部门及上级行政部门的考核和评估，文明学校、交通安全学校及卫生城市的创办等各种进校园活动。[①] 但是，这里不仅包含非教学任务，还包含了大量的非教育任务，也就是和学校的教育、教学活动无关的任务。

《关于"减少教师非教学工作"的调查报告》列举的非教学任务相对全面。"除了课堂教学，教师通常要制订教学计划、备课、批改作业、评价学生、辅导学生、组织活动、管理班级、早（晚）自习、沟通家校、参加会议、培训、听课、教研、记录工作日志、撰写各种学习笔记等。"这些

---

① 殷竣晓，赵垣可．中小学教师工作负担：概念、归因与对策 [J]．江苏教育，2019(78):30-33,37；李新翠．教师真的需要这样工作吗？ [N]．中国教育报，2014-09-16(6)；李晶．初中教师减负增能问题研究 [D]．哈尔滨：黑龙江大学，2021；张雅静．中小学教师工作负担的来源与排解 [J]．教育科学论坛，2019(4):59-64.

工作虽然不是教学工作，但属于本职工作范围内的教育性工作。[①] 来自上级教育部门的各项督导评估、达标验收、检查评比、安全管理等事务，也应该属于教育性任务，或至少是和教育有关的任务。但是在应对这些任务时，学校启动的"应急行动"是前所未有的，这是教师负担的一个重要来源。许多学校会专门抽调教师组成各类领导小组做材料，如教育科研领导小组、文明创建领导小组、安全管理领导小组、标准化建设领导小组、信息化建设领导小组、体育工作领导小组、艺术工作领导小组、推普工作领导小组等。不仅如此，大概是受痕迹管理、精细管理的影响，检查的标准越来越精细，每项工作都有一整套烦琐的检查评价标准，还有各种等级指标，学校需要对照这些标准来一项项准备材料，如通知、方案、过程、总结、文档、照片、视频等。调查发现，真正用于教学及相关准备的时间在教师工作时间中占比不足 1/4，剩下的 3/4 是更为耗时耗力的非教学任务。

教师的非教育任务，取决于各个地方的特定需要，如暑假期间，有些省份为防止未成年人溺水分配给教师的"护河"任务，甚至明确在教师负责的河段内出现事故，由教师负责。还有一些非教育类的扶贫任务，如做记录、归置整理档案等。一些政府部门的工作，也会利用教师对学生和家长的影响力，由教师代为完成等。

（二）教师的"重要事情"

非教学任务占据了教师大量的时间，但其不是教师心中重要的事。"除了日常教学、班级管理等基本教育任务之外，对你自己的工作或者发展来说，最重要的事还有哪些？"笔者曾就这一问题对教师进行访谈，结果发现，教师认为重要的事还有：职称评定、各级教坛新秀评比、各类赛事、评优、公开课、课题，以及其他外部认可和要求。

由此可以发现，教师心中的"重要事情"，和名师的主要生存发展方式

---

① 李镇西. 关于"减少教师非教学工作"的调查报告 [J]. 教育研究与评论,2017(4):74-79.

相比，没有实质性区别。

（三）职业生活的更新逻辑

"教师除了上课，就没有其他事情；周末休息，而且还有其他行业没有的两个长假期。"对于这种说法，教师普遍感觉被误解。不过，教师确实曾经有过这样一段岁月：在学校的主要工作是教学和批改作业；在没有那么多必须参与的"改革"的时代，"备一次课用一辈子"的说法虽然夸张却不完全是无稽之谈，一个讲义用很多年的情况，实属正常。

随着改革从各个层面渗入学校，改革最终变成教师的工作日常，教师的工作和生活结构不知不觉发生了巨大变化。教学工作蜕变为日常工作的一部分，而且变成了不那么重要的组成部分，非教学任务耗费了教师更多的时间和精力。对教师来说，曾经最重要的事情是教书育人，现在评职称、科研、教研、公开课、评优、培训，变得比教学更加重要。过去的教师可以在相对悠闲自在的环境中度过自己的职业生涯，现在的教师必须快马加鞭、分秒必争地追求发展、实现目标。从宏观来看，现在教师的生存发展方式，较之过去，确实丰富了很多，与之相对，教师的压力也增加了很多。

教育变革带来的新生活要素很多，教师科研、教师改革、教师专业发展、教师在职培训等，都属于教育变革带来的新观念、新行为。当然也出现了很多创新，或者是对传统的翻新，如公开课，以及各种教育、教学技能性竞赛，下面以教师培训为例。

1992年，中学教师"三沟通"培训实施，以提高中学教师的学历；1994年，小学新教师试用期培训、在职小学教师专业学历培训开展；1995年，师范院校实施园丁科技教育活动，提高师范生的科学、环境保护知识水平；1997年，小学教师进修高师专科小学教育专业的培训、小学教师继续教育工程开展。

1998 年，教育部颁布《面向 21 世纪教育振兴行动计划》，提出实施"跨世纪园丁工程"，倡导通过理论学习、课题研究、实践学习与总结、国外考察和著书立说等内容和形式，提高教师队伍整体素质。1999 年、2000 年，全国共选培 10 万名中小学及职业学校骨干教师（其中 1 万名由教育部组织重点培训）。通过开展本校教学改革试验、巡回讲学、研讨培训和接受外校教师观摩进修等活动，发挥骨干教师在当地教学改革中的带动和辐射作用。2001 年发文、2002 年实施的国家级培训——基础教育新课程教师培训，包含了省级骨干教师和第一批实验区的教师。

2004 年，国务院批转《2003—2007 年教育振兴行动计划》，提出改革教师教育模式，将教师教育逐步纳入高等教育体系，构建以师范大学和其他开展教师教育的高水平大学为先导，专科、本科、研究生三个层次协调发展，职前、职后教育相互沟通，学历与非学历教育并举，促进教师专业发展和终身学习的现代教师教育体系。制定教师教育机构资质认证标准、课程标准和教师教育质量标准。实施全国教师教育网络联盟计划，促进"人网""天网""地网"及其他教育资源优化整合，组织实施以新理念、新课程、新技术和师德教育为重点的新一轮教师全员培训，组织优秀教师高层次研修和骨干教师培训。

2007 年，教育部工作要点提出，加强教师教育改革和发展，开展师范生免费教育的试点，引导各地建立鼓励优秀人才当教师的新机制；提高中小学教师特别是农村教师的水平；大力推进全国教师教育网络联盟计划，基本完成新一轮中小学教师全员培训，扩大实施教师远程培训规模；加大城镇教师服务农村教育工作的力度，推进农村学校教师特设岗位计划，扩大农村学校教育硕士师资培养规模；继续加强中小学校长培训。

党的十七大提出"优先发展教育，建设人力资源强国"的战略部署和"加强教师队伍建设，重点提高农村教师素质"的要求，颁布《国家中长期教育改革和发展规划纲要（2010—2020 年）》。2010 年，"国培计划"正式启动，将教师培训经费列入政府预算，对中小学教师实行每五年一周期的全员培训。

2014 年，《关于实施卓越教师培养计划的意见》实施。2018 年，教育部颁布的《关于实施卓越教师培养计划 2.0 的意见》推进师范类专业实行三级监测认证。

2014 年启动的卓越小学教师培养计划分布在全国 20 家单位，遍布中国 19 个省（区、市），以师范类院校为主，综合类院校为辅；地方高校为主，部属高校为辅。

"国培计划"举国家之财力支持教师发展。据统计，"国培计划"实施十年间中央财政投入了 172 亿元，组织与动员了规模最大的培训资源与人力。联合国教科文组织教师教育中心对"国培计划"十年的主要成就做了这样的概括：开展全球最大规模教师培训行动，打造农村教师专业发展国家平台，大幅度提升中西部教师专业素养，构筑中国特色现代教师培训体系、推动教育均衡发展助力脱贫攻坚。[①] 十年间，140 余家机构参与了示范性项目培训，1200 余家机构参与了中西部项目培训。通过示范性项目、中西部项目、幼师国培三大类项目，共培训教师 1680 万人次，其中，中西部项目和幼师国培培训教师 1574 万人次。[②]

在对卓越教师培养计划的研究中发现，20 所院校平均学分要求为162.1 学分，其中，首都师范大学学分要求最高，为 176.3 学分，海南师范大学学分要求最低，为 146 学分。通识课程平均占比为 27.8%，哈尔滨学院通识课程占比最低，为 21.4%，与通识课学分最多的临沂大学相比少 17学分。课程设置多样，基础类、核心类、方向类和拓展类课程比例大相径庭。通过对 20 所院校培养方案中教育实践环节的比较发现，实践的形式、

① 崔照笛，茶世俊，靳伟，等 . 国培计划制度创建的价值因素探析——教育政策价值分析的视角 [J]. 河北师范大学学报 (教育科学版),2019,21(1):118-124; 李瑾瑜 . "国培"十年：教师培训专业化探索的中国实践与未来发展 [J]. 教师发展研究 ,2020(3):15-26.

② 李瑾瑜 . "国培"十年：教师培训专业化探索的中国实践与未来发展 [J]. 教师发展研究 ,2020(3):15-26.

时长、学分值、学期安排不一。院校间的实践学分平均为 13 学分，最多的是大连大学 33 学分。实践学分在总学分中占比最大的南通大学达到 22%，大连大学达 19.4%，首都师范大学、天津师范大学和贵州师范大学则均不到 5%。实践时长上，最长的为 24 周，与最短的相差 10 周以上。[①]

经过几十年，尤其是最近十几年的培训，从受训人员的覆盖面看，新教师培训、岗位培训、骨干教师培训、培训者培训，到最后全员培训，完全实现了教师培训的日常化。

在教师新的生存发展方式中，也出现了与以往不同的冲突，即日常工作和自我发展的冲突，日常工作和个人生活的冲突。日常工作、自我发展、个人生活，在时间和空间上，相互重叠和混淆。

（四）人人都是改革者

20 世纪 80 年代的改革内容为高效传授知识，20 世纪 90 年代的改革内容为培养新人，之后教育改革成为常态，人人改革，事事创新，时时思变，无论教师愿意不愿意，他们都是"改革的第一责任人"。

其实，基于新课程改革这个背景，我们无需证明"人人都是改革者"这个事实。"国培计划"，以及数年来的各种培训，基本上把所有教师都拉入改革的航道。在随机调查的 70 名教师中，有九名教师对自己有没有参与过改革表述为"不太清楚"，他们基本上是教龄三年以内的新入职教师。考虑到他们作为新手，还处于"师徒制"指导阶段，没有参与过改革行动，也没有经历过实质性的教育观念和行为的冲突，这种现象是可以理解的。

在和教师的交流访谈中，笔者提出以下问题。问题一：站在个人主观意愿的角度，你想对自己的教育教学活动进行改革吗？为什么？改革意愿受什么因素影响？问题二：站在改革的现实动力角度，你可以不参与、不进行任何改革吗？为什么？或者说改革的动力来自哪里？是工作中遇到了

---

① 陈弘 . 基于差异发展的中国卓越小学教师培养研究 [D]. 杭州 : 杭州师范大学 ,2019.

不得不通过改革谋求解决的问题，还是源于外部的要求？问题三：站在改革的效果角度，你觉得你参与的改革是必需的或者是有效的吗？取得的成效是什么？对谁、对什么目标来说有效？

改革的主观意愿反映教师对改革的情感、态度，是对改革认同和接纳的基础；改革的现实动力反映教师有无自主性和自主性多少；改革的效果会检验一个实践过程有没有价值，有什么价值，有多大价值。教师眼里的改革和他人期待的改革，可以是不一样的，也应该是不一样的。即便大多数教师都成了改革的受益者，但如果考虑到教师个体生命质量、生活质量等其他关系，他们也许仍然会对教育改革甚至对自己的职业产生不一样的价值判断。就如不是所有的教育行为都合理一样，教育改革作为教育实践的一种特殊形式，不是都具有天然的合理性和合法性。[①] 也许一个成熟或成功的教师，不仅能接受变革，而且能反思变革、选择变革并能向一些变革说不。

在关于教育变革的调查和访谈中，就"你是否可以选择不参与某项改革"问题，笔者发现教师无法拒绝的原因在于以下几点。

一是制度化本身的压力。一旦确定，很难更改，这是制度化的一个特征。而且系统化的语言表达，经常采用否定式，典型句式为"如果不……，责任自负；如果不……，产生的后果自己承担"。"责任自负"和"后果自担"，有时候指向是不同的，可能警示教师要对集体或者学生或者其他可能产生的后果负责任，也可能指向教师要接受自己的某些权利得不到保证的后果。还有一种是肯定的或者附加条件式的，典型句式如"在职称评审或者评优时……作为参考"。这是一种看似温和但实际上更具震撼力的表达方式，看起来似乎把选择权交给教师，如"双减"后的延时服务，本着"教师自愿"的原则，教师可以选择不服务，但是这里面又包含着对实质性

---

① 吴黛舒. 教师可以怎样面对改革 [J]. 新教师,2016(3):18-19.

利益的剥夺，因为这一条"在职称评审或者评优时"作为参考条件，就是让所有人都清楚，他们没有其他的选择。

二是来自集体舆论或者道德的心理压力。在积极心理学中有这样一种激励逻辑：通过自我贬抑和摧毁自尊实现激励的目的，运用集体道德进行施压；通过强化个人的"微不足道"，制造孤独感，从而使个人放弃抗争，心甘情愿地走在大家认为理所当然的轨道上。

三是成功者既是动力，也是压力。成功者在发挥示范效应的同时，也成为"压迫者"。在很长时期内，之所以对于成功教师的研究比较受关注，就是预设了"所有人都可以"的大前提。

如果一个人选择与其他人不一样，或者不能跟上大家的步调，那就意味着他有被孤立的危险，即使没有失去工作岗位的担忧，也需要接受与他人不一致带来的不舒适感。当个人承担不起整体异常的代价时，就只能选择放弃做不一样的选择。当绝大多数人都放弃选择时，就意味着没有选择。

巴灵顿·摩尔把必然性、正当性、合理性联系在一起，"人们显然倾向于将合理性赋予那些本来是或者看上去是不可避免的事物，无论它让人们感到多么痛苦。否则，这样的苦难将是无法忍受的"[①]。当人们感到无力应对他们的处境时，当人们感到失望、绝望或者怨恨都于事无补时，就会采取得过且过的态度面对他们的处境。虽然人类社会的必然性不同于自然界的必然性，但人对不可改变的环境的顺从机制是相同的。

促使教师自觉、主动顺从的最大动力是名利。肯定名利对教师的激励作用，不等于否定责任心、使命感、道德感等对教师的意义和价值。把物质和精神、生存和发展简单对立起来，已经成为一种懒惰而粗暴的思维惯性。我们要实事求是地看待教师的需求，并不贬损教师这个职业。我们

---

① 斯科特. 弱者的武器 [M]. 郑广怀，张敏，何江穗，译. 南京：译林出版社，2011.

可以把教师看作执行者、研究者、改革参与者或者策划者。从实际情况来看，对于大部分教师而言，改革并不舒适，也没有那么受欢迎。但是，更多教师在改革中获得积极的肯定进一步强化了改革的利益主导功能。

哈特穆特·罗萨用新异化的概念描述现代性困境时，把新异化界定为"人们自愿做某些不是人们自己真的想做的事"①。自愿做不想做的事，也比较契合教师当前的生存发展处境。

如果说在自然的必然性和人类社会的必然性面前有什么不一样，那就是在人类社会的规则面前，还有一个无法摆脱的悖论：集体中存在个人主义，合作中存在激烈竞争；个人必须加倍奋斗，但是又不能摆脱集体的力量；个人成功必须在集体中实现并依靠集体，而个人要想成功又必须首先超越集体中的其他人。

对于人人（主动、自觉）参与集体行动的现象，埃里克·霍弗从个体与集体关系的维度，给出过比较有新意的见解：有效的控制并不是分化、孤立、隔绝一个个体，这不能减少反抗心理；有效的分化是培育尽量多的集体，在集体内部，形成机械联系（集体主义），对集体外部，形成互相竞争和猜忌。一个失意的、边缘化的个体，比任何一个强者都需要集体，从而掩饰和摆脱自己的无能、无力感，即使他在这个集体中也是被边缘化的，但好过游离在集体之外。剥夺他们，让他们一无所有，然后用一个集体收容他们，让他们对集体产生依赖，对集体领袖言听计从，这就是集体主义的力量。②对于教育变革来说，无论是新教师，还是老教师，都是教育变革的新手，而且会伴随着教育变革而不停变革。多变性、不确定性，会使很多人都缺失安全感，加入某个群体，大家一起变革，是人们强烈要求摆脱无能、无目的的个人存在的反映。

---

① 罗萨.新异化的诞生：社会加速批判理论大纲 [M].郑作彧，译.上海：上海人民出版社,2018.
② 霍弗.狂热分子：群众运动圣经 [M].梁永安，译.桂林：广西师范大学出版社,2011.

第二节　压力与阻抗的再理解

一、不可退出的竞争

教师的生活更加丰富多彩，但是以承受更多的压力为代价。目前，可用一个非常流行的词语来解释这一焦灼状态：内卷化。

内卷化（involntion）最初来自美国文化人类学家克利福德·格尔茨的社会学著作《农业的内卷化：印度尼西亚生态变迁的过程》，后来被格尔茨和黄宗智等用于对农业和农村问题的考察。对内卷化这个概念的理解和应用一直有争议。格尔茨把爪哇水稻农作中集约化到边际报酬收缩的现象，称为"农业内卷化"，即单位土地上劳动投入的高度密集和单位劳动的边际报酬减少。黄宗智研究长江三角洲小农经济时提出了"过密型（内卷化）增长"，即没有发展的增长。也有人概括为系统在外部扩张条件受到严格限定的条件下，内部不断精细化和复杂化的过程。[①]

当前，内卷化已经不可阻挡地被延伸到制度内卷化、国家政权内卷化、文化内卷化等，用以泛指过度竞争的社会现象。社会学中，内卷化指特定社会组织的复杂性程度的增加，并没有带来技术与科技上的真正进步，社会资源被大量空耗。在日常生活领域，内卷化被理解为白热化竞争，人们通过极度的内耗，来获取极为少量的竞争优势。内卷化的两个基本特点得到高度认同并扩大化使用，即有外延扩展而无内涵发展，以及劳动（力）的边际报酬递减。

在我国，内卷化已经溢出学术领域，变成一个极具解释力的大众话语，用于解释当前普遍存在的过度竞争而又无法摆脱的困境。内卷化也被用来分析教育现象，如教育致贫、教育过度、知识失业，以及新一轮的知

---

① 郭继强．"内卷化"概念新理解 [J]. 社会学研究 ,2007(3):194−208,245−246.

识无用论。[①]用内卷化分析或解释教育现象的不仅仅是教育研究者，几乎所有关注内卷现象的人都会联系到教育领域，但多指学生的学习和升学内卷。

人类学家项飙对内卷现象做了本土化的解读，揭示了中国式内卷的本土特征。他把内卷化描述为一种"不断抽打自己的陀螺式的死循环"，内卷化是人类社会的例外现象，它的背后是高度一体化的、缺乏退出机制的竞争。在人类学里面，内卷化解释的是为什么社会运行没有出现大的突破，没有从量的积累变成质的突破，特别是没有从农耕社会转化为资本主义经济。日常中使用的内卷化，是指竞争的白热化。

第一，内卷化的运行机制：不断超越。原来内卷化指的是重复的、没有竞争但又不能摆脱的农耕社会的结构性格局，今天的内卷化则是一个陀螺式的死循环，所以它是一个高度耗能的动态陷阱。

第二，内卷化的重要条件：高度一体化。内卷化背后，高度一体化的市场竞争成为生活导向，成为社会的基本组织方式、生活和资源的分配方式。一是市场竞争，但很多竞争又不是市场性的，如教育在严格意义上并不是市场性的，但是它又模拟市场竞争。二是高度一体化是形成内卷化的一个重要条件，大家认准一个目标，为同一个目标活着。目标高度单一，价值评价体系高度单一，竞争方式也高度单一。

第三，竞争完全由第三方控制。这是在内卷化研究中很少被提到的一个范畴。原来都认为竞争是因为资源有限，是因为供给需求不均衡，供不应求。但是白热化竞争不是单纯因为资源短缺，短缺是人为制造的，这导致一种高度整合能力，把所有的人都统一到唯一的道路上，让他们朝着唯一的目标前进。

德国社会学家哈特穆特·罗萨在社会加速批判理论中得出结论，社会

---

① 黄祖军.论转型期教育内卷化及其破解路径 [J].华东师范大学学报 (教育科学版), 2012(2):37-41,47.

加速已经变成一种现代社会的集权主义式的力量，这种集权不是指政治上的独裁或者某种政治团体，而是指这种力量是基于一种抽象的原则，适用于所有人：它对主体的意志与行动施加了压力；它无可逃脱，所有主体都受到影响；它无处不在，渗透到生活中的所有面；人们很难或者几乎不可能去批评或反抗它。[①] 人们不断害怕在竞争中会输，害怕无法维持基本步调从而被淘汰。

再看一个物理学的定律和从中得到的启发。化学家阿特金斯归纳了三条热力学定律。第一定律，你不可能创造能量（能量守恒）。第二定律，你总是要浪费一点儿能量。你不可能有一台永动机，无论它的效率有多高，它总是要损失能量，最后停下来。第三定律，你不可能把温度降到绝对零度，总是存在某些残留的热量。丹尼斯·奥弗比指出，这三条热力学定律可以用诙谐的方式来表达：你赢不了；你不可能打成平手；你不能退赛。[②] 其中第二定律需要人们保持敬畏。斯蒂芬·平克说，因为从形而上的角度来看，第二定律决定了宇宙的命运，也决定了生命、思想和人类奋斗的终极目标；运用能量和知识对抗熵的狂澜，并为有价值的秩序创造庇护之所。熵是与热力学第二定律紧密相关的状态参数。物理学家路德维希·玻尔兹曼从微观角度提出熵概念，普里高津提出耗散结构理论，在熵理论中引入熵流的概念：孤立系统，也就是与外界不发生任何能量传递和物质交换的系统的熵永远不会减少。封闭的系统必然会越来越紊乱、涣散、无用、无效，直到陷入一种沉寂、单调的平衡状态，并一直保持这种状态。[③]

从人类学、社会学、经济学甚至政治学的视角，可以看到造成过度竞争的资源短缺是人为的，而熵增原理正好可以解释封闭系统中平静下的混乱。如果延伸出去，似乎也可以这么认为，为了产生强者，需要制造出更

① 罗萨. 新异化的诞生：社会加速批判理论大纲 [M]. 郑作彧，译. 上海：上海人民出版社，2018.
② 布莱森. 万物简史 [M]. 严维明，陈邕，译. 南宁：接力出版社，2005.
③ 平克. 当下的启蒙 [M]. 侯新智，欧阳明亮，魏薇，译. 杭州：浙江人民出版社，2019.

多的弱者（强者和弱者是一个相对概念，动态地看，强者是曾经的弱者，弱者是可能的强者，这是一个发展的逻辑）。这样就可以缓解教师生存发展的系统压力。

第一，发展道路的确定性、层级性、延伸性。新教师入职时可以期待的最高目标是"特级教师""正高教师"，可以期待的最近目标是"初级教师""教坛新秀""中级教师"。进阶之路已经被规划好，新教师的任务就是一步一步向上攀登，没有任何选择岔路的可能。

层级性不仅仅体现在从初级向中级、高级梯级递进，而且在每一次晋升之前，都附加了一种或者几种条件性层级，如要想评中级教师，就要先评教坛新秀；同时，在条件性级别上，还可以继续层级化，如校级教坛新秀、区级教坛新秀、市级教坛新秀、省级教坛新秀。只要有需要，怎么细分都有可能。每一次新秀评选，都通过一系列程序化的展示——评比活动实现。在这个线性序列之外，还有其他各种各样的评优活动，如某种层级的优秀教师评选，以及其他定期或者不定期、制度性或者非制度性的奖项、教学性的或者非教学性的奖励。

一般而言，制度性职称层级分为初级、中级、高级，每一级别原则上不能再进一步细化，但是，既然这种晋升是直线性的，那么它可以向更高级延伸，所以在原有的三级职称基础之上，又出现"教授级"高级职称。教授级高级职称的出现，可被看作满足教师继续发展的需要，但事实上，它也是为缓解职称压力和矛盾，防止高级教师止步不前而设置的。我们可以设想，如果延续"加法""增量"的惯性评价体系和评价方式，对"教授级"再进行细分也不是完全不可能的事。

第二，资源的有限性和竞争的无限性。教师最为关注的几项资源都不是无限的，因此，对资源的争夺越来越激烈。无论是绩效资源，还是职称资源，或者其他奖励、荣誉等资源都是有限的。各种人才项目、荣誉称号、竞争奖项，看似提供了更多的发展和展示平台，实际上增加了竞争的维度和压力。托德·罗斯认为，标准化教育系统不断地对我们进行分类和排序；用人单位根据教育排名情况录用我们，然后常常在每一个年度绩效评估中强制推行新的排名；社会根据我们的专业排名，发放少量的奖励，表示出少许的尊敬和崇拜。当我们抬头仰望我们需要攀爬的那些人为的、武断的且毫无意义的阶梯时，我们担心自己可能完全无法爬上去，担心机会只会给予那些使劲挤上一维阶梯的人，而自己却得不到机会。[①]

第三，不可退出机制。制度化的一个特征就是全面性，进入框定的体制之内，就意味着只有遵从体制规定的程序，才能获得体制提供的资源。既然体制是确定的，那么体制中的所有教师都要参与，接受体制的竞争规则，不进则退，而且这不仅仅是退步意义上的"退"，还有可能是被系统淘汰出局的"退"。

第四，工作量增加，程序精致化，但受益者却是少数。教师发展梯级的增加，绩效、职称等各种评审的烦琐化，以及各种管理中衍生分化出来的各个任务，都加重了整个系统运作的负担。教师负担日益加重，工作效率就必须提高，但效率的指向又是分散的，并不是仅指向学校教育活动。

虽然通过程序和细节增加而达到系统完善化的做法缺少事实依据，但不妨碍过度分化的操作大行其道，并带来一系列新的问题。例如，绩效工资未必真能提高教师效率，分配过程中产生的新的不公，教师却可以感受到。有些学校把教师绩效工资的一部分提取出来，作为班主任津贴或者教师参加教学竞赛、评比的奖励，这让大部分教师不能接受。他们表示，不是他们不参加教学质量评比，而是不是所有人都有机会参加；即便是没有获得奖励或者评比名次，也不等于工作不投入，工作没有成效。至于要不要给予奖励，他们认为，不奖励，评比就没有意义；用其他教师的绩效工资进行奖励又不合适，至少理由不那么充分。

---

① 罗斯.平均的终结：如何在崇尚标准化的世界中胜出 [M].梁本彬,张秘,译.北京：中信出版集团,2017.

2020 年，国家卫生健康委员会办公厅发布《探索抑郁症防治特色服务工作方案》，要求各个高中及高等院校将抑郁症筛查纳入学生健康体检。这个方案本身是否合适、是否可行有待讨论，但这也从一个角度证明了，学校系统性压力对系统中个体身心健康带来的影响已经到了不容忽视的地步。有教师认为，这个方案只针对学生，却没有针对教师群体。其实教师承受了更多的心理压力，有时候还要带病工作。

在这样的竞争事实面前，一些看起来非常不错的教育理念，如人文教育、生命教育、心理健康教育、素质教育、创新教育等都显得无力。不是这些教育理念不好或者不对，也不是系统中的大多数人能力不够，而是囿困在这个系统中的大部分人，都需要被牺牲掉。不能跨越那个指定的成功门槛的人，不是因为他本人失败，而是因为他被定义成"失败者"。

再回到熵增的封闭系统，紊乱、涣散、无用、无效的沉寂，以及单调的平衡中充斥紧张、压力、焦虑、繁忙，让人收获不到知识、能力、精神的成长。劳动时间越来越长，劳动强度越来越大，劳动的复杂程度越来越高，劳动本身的创造性、意义却并不大，这就意味着，想从众多知识、能力、追求、努力等都和自己相似的合作竞争伙伴中脱颖而出，付出的代价会越来越大，不仅胜出的难度大，而且胜出之后的压力不会变小，还要接受质疑、挑战，因为这种胜出不是依靠绝对优势，且时刻面临着被取代的风险。

个人必须积极劳动，以减少他的怀疑感和无能为力感。这种努力和活动并非内在力量和自信的结果，而是为了逃避焦虑。按照弗洛姆的分析，强迫自己不停劳动与个人的无力感并不矛盾，相反，不停劳动是人的无能为力之基本信念的心理结果。"这个意义上的努力与劳动便具有一种完全的非理性特征，它们并不能改变命运。"[1]

---

[1] 弗洛姆. 逃避自由 [M]. 刘林海，译. 上海：上海，译文出版社，2015.

　　按照囚徒困境的博弈模型，在制度的压力下，人如同囚在困境中，为了自身的利益考量，绝大多数人都会选择配合方案以减少个人风险，极少人会选择与体制对抗。因此，人们便乐此不疲地在自己生活的小圈子内和相关人员进行零和博弈甚至负和博弈。

　　某研究发现，在对获得职业发展机会的评价中，选择"不满意"的教师占 42.25%，选择"很不满意"的教师占 12.64%。教师对职业发展机会的评价（满意度）偏低。在对学校工作和生活舒适度的评价中，选择"不满意"的教师占 43.87%，选择"很不满意"的教师占 11.74%，教师对在学校工作和生活舒适度的评价也偏低。在对工作的学校内部环境与外部社会环境的评价中，选择"满意"的教师占 55.34%，选择"很不满意"的人数最少，只占 7.25%。教师对"获得职业发展机会"的满意程度最低。教师在对未来职业期望与幸福指数的满意度评价中，"对作为一名义务教育教师在未来获得幸福指数的预期判断"这项表示不满意的人数最多。[①]

二、无法消解的阻抗

（一）"消解阻抗"的执念

　　改革是硬道理，改革受阻也是应然之道。

　　21 世纪初，教师在新课程改革中的对抗行为和现象，一般被定义为消极行为或阻抗。[②] 相关研究的主要观点也比较一致：新一轮基础教育课程改革，不仅仅是变革教学内容和方法，也是变革人；教师面临新观念取代旧观念、自身素质和能力重建、课改的美好目标与现实操作存在冲突、教师

---

① 遇旻,刘静.义务教育教师满意度调查研究——基于 N 省 7 县 (区) 教师问卷调查的视角 [J].宁夏大学学报 (人文社会科学版),2020,42(6):180-186.

② 杨红英.新课程改革中教师阻抗的文化检视 [D].桂林 : 广西师范大学 ,2004; 段旭.中学教师对新课程改革阻抗及其消解 [D].长春 : 东北师范大学 ,2005; 杭海.论新课改中教师的阻抗心理及消除 [J].教育研究与实验 (新课程研究),2006(7):57-59; 矫爱玲,王宗湖.教师对新课改阻抗的现状、原因和对策 [J].继续教育研究 ,2007(2):66-68.

自我角色转变等一系列问题，教师不可避免产生阻抗心理和阻抗行为；除了教师自身因素之外，产生阻抗的外部因素，有宏观的文化因素、社会因素，也有教育自身因素；教师的阻抗不全是坏事，它可以促使反思、审视新课程改革观念和策略本身的问题，但是阻抗不消解就不能使改革深入进行下去，所以阻抗现象最终是要消解的。之后的相关研究基本上都沿袭着这一思路。

2018年，邵光华教授在《教师课改阻抗及消解策略研究》中，从阻抗性质、阻抗影响因素、阻抗消解策略等方面，对阻抗进行了全面的概括和综述。

他总结出教师阻抗的几种类型：屏蔽型阻抗、防备型阻抗、内隐型阻抗、异化型阻抗，[①]并对考试视域中的教师阻抗、教学中的阻抗，以及教师对科研的阻抗、对培训的阻抗、对师生关系的阻抗等做了现象学分析。最后的落脚点还是教师课改阻抗消解的基本策略、消解的路径选择。他也指出，"所谓消解，不完全是指消失、解除，更多是指淡化、模糊化。'存在即为合理'，教师课改阻抗作为一种客观存在，是课程改革带来的产物，只要课程改革存在，教师阻抗就必然存在，于是就有了它存在的某种合理性，这是由课程改革性质决定的"。他继续强调，"对实际存在着、具体体现着并总是在直接或间接地发挥着影响的教师课改阻抗的消解其实是一个循环渐进的过程，教师课改阻抗体验并不能在短时间内消失殆尽，显然我们也无意在时间这一层面来探讨"[②]。如果再联系现在越来越把改革的成败系于教师身上的现象，人们会发现，消解阻抗的执念，是很难撼动的。影响新课程改革实施的要素形成一个套环结构系统，"外环上是社会现实、经济基础、文化理念、课程本身，内环上是学生、家长、校长，环的中心

① 邵光华.教师课改阻抗及消解策略研究[M].杭州：浙江大学出版社,2018.
② 邵光华.教师课改阻抗及消解策略研究[M].杭州：浙江大学出版社,2018.

是教师"①。

如果把改革本身看作不可改变的事实性和价值性存在，那么教师在这一前提下的成长才是合规的成长，而合规的标志就是不阻抗。学者对于阻抗的必然性给予了肯定，也对阻抗的积极面有一定的认知，"教师阻抗的产生能有效地引导变革规划者认清现状，澄清问题，改变策略，弥补漏洞，使得激进的方案变得按部就班，空缺的筹备和培训也及时得以增补"②。学者也认识到日常反抗在课程改革中具有"安全阀"功能、"纠偏仪"功能、"警醒决策者"功能和"保存旧传统"功能；并且认同任何改革都不能与其历史传统割裂开来，文化和性格中所谓的"保守""封闭"也实现了对一些有生命力的传统价值、既有习惯的维系与保存。③ 对教师阻抗的容忍，主要由于它有利于变革，不仅仅是全面实施的新课程改革，也包括新课程改革推动下产生的各种方式和途径的变革，以及学校层面的、教师个人层面的个性化、个别化变革尝试。

（二）阻抗的不可消解性

如前所述，只要教育改革存在，就必然有新旧观念、新旧行为的冲突，阻抗是不可避免的。但是，这里所说的不可消解性，不完全是在矛盾的对立统一这个意义上。我们想追问：教师是否可以游离在某一项具体的改革之外？教师是否可以对某一项具体的改革说"不"？如何公允地看待部分教师的游离、退出，甚至对立？

1. 阻抗的不可消解在于消解的理由不充分

邵光华教授在阻抗研究中提出了几个问题，这是新课程改革的目标，也是他研究教师阻抗行为的前提：新课程改革理念落实了多少？学生负担

① 邵光华. 教师课改阻抗及消解策略研究 [M]. 杭州：浙江大学出版社, 2018.
② 韩登亮. 教师阻抗学校变革的理性思考 [J]. 当代教育科学, 2011(1):3-6.
③ 葛春, 费秀芬. 论新课程实施中农村教师"日常反抗"的正向功能 [J]. 江苏社会科学, 2011(A1):109-112.

减轻了吗？作为新课程改革的新尝试，综合课程的效果如何？学科课程改革效果怎么样？

虽然答案不都是否定的，但是如果要说新课程改革是成功的，那么需要足够的论据。在大部分学校中，教师依旧，课堂依旧，学生依旧，并且出现不少新问题。2011年，21世纪教育研究院等机构对于"教师对新课程改革的评价"的网络调查发现，教师的满意度是25%；研究者在小学教师培训班中调查发现，对于"您认为您的课堂教学与新课程改革要求的符合度有多高"的回答中，符合程度的平均值为60%。^①

大量研究得出了一样的结论：改革的效果并不是那么理想，这归因于新课程改革的哪个方面，可能见仁见智。新课程改革的理念本身，新课程改革的设计、推进、评价等可能都有潜在的问题，如果把主要责任归咎于教师的阻抗或者是阻抗没有被消解，很明显理由并不充分。在教育改革、教师发展、教育改革与教师发展关系等问题上，部分假设带有太多理想主义的成分。

2. 阻抗的不可消解在于阻抗行为的日常性、隐秘性

詹姆斯·C.斯科特在马来西亚的一个小村落塞达卡生活了三年（1978—1980年），对当地农村社会中不同阶层的生活进行观察和访谈，在此基础上写成《弱者的武器》。他研究发现，"日常反抗"是一种普遍存在又被普遍忽视的反抗形式，并认为，这种消极反抗几乎是不可战胜的，可能会取得比公开质疑、对抗更多的成就。

他考察了塞达卡农民的日常反抗形式，如偷懒、装糊涂、开小差、假装顺从、偷盗、装傻卖呆、诽谤、纵火、暗中破坏等，揭示了农民在劳动、食物、税收、租金等方面，同社会受益者之间日常斗争的形式和社会学根源。他认为，农民一般会避免公开反抗的集体风险，以低姿态的反抗

---

① 邵光华.教师课改阻抗及消解策略研究[M].杭州：浙江大学出版社,2018.

技术进行自卫性的消耗战，用坚定强韧的努力对抗无法抗拒的不平等。低姿态的反抗技术与农民的社会结构非常契合，分散在农村中，缺少正式组织，最适合大范围的、游击式的消耗战，他们的拖沓行动和逃跑，成千上万地累积起来，最终使得那些自以为是的官员所构想的政策完全无法推行。"反抗的日常形式不需要名目。但是，就像成百上千的珊瑚虫形成的珊瑚礁一样，大量的农民反抗与不合作行为造就了他们特有的政治和经济的暗礁。"在很大程度上，农民以这种方式表明了其政治参与感。"当国家的航船搁浅于这些暗礁时，人们通常只注意船只失事本身，而没有看到正是这些微不足道的行为的大量聚集才使失事成为可能。仅此而言，理解这些无声的匿名的农民行动的颠覆性就是十分重要的。"①

葛春用斯科特的日常反抗理论研究农村教师的阻抗行为，②他区分了农村教师和斯科特研究的农民的生存伦理。由于农村教师不是当地社会阶层结构中的最底层，而是国家教育系统中获取政府报酬以及具有相应的社会、文化、政治地位的成员，所以他们生存境况的好坏既不受自然等外界不确定性因素的影响，也不依赖于自己的理性选择、技术选择和经营状况，而是受到当地经济状况和政府政策选择的影响，因此，葛春把斯科特强调的在农民身上体现的"安全第一"原则，修改为"稳定第一"原则。农村教师的生存伦理不会仅仅只是希求如农民那般处于一种最低限度的存活状态，他们在住房、穿着、饮食、社交、娱乐、子女教育等日常生活的各个方面都有着远高于农民的要求和期许。若农村教师的生存状态与其参照群体、自身预期及国家承诺的水准形成较大的落差时，就会损害到他们的社会公正、权利义务、自身价值等观念，进而造成农村教师对国家及其代

---

① 斯科特. 弱者的武器 [M]. 郑广怀，张敏，译. 南京：译林出版社,2011.
② 葛春. 论农村教师的"生存伦理"及"日常反抗"——基于皖中 L 县的实地调查 [J]. 教育理论与实践,2013,33(7):38-41; 葛春, 费秀芬. 新课程实施中农村教师的"日常反抗"——基于社会学的研究视角 [J]. 教育发展研究,2009,29(4):43-46; 葛春, 费秀芬. 论新课程实施中农村教师"日常反抗"的正向功能 [J]. 江苏社会科学,2011(A1):109-112; 葛春. 论新课程实施中农村教师的日常反抗及其基本策略——基于皖中 L 县的实地观察 [J]. 教师教育研究,2011,23(2):27-31.

理者习惯性的不信任以及自身相对剥夺感的增加。他们的生存伦理要求一种相对体面的生活状态，在物质上，能够过上某种近似于城市人的生活；在精神上，拥有适当的闲暇与娱乐；在个人的价值感受上，需要获得政府应有的关心和当地人的尊重。他们的生存伦理得不到满足或其合法利益受到侵害时，日常反抗就会发生，即对外在控制进行持续性的、隐秘性的抵制与不合作，并且大量个体不约而同的"合谋"行为，会产生改变或压缩国家政策的巨大力量。教师的日常反抗形式主要表现为：（1）在认识上，将新课程改革"事件化"。在处理外在应试压力的同时，以"表演"的形式来应付上级对新课程改革实施状况的检查，应付检查的"前台表演"与真实的"后台生活"互不相干。（2）在话语争夺上，充当地方教育、家长的"代理人"。对于自己在改革中的弱势地位，他们一般不会进行自我暴露式的、实名化的批判或抵制，但会策略性借用其他利益相关者的话语来表达自己的想法，如在学生、家长及学校领导面前隐晦地表示新课程改革对农村教育的不适切性以及可能给学生成绩、学校利益带来的潜在风险和危害等，从而形成一个不利于教师合作的舆论氛围。（3）在行动上，只按照新课程的框架备课，但仅仅局限于形式，不在教学中实施。

其实，在备课、上课、作业布置与批改等所有环节中，在最不容易被看到的地方，都有教师阻抗发挥的空间和余地。

3. 研究者、管理者和教师的"互相成全"，在事实上认可和鼓励了教师的阻抗

在《弱者的武器》中斯科特还提到"部分的文本"现象，即对一个社会阶层的理解或不同社会阶层关系的理解，不可能获得"完整的文本"。塞达卡的穷人在和更有权势的村民或外村人的关系上几乎总是采取保护性的伪装。塞达卡阶级关系的"完全文本"并不能简单地从穷人与富人、弱者与强者之间的公开互动中获得。从属阶级总是发现自己身处这些普遍关系之中：老板和工人、地主和佃农、领主和农奴、主人和奴隶。在每种关系之

下，较弱的一方不可能谈及他们的内心，"完整文本的一部分将为了符合于掌权者预期的'表演'而被抑制"。如果期待不只看到台上的表演，就必须移至后台，在那里面具被揭开或者部分被揭开。"这种不戴面具的、或后台的文本与舞台中央的文本之间的关系直接涉及虚假意识这一主题。"因此说，权力负载下的文本并不是完整文本。"权势者的公开的文本与其全部文本的契合可能远远多于弱者的文本的情形"，穷人和富人都知道权力关系领域发生的不是故事的全部，也都怀疑并知晓背后的话语，但穷人在信息领域占微弱优势，因为富人较少知道穷人未编辑的文本，也不屑于知道。权力的运作妨碍了精英了解村民的真实想法。从属群体的亚文化总是保留着一种伪装的、不易察觉的状态，它们只有在感受到相对安全的空间里才得以呈现出来。①

在教师和领导者、研究者互动的关系中，教师会根据对方的意图，做出预期的行为，如做出欢迎改革的姿态，讲述自己在某种观念或者某个团队引领下的不断进步，甚至能根据研究者的理论假设"虚构"出自己进步的方向、过程，以及遇到困难时的软弱、矛盾、挣扎与最终凭借意志力克服困难的过程。可以设想，研究者、管理者根本看不到教师在不同环境里的表现，也无法获得他们在不同环境里的感受。他们在一个场域表现出对教育理论的极度渴求，在另一个场域，可能又表现出对干扰他们习惯行为的强烈憎恶，他们在自己干预的单一的环境中看到的品质稳定的人，只是一个人的一个方面。即便是那些主动、积极地投入并一贯地支持某项变革行动并最终受益的人，也不能期许他们始终如一地在一场持久的社会行动中保持支持和乐观。

教育变革的专家（研究者）、管理者（推进者）和教师（实践者），还会"互相成全"，共同维护阻抗。有的时候，专家和管理者强化了教师的虚

---

① 斯科特.弱者的武器[M].郑广怀,张敏,译.南京:译林出版社,2011.

假接受，假装认同。而且，虚构故事的不仅仅是教师，专家和管理者也会在"教师虚构"的基础上进行自己的再创作。专家在这方面有特殊的才能，完全可以使用自己的专业技能，对变革中的各种可能性进行简洁的类型归纳，并据此勾勒出变革中教师的各种发展样态。

根据赫克托·麦克唐纳的观点，"虚构"并不一定是"虚假"。真相是多重的，主要看个人选择什么真相，即"竞争性真相"（competing truth），而且，竞争性真相可以起到建设性作用。"许多时候，你可以通过许多方式描述一个人、一起事件、一个事物或者一项政策，这些描述可能具有同等的真实性。"问题是，我们选择利用哪种真相，利用它做什么，这种后果对谁有益，而其他不利后果的代价是谁在承受。不同的真相塑造不同的信念、思想和意见，进而会固化成一种习得性思维模式，持续地影响后续一系列选择和行动。我们会更倾向于接受那些与我们既有思维模式相符合的真相，而排斥那些不相符的事实。"可以毫不夸张地说，我们的许多思想和行为是由我们听到的和读到的竞争性真相决定的。"倡导者（advocate）可以用竞争性真相营造比较准确的现实印象，以实现建设性目标。误传者无意中传播歪曲现实的竞争性真相，误导者故意用竞争性真相营造不准确的现实印象。英国广播公司播音员埃文·戴维斯采访过许多误导者，说："事实上，说谎常常是没有必要的。你可以在不使用任何谎言的情况下完成许多有效的欺骗。"①

虚构、竞争性真相等概念的使用，虽然拓展了看待问题的视角，但实际上又给我们带来了更多的困惑。例如，我们几乎不会反对教师成为研究者，因为可以找到很多通过研究促进教师成长的证据，但是研究对于教师做课题、写论文是不是有益，又往往莫衷一是。有成果的教师和没有申报到课题、没有发表论文的教师的说法是不同的。站在哈特穆特·罗萨的

---

① 麦克唐纳. 后真相时代 [M]. 刘青山，译. 北京：民主与建设出版社，2019.

角度，也许我们又会产生不一样的想法：即使是名师，甚至是专门的科研人员或者大学教师，想要做一些能够慢慢沉淀下来的研究，也是非常困难的。"不论在人文科学还是在社会科学，目前的学术论述很难发展出更好的论点逻辑，很难检视哈贝马斯所谓的有效性宣称，也几乎没有办法进行集体的思量，因为科研人员已经都在失控地、狂热地追求更多的出版、会议、研究经费了。这种情况下，所谓的成功已经不在于或几乎不在于有没有提出什么强而有力的论点，而只是去看论文发表量的多寡而已。"①

对任何一项政策、措施、行动，都可以找到有效、无效、负效的事实证据，但无法孤立地做出道德判断。"证明""证实"在社会学科中是非常困难的事情，如在研究者和实践者、理论和实践的关系上，既不能证明研究者和他倡导的理念无用，也不能说明实践者在虚构自己发展情况时是虚情假意。很难在一种改革理念和改革行为之间找到切实的证据，证实二者的显著相关性，所以，实践者的任何变化（符合预期的变化），既可以归功于教育理念 A，也可以被教育理念 B 拿去作为自己的绩效。用比较通俗的语言来解释，"教育改革是个筐"，需要什么，就装什么；需要什么标签，就贴什么标签。

不过，如果教师根本没有登上改革的船，那么无论用哪一种改革尺度评价他们的发展都是没有实质意义的。那些成功的教师，可能恰好是希望我们看到他们成功的教师；他们身上表现出的发展性特征，可能正好是他们擅长表现的。而那些没有进入我们观察范围的教师，并不意味着他们没有发展，只能证明他们没有这样发展；也并不意味着他们失败，而只能解释为他们在这个过程中不符合我们的期待。

教育变革对于教师发展到底意味着什么？如果一定要寻找确定的意义和价值，不如把教育变革看成"鲶鱼效应"里的那条鲶鱼，不必过度追问

---

① 罗萨.新异化的诞生：社会加速批判理论大纲 [M].郑作彧,译.上海：上海人民出版社,2018.

它本身的意义，而它对于沙丁鱼的效用，则是通过不停地搅动，让沙丁鱼在某个特殊的时间点异常活跃，表现出极大的求生欲。只要保证实践者不懈怠，至于通向发展的途径和方法，就由他们自己去选择。如果目标是确定的，他们达到目标的途径和顺序可以不同；如果目标本身无法确定，他们可以在许可的范围内选择达到的可能性。

最后，还是用斯科特的话来结束这一部分：不是每一个群体、每一个个人都有觉知社会不可违逆的趋势的能力，就像塞达卡的农民，无法把自己生存处境的日趋艰难，和外源性的物质变迁做更深、更广的关联式思考。农场主、大地主改变租佃制度，增加地租，解雇佃农，用机器取代人工，逐渐剥夺了他们的工作机会，增加了对他们的压榨。但他们最多就是会把这种怨恨投射到耕作方式上，以及直接雇佣或不雇佣他们的大地主或农场主身上。他们无法跳出塞达卡，无法从整个国家经济方式的变化，更无法从全球化的视角，去感知这种变化的必然性，进而主动规划或者改变自己的行动。但是，对这个群体的理解、尊重，或者同情，并不等于对这种变迁本身的不认可。多元的、开放的、外向型的世界观，是和多元的、开放的、外向型的世界相匹配的，如果走不出闭环世界，就无法看见世界之外的存在，新事物无法进入，旧世界则得不到冲击和更新。他们并不满足他们的处境，但是他们没有改变的手段，所以被迫接受这样的处境；也许并非现有处境让人们构想另一种更好的可能性，只有当有一天他们能够构想另外一种可能性并感觉有能力去触碰它时，才会认定目前的困境是让人无法忍受的，是必须改变的。所以，斯科特说："即使我们不去赞美弱者的武器，也应该尊重它们。我们更加应该看到的是自我保存的韧性——用嘲笑、粗野、讽刺不服从的小动作，用偷懒、装糊涂、反抗者的相互性、不相信精英的说教，用坚定强韧的努力对抗无法抗拒的不平等——从这一切当中看到一种防止最坏的和期待较好的结果的精神和实践。"[1]

---

[1] 科斯特. 弱者的武器 [M]. 郑广怀, 张敏, 译. 南京：译林出版社, 2011:426.

第三节 八小时之外：W 教师的时间考察

本节以教师八小时工作时间之外的生活为主要研究对象，重点了解教师在这段时间的生活状态。

本节的研究目的包括以下两点：（1）影响教育变革的因素，如职称制度、培训、科研、竞赛等，是如何渗透教师的日常生活的；（2）试图从一个教师八小时之外的时间构成情况，探寻教师的生存发展方式。

主要研究对象为某市 S 小学 W 教师，同时选取该市其他四所小学的四名教师作为辅助研究对象。W 教师是一所全日制寄宿小学二年级语文教师兼班主任，教龄两年，在校内不担任任何行政职务。另外四名辅助研究对象 T9 教师、T10 教师、T11 教师和 T12 教师的详细情况如表 5.1 所示。

表 5.1 辅助研究对象基本情况

对象	性别	教龄/年	科目	是否为班主任	学校性质	婚姻状况
T9 教师	女	7	数学、语文	是	民办小学	已婚，育有一子
T10 教师	女	2	语文	是	公立小学	未婚
T11 教师	女	3	语文	是	民办小学	未婚
T12 教师	女	2	语文	是	公立小学	未婚

一、工作日

（一）八小时之外的时间构成情况

为了解 W 教师八小时之外的时间构成情况，在不侵犯研究对象隐私的前提下，笔者采取电话访谈的方式获取信息。经过五周的电话访谈，笔者发现 W 教师很少在学生放学后直接下班回家，还需要处理和完成学校的各类事务。表 5.2 展示了 W 教师工作日八小时之外的时间构成情况。

表 5.2　W 教师工作日八小时之外的时间构成情况

时间构成情况	所需时间 / 时	占比 /%
工作	5.02	71.70
个人休闲	0.24	3.43
家庭生活	0.24	3.43
社会交往	0.22	3.15
生理需要	0.80	11.43
交通	0.48	6.86

根据表 5.2，在连续五周工作日八小时之外的时间里，W 教师平均每天工作 5.02 小时，占比 71.70%；平均每天个人休闲时间为 0.24 小时，占比 3.43%，由此可见，W 教师在工作日八小时之外的时间里多忙于处理与工作相关的事务。

在访谈中了解到，W 教师在工作日几乎没有休闲娱乐时间，下班后的时间仍然被工作占满。W 教师抱怨说："真的太累了，每天神经都是紧绷的，只有睡觉的时候才感觉放松下来。"为了验证小学教师是否普遍存在工作超时现象，笔者随机抽取了该市其他小学的四名教师进行访谈。其中，T12 教师回答道："虽然我们每天下午四点半离开学校，但是回家后依然要处理很多在学校未完成的工作，我几乎每天都要工作 11 个小时，偶尔有一个小时左右的时间看电视"。T9 教师在回答问题之前深深叹了一口气，"以前一直以为做小学教师很轻松，自从自己做了这一行后才知道根本不是那么回事。我尽量在学校完成工作，这样回家后才能有时间陪儿子，有时真的是太忙了，只能先把儿子哄睡着了再继续完成工作"。T9 教师表示自入职后，每天工作时间都远远超过八小时，回家之后除了陪伴儿子一会，剩余时间都在工作，陪伴家人时间尚且不足，遑论个人休闲娱乐。T10 教师在访谈过程中多次说道："我连看最喜欢的小说都没有时间了，几乎每天都要把未完成的工作带回家。现在工作日是不指望有时间看小说了，就盼着周末有点时间。"对于在八小时之外处理工作事务，T11 教师比较淡定："我晚上回家会继续工作，因为我是单身，没有男朋友，也没有孩子，一个人也没事干。每天晚上把工作完成后，我会看看书来提高自己的专业知识，偶尔我也会看电影、逛街，放松一下。"

小学教师平均每天工作时间超过《中华人民共和国劳动法》规定的八小时是不争的事实，有些甚至达到 13 小时。

有研究者把个人自然时间分为生活必须时间、工作时间和闲暇时间三个部分。自然时间整体不变，生活必须时间、工作时间、闲暇时间三者处于此消彼长的关系。时间是一种特殊资源，它的供给没有弹性、无法存储、极易消失，而且没有替代品。[①] 作为一个生物个体，人需要工作，也需要有一定时间来满足闲暇放松和精神生活的需要，如社交、娱乐、家庭生活、自我发展等，[②] 由于教师工作性质的特殊性和工作内容的多样性、复杂性、界限不清晰性，其工作时间不断侵占其他生活时间，而且有愈演愈烈的趋势。

（二）八小时之外的生活空间

为了了解 W 教师工作日空间活动的变化，笔者采取实地观察和电话访谈的方式进行了解。结果发现，W 教师周三和周四在学校工作到 22:30 才能回家，周一和周二大约 21:30 回家，周五大约 18:30 回家。对此，W 教师表示："每周三和周四由我负责看管寄宿生晚自习，晚自习八点才结束。"对于晚自习结束后还在学校工作，W 教师说道："其实没什么区别，工作太多，回家之后也是继续忙碌，还不如在学校弄完回家直接休息。"W 教师接着说，"学校"和"家"只不过是地理位置的区别，无论是在学校还是在家，都要完成相应的工作，与其把一大堆事情带回家做，不如在学校做完直接回家休息。

---

① 舒惠. 新课程改革背景下初中教师工作时间管理研究 [D]. 南京：南京师范大学 ,2007.

② 李光伟. 时间管理的艺术 [M]. 兰州：甘肃人民出版社 ,1987.

由此可见，W 教师工作日期间几乎是"以校为家"，或者说"以家为校"，对 W 教师而言，家与校的空间改变不影响其工作时间和内容。表 5.3 记录了五周中 W 教师工作日八小时之外的生活空间变化情况。

表 5.3　W 教师工作日八小时之外的生活空间变化情况

地点	所用时间 / 时	占比 /%
学校	4.22	60.30
家	2.08	29.70
交通	0.50	7.14
商场、影院	0.20	2.86

个体存在于一定的时空中，空间的转移代表一个人生存场域的变化。工作日下班之后，教师还要完成督促学生值日、晚自习值班、查寝、备课、批改作业等事务，"学校"这一空间场域的不断扩张，意味着其他生活空间不断缩小。

（三）八小时之外的生活内容

笔者对 W 教师工作日八小时之外的生活内容展开了调查。经过一段时间的电话访谈发现，W 教师工作日八小时之外的生活很有规律。表 5.4 是随机抽取的 W 教师一周工作日八小时之外的生活内容。

表 5.4　W 教师一周工作日八小时之外的生活内容

周一		周二		周三		周四		周五	
时间	活动	时间	活动	时间	活动	时间	活动	时间	活动
16:30—19:30	例会	16:30—18:00	批改试卷	16:30—17:30	教学设计	16:30—17:30	教研会议	16:30—17:00	打扫卫生
19:30—20:00	打车回家	18:00—19:00	撰写活动材料	17:30—18:00	食堂晚餐	17:30—18:00	食堂晚餐	17:00—17:30	发校讯通

周一		周二		周三		周四		周五	
时间	活动	时间	活动	时间	活动	时间	活动	时间	活动
20:00—21:30	备课和写教案	19:00—19:30	回家晚餐	18:00—20:00	晚读课和晚自习坐班	18:00—20:00	晚读课和晚自习坐班	17:30—18:00	回家晚餐
21:30—22:00	家长电话	19:30—21:00	备课和写教案	20:00—22:00	备课和写教案	20:00—20:30	检查学生寝室	18:00—19:00	洗衣拖地
22:00—22:30	活动策划	21:00—22:00	准备公开课	22:00—22:30	准备活动	20:30—22:30	备课和写教案	19:30—21:30	备课和写教案
22:30—23:00	批改试卷	22:00—23:30	练课	22:30—23:00	打车回家	22:30—23:00	批改作业和修改PPT	21:30—23:00	准备区级公开课
23:00—23:30	洗漱休息	23:00—23:30	洗漱休息	23:00—23:30	洗漱休息	23:00—23:30	洗漱休息	23:00—23:30	洗漱休息

W 教师八小时之外的生活主要围绕着工作，各项工作所占时间由多到少依次为备课和写教案、晚读课和晚自习坐班、教研活动以及准备学校活动等，所占比例依次为29.70%、12.90%、9.43%、7.71%。对于工作日八小时之外的生活，W 教师的评价是"繁忙且疲倦"。

W 教师工作日八小时之外的工作内容主要包括以下八项：常规教学活动（如例会、教研会议、备课和写教案、批改作业等）、常规学校管理工作（如晚读课和晚自习坐班、检查学生寝室等）、非常规教学评比工作（如准备公开课、科研课题申报等）、活动筹备工作（如活动策划、活动材料准备等）、班级管理工作、家长沟通工作、校园建设工作（如每周书香校园氛围建设工作、通信稿撰写等），以及处理突发性事件。

1. 备课和写教案

备课和写教案是 W 教师每天的"必修课"。接受访谈的教师都认为认真备课对课堂教学有很大的帮助，但是由于每天的工作量太大，越来越多的备课成了单纯的教案抄写。W 教师表示平均每天要花两小时的时间进行备课，需要仔细思考每一个环节的设置，还需要根据学生具体的学习情况适当地调整教案内容，以帮助学生巩固薄弱的知识点。此外，W 教师也表示，因为学校对教师备课和教案的管理相当严格，所以就算再累也得抽时间备课和写教案。谈及备课和写教案，T12 教师抱怨道："每天上班忙得焦头烂额，下班回家还要写大量的教案。"T12 教师还表示，学校每个月都会检查教师的教案，为了应付检查不得不每天抄两个小时的教案。T9 老师在谈论备课和写教案时，无奈地摇摇头："作为一名教师，认真备课是我们的职责，但我们也是普通人，每天繁忙的工作已经让我们身心俱疲，回家后还要照顾孩子，有时备课和写教案就不得不应付了事了。"在与 T10 教师的谈话中，她明显表达了对写教案的反感，她认为"写教案"在很大程度上是为了应付学校检查，对课堂教学并没有实际的帮助，写教案只会增加自己的工作量，让自己感觉更加疲惫。而 T11 教师则表示她会把未完成的工作任务带回家继续完成，因为没有过多的家庭事务分散她的时间和精力，所以她有足够的时间备课和写教案。

访谈中可以看出，大多数教师认为备课和写教案占据了大量时间。虽然她们都认为备课非常重要，但同时也表示由于有太多的工作任务需要完成，在规定的工作时间内处理完日常工作已非常不易，诸如备课和写教案、参加学校的各种会议、组织各项班级活动等工作不得不安排在下班之后，备课和写教案也逐渐沦为一种"简单抄写"和"应付学校检查"的机械、重复的劳动。

2. 家长开放日

为促进家长和学生的互动交流，也为让家长全面了解学校、了解学生日常生活和学习的环境，学校在每个学期都会选择一天对所有家长开放。这一天家长可以进入学校任何场所参观，进入教室听课，参观学生宿舍，和学生参加亲子活动……简言之，这一天是学校最重要的日子之一。W教师坦言，平时每天的工作量就很大，十分劳累，但家长开放日那天无疑是一个学期中最累、最紧张的一天。她接着说："家长开放日之前一个月就要开始准备。学校会先开会，将任务分配下来，并提出要求。之后每个班级的班主任和任课教师会商量具体细节，如家长开放日当天每名任课教师上课的内容，如何吸引学生的注意力，如何激发学生的兴趣，教学环节如何设计，亲子活动如何策划等。大到学校活动的安排，小到学生、教师的着装，事无巨细，不一而足。家长开放日当天，所有教师和学生必须保持最好的精神面貌，每个教师自始至终都绷着一根弦，同时还要保持微笑、放松，游刃有余地回答家长提出的所有问题。当家长开放日结束回到家时，我通常直接躺到床上，一动都不想动了。"

学校和家长对优质教育的无止境追求是导致教师在八小时之外也非常繁忙和劳累的重要因素之一。学校的办学宗旨和品牌定位使得S小学不仅注重学生文化知识的传授，还注重学生逻辑思维能力、动手能力、想象力、创造力等能力的培养，因此在常规教学活动之余，学校经常组织各种各样丰富多彩的活动。访谈中W教师表示，每天晚上有关教学工作的准备如批改作业、备课等一般占据40%的时间，而其他时间基本被诸如活动策划、活动材料的准备、学生舞蹈的编排、PPT制作、背景音乐的选取等工作所占据。

S小学活动多，内容丰富。根据W教师的介绍，基本上一到两天学校就有一个活动，每周有三四个活动，每次活动每个班级都要准备，内容不能重复，要新颖。例如，为培养学生对数学的兴趣，学校组织了为期一个月的科技节。在整个科技节中，每天的活动或者比赛都不一样，有魔方、数独、飞机飞行大赛等。为培养学生的动手能力、思维能力、绘画能力，以及对文学的兴趣等，学校还组织了"巧堆积木""鸡蛋撞地球""大地画画""汉字小达人"等活动。W教师坦言，近期她的主要任务是组织策划即将到来的元旦活动。由于每天工作任务繁重，她只能提前一个月开始筹备，每天做一点，这样活动正式开始时才不会手忙脚乱。很多时候她要同时策划两三个活动，问及具体需要做哪些准备工作时，她笑着说，"作为小学二年级的班主任，所有事情都要亲力亲为，因为学生还很小，认知能力和思维能力不足，无法进行复杂的思维活动和策划。以这次元旦活动的准备工作为例，元旦晚会上学生开场舞蹈的编排、音乐的选取、服装的定制购买、背景 PPT 的制作、荧光棒的购买、班级口号和标语的设计等，都需要班主任完成。内容太多，只能提前一个月开始准备，每天完成一点点，如今天花半个小时选好音乐，明天花一个小时完成服装定制和购买。每天还有很多其他工作要完成，只能在晚上挤出一点时间做。"

实际上，教师工作日八小时之外的生活很大一部分被非教学类事件挤占。

二、周末

连续五周的观察发现，W 教师十天周末中有一个周六上午用于德育课题开题，一个周日上午用于新生面试，三个周日下午用于学校值班，其他周末工作还包括备课、常规课和公开课的教案准备、PPT 制作、和家长沟通等。周末时，W 教师尽量挤出一些时间用于做家务、逛街、陪伴家人等个人事务。

（一）周末各项活动时间分布

在周末，除了处理经常性工作之外，W 教师还要参加学校规定的校级或者市级培训课程。W 教师表示："这个学期（二年级下学期）迄今为止三个月左右的时间，我已经在五个周末参加了五次培训，培训主要包括班级管理、教学技能、数字化多媒体教学与创新等三方面内容。这样的培训对于我这样的年轻教师还是很有帮助的，特别在班级管理方面，一些经验丰富的班主任会分享案例，对于班级管理经验不足的我来说很有用。教学技能的培训也是必不可少的，实践经历加上教学技能的培训可以让我有更大提升。现在是信息化社会，各种媒体技术层出不穷，将新技术更好地用于教学变得十分重要。年轻教师接受新事物快，学习能力强，而且乐于学习进修以提升自己各方面能力。虽然参加培训有这么多好处，但周末培训确实挤占了我的闲暇和休息时间。工作日有大量的工作，周末也有一些任务，再加上培训，有的时候我觉得很累，但也只能挤时间放松。培训完还要写总结，一般在课上我就将总结写好，减轻课后的压力。等我成长为成熟型教师，各种培训没有这么多，工作得心应手时，也许就没这么累了。"

培训任务客观地侵占了教师过多休息时间。对于教龄两年左右的 W 教师来说，她勇于拼搏、勤奋上进，而且暂时没有家庭的牵绊，但其教学和管理经验不足，因此 W 教师不抗拒或者说是比较主动地投身到学校安排的各类培训工作。她认为，现阶段自己处于专业快速发展期和职业冲刺期，因此可以利用周末等个人时间进行专业学习，以期快速成长，早日达到成为成熟型教师的目标。

本研究将周末一天的活动时间界定为 8:00—23:00，由于夜晚睡眠时间不发生其他活动，因此周末的研究时间为每天 15 小时。为了统计 W 教师周末两天各项活动所占比例，笔者随机抽取了五周的周末对其进行调查，具体情况如表 5.5 所示。

表 5.5　W 教师周末各项活动时间分布

内容	所需时间 / 时	占比 /%
工作	8.05	53.67
个人休闲	2.70	18
家庭生活	1.25	8.33
社会交往	1.05	7
生理需要	1.25	8.33
交通	0.70	4.67

W 教师周末大部分时间被工作挤占。从表 5.5 可以看出，W 教师周末每天约有一半时间在处理与工作相关的事情。教师的劳动具有时间和空间的广延性特点。法定八小时工作制对教师来说没有实际意义，校内校外、课前课后都是教师工作的场所。工作日是这样，周末也如此。

（二）周末各项活动空间分布

表 5.6 主要统计了 W 教师周末各项活动的空间变化情况。

表 5.6　W 教师周末各项活动的空间变化情况

场所	时间 / 时	占比 /%
学校	3.55	23.67
家	8.55	57
交通	2.10	14
商场、影院	0.80	5.33

教师周末活动空间单一，在非教学时间仍然经常受到隐性工作的打扰。从表 5.6 可知，W 教师周末平均每天有 23.67% 的时间在学校，57% 的时间在家中，在家中也会处理一些在学校未完成的工作。W 教师周末平均每天有 0.8 小时在商场、影院等休闲场所，但可能会受到不定时工作（如家长电话）的干扰。

（三）周末各项活动内容

在某个周六晚上八点左右的电话访谈中，W 教师声音沙哑，几乎说不出话。原来这两天 W 教师感冒发烧了，但是区级公开课迫在眉睫，她只能带病坚持练课。为了这次区级公开课，W 教师提前两个多月就开始准备，几乎每天晚上和周末都在磨课，耗费了几十个小时。

刚性的教师评价制度和教师职业晋升机制无形中增加了教师的工作量和加大了教师的工作压力。对于教龄两年左右的 W 教师来说，代表学校参加区级公开课的评选是一次非常难得的机会，是她展示自己教学能力的契机，对未来职业发展至关重要。

W 教师说："我每天都在磨课，就是为 5 月底的区级公开课做准备。"这次区级公开课，她是唯一一位参加的小学老师，对此她喜忧参半："我很开心自己能代表学校去参加区级公开课，但我担心自己教学经验不够丰富，准备不充足而让学校丢面子。"周末除了准备区级公开课，W 教师还要准备常规课。"周一至周五，学校的事情太多，为了工作日不手忙脚乱，有些课我会选择在周末提前准备好。"

表 5.7 是随机抽取的两个周末各时间段 W 教师具体的生活内容。

表 5.7　周末各时间段 W 教师具体的生活内容

第一个周六		第一个周日		第二个周六		第二个周日	
时间	活动	时间	活动	时间	活动	时间	活动
8:00—11:30	德育课题开题	8:00—11:30	新生面试	8:00—11:30	备课和写教案	8:00—11:30	准备公开课
11:30—12:00	食堂午餐	11:30—12:00	食堂午餐	11:30—13:30	午餐午休	11:30—12:00	食堂午餐
12:00—13:00	交通	12:00—17:30	新生面试	13:30—18:00	试讲和练课	12:00—17:00	学校值班
13:00—15:00	去医院看病	17:30—18:30	回家晚餐	18:00—18:30	回家晚餐	17:00—19:00	逛街
15:00—18:00	逛街	18:30—19:30	做家务	18:30—19:30	扫地和洗衣服	19:00—19:30	打车回家
18:00—20:00	晚餐做家务	19:30—20:30	和家人聊天	19:30—20:00	家长电话	19:30—20:00	整理房间
20:00—22:30	备课和写教案	20:30—22:30	上网玩手机	20:00—22:30	看电视玩手机	20:00—22:30	看电视
23:00	休息	23:00	休息	23:00	休息	23:00	休息

从表 5.7 可以看出，周末 W 教师的工作内容一般为备课和写教案、准备教研活动，以及值班等。W 教师的闲暇活动内容呈现出单一化倾向，她一般选择逛街或者待在家里玩手机等。在访谈中 W 教师也提到，经历了一

周的繁忙工作后，已经没有过多的精力去参加更丰富刺激的娱乐活动，因此通常只在家中进行适当的休息。

三、寒暑假

寒暑假是教师调整身心的最佳时期。经过一学期的辛苦工作，W 教师计划暑假旅游一个星期。在访谈中，W 教师感叹："辛辛苦苦了一学期，也要适当休息一下，散散心，不过快乐的时间总是短暂的，旅游一结束就要参加学校安排的暑期集中培训了。"

（一）寒暑假各项活动时间分布

寒暑假时间并不完全由教师自由支配，每年暑假会有半个月左右的教师培训，教师还要提前几天回学校准备开学的相关事宜。除此之外，W 教师还会安排几天陪伴父母。T9 教师表示，暑假自己会带儿子去旅游。T9 教师认为自己陪伴孩子的时间太少了，平时工作太忙，忽略了家庭和孩子，觉得很愧疚，所以她想在暑假尽可能陪伴儿子。T10 教师、T11 教师、T12 教师在暑假都要参加教师培训，她们表示假期会用一部分时间处理工作，剩下的时间她们通常选择旅游、和朋友叙旧，以及陪伴家人等。

表 5.8 和图 5.1 统计了 W 教师工作两年内寒暑假各项活动所占时间及比例。

表 5.8　W 教师寒暑假各项活动时间分布

单位：天

活动	寒假	暑假
工作	10	35
个人休闲	5	6
家庭生活	9	8
社会交往	2	7

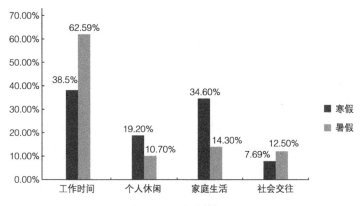

图 5.1　W 教师寒暑假各项活动所占时间比例

表 5.8 和图 5.1 展示了 W 教师寒暑假工作、个人休闲、家庭生活及社会交往等各项活动的时间和所占比例。在近一个月的寒假中，W 教师约有十天处理学校工作，工作时间约占寒假总时间的 38.50%；家庭生活占 34.60%，社会交往占 7.69%，个人休闲占 19.20%。W 教师暑假 62.50% 的时间用于完成与工作相关的事务，其中 15 天参加各类教师培训项目，同时提前 20 天到学校进行新学期开学的相关筹备工作。W 教师表示，即使在寒暑假也只是在忙碌中寻求休闲，无法真正地享受假期。

（二）寒暑假各项活动内容

W 教师寒暑假各项活动内容如表 5.9 所示。

表 5.9　W 教师寒暑假各项活动内容

活动	寒假	暑假
工作	提前回学校进行开学准备工作	写论文、教师心得，参加教师培训，提前回学校进行开学准备工作
个人活动	逛街、看电影、上网等	看电视、旅游等
家庭生活	陪伴父母、走亲访友等	陪伴父母、做家务等
社会交往	与同事、朋友聚餐等	与朋友聚会等

1. 教师培训

W 教师表示一些暑假教师培训对她后续的教学有很大帮助，培训中会有一些实际案例分析，她能够学习到一些经验。另外，部分有关班主任管理的讲座也让她颇受启发，她认为能够学到一些处理班级突发事件的方法。但她也表示部分教师培训对她来说毫无帮助，如一些专家并没有从一线教师的角度去讲解相关知识。W 教师认为，作为一线教师，很多高深的理论知识对自己的实际教学和班级管理没有指导作用，培训方式较为单一。T9 教师表示反感占用教师假期进行培训的行为。她认为教师平时工作繁忙，得来不易的假期却被各种培训占用，而且培训结束还要上交报告，增加了教师的负担。T10 教师表示培训内容太过抽象，针对性不强，时效性比较差。此外，培训主要采用集中讲授的方式，无法调动教师的积极性。她认为在长达半个月的培训中，学到的东西比较少。T11 教师认为教师培训还是有必要的，有些教师培训确实能够带来一些帮助，能够提供一些教学方向，但确实存在一些培训知识过于空洞的情况。T12 教师认为应该提高培训质量，选择一些教学经验丰富的中小学教师来培训，而不只是请一些没有实践教学经验的理论专家。

2. 开学准备工作

寒暑假期间教师主要的工作是参加教师培训和提前回学校进行开学准备工作，暑假需要提前 20 天到校，寒假需要提前一个星期。对此 W 教师解释说："教师开学前需要做的准备工作非常多。开学前学校一般会先召开教师大会，安排各项工作，如打扫办公室、教室和宿舍，领取办公用品和卫生用品，领取班级学生新书，上交论文和读书笔记，编辑校讯通，通知家长开学事项，筹备开学典礼等。这些工作一两天肯定做不完，因此需要提前很多天到校。当然，提前到校既是要完成开学前一系列准备工作，也是帮助教师尽早进入工作状态。开学准备工作没有那么累，每天的任务完成就可以回家了。"

总之，无论是工作日、周末，还是寒暑假，W 教师的时间安排、生活空间和内容都反映出以下特点：生活时空制度化、生活内容工作化、闲暇生活萎缩化。

第六章　教师的时间、事务、边界

第一节　加速的时间和增多的事务

一、时间作为教师生存发展状态的分析维度

时间是一个日常又神秘的东西。日常在于每个人都在时间的流动中存在，神秘在于它是一个非常深奥的、涉及很多层面和意义的概念，研究时间的视角繁多。例如，过去的时间、现在的时间、未来的时间；经验的时间、超验的时间；物理的时间、心理的时间；农业社会的时间、工业社会的时间；客观的时间、主观的时间；匀速的时间、变速的时间；绝对的时间、相对的时间等。在这里，时间本身是什么，不是我们关注的重点，我们只是把时间作为认识和分析教师生存发展状态的一个维度。

时间之所以能够成为观察生活方式与生存发展状态的一个维度，在于人们对于时间的态度、对时间的利用方式可以直观地反映他们生活的内容和生活的质量。这一点不需要从高深的理论那里得到解释，从日常经验和直观感受中就能得到佐证。很长时间以来，置身于教育之外的人们对于中小学教师的印象是工作稳定轻松、福利完善，不仅和其他行业的从业人员一样享受节假日，而且还有两个比较长的带薪假期。但是与之相反，从教师的角度看，这些年来他们越来越反对这种外来印象。职业压力加大，职

业倦怠感增强，工作满意度与职业幸福感降低，不仅是教师普遍认同的生存状态，同时关注教师生存状况的研究者也给出了不乐观的判断。

把时间作为考量教师生存发展状态的第二个理由，还基于这样一个现实：每一次的教育改革，都在一定程度上改变了教师时间的分配比例、结构。

从时间的维度来透视教师的生存发展，有助于回答以下几个现实问题：第一，教师的时间是如何分配的，或者是被什么内容、以什么样的方式占据的？第二，为什么教师的时间变得如此"紧张"？第三，是什么因素造成了教师的时间状态？

把时间作为考量教师生存发展状态的第三个理由基于时间加速理论。德国社会学家哈特穆特·罗萨在其社会加速批判理论中说，现代社会是由一种严密的时间体制所管制、协调与支配的，而且这种时间体制完全不具有什么伦理观念。人们常会认为现代主体不怎么被伦理角色与伦理惩裁所约束，也因此是最自由的；但他们其实被一个巨大而不可见的时间体制管制、支配与压迫，而且这种时间体制并不是政治性的，所以至今没有被人们讨论、强调，也缺乏理论来加以分析和描述。这种时间体制事实上可以用一个一贯的概念来加以分析，这个概念就是"社会加速逻辑"。

事实上，所有的社会制度、社会结构和社会互动，都具有过程的特质，是通过时间整合起来的。时间并非只是一个特殊的社会领域，而是所有社会领域的核心构成要素。①

时间加速论给我们提供了一个理论视角，来理解和解释教师的时间紧张。

---

① 罗萨.新异化的诞生：社会加速批判理论大纲 [M].郑作彧，译.上海：上海人民出版社,2018.

二、诗意时间和时间加速

(一)诗意时间的消失

"快不起来"是农业社会的特征,"慢不下来"是工业社会以来的基本表象,而进入现代化社会,呈现的则是不断"加速度"的社会景观。传统社会需要"用尽时间"去生存,工业社会鼓励"用尽时间"去工作,现代社会"自愿用尽时间"做不想做但不得不做的事。

如果我们可以给时间以个性,传统社会的时间曾经是以"诗意"的形式存在的。时间匆匆(逝者如斯夫不舍昼夜),那是因为人生确实苦短(尤其是古人的寿命),倥偬无常。

所谓的诗意时间,是和农业社会的生存和生产方式相适应的。从计时单位看,以年月日为计,年以季计,月以旬计,一日之内以时辰计。日常生活中,以日出、晌午、日落、午夜、子时等分割和指代一天中的某个时间段;一年中,人们的劳作生活则以四季变换来调整,春耕、夏耘、秋收、冬藏。

日出而作,日落而息,四季不同。人们不需要在乎夏季早起一个时辰,冬季早睡一个时辰。人生虽短,但应时而动,有争分夺秒抢收抢种,也有大把闲暇时间。但如果据此就得出传统社会生活悠闲、富有诗意的结论,其实并不具有充分的说服力。衣食无忧的人,更准确点,不需要以劳作为生的人,能自主控制闲暇时间,用诗意填满时间,才称得上悠闲;而对日出劳作的人来说,不劳作的时间,不是休闲时间,而是"不能劳作""无事劳作"的时间,是和诗意无关的。

真正的休闲和诗意,也许只属于农业社会的读书人。面对"生有涯"对"知无涯"的困境,他们产生人生苦短、逝者如斯的喟叹。但这种喟叹,不一定是时间焦虑,甚至可以武断地说,就算是时间焦虑,其也和现代人的时间焦虑是完全不同的。所以,一方面,有"业精于勤荒于嬉"的警告;

另一方面，还有沉浸于山林丝竹啸吟的"陶然共忘机"的沉迷。

现代人的时间焦虑指向做不完的事务，指向当下世俗的日常生活，而不是诗意人生。从这个意义上来说，"时间焦虑"可以作为现代社会的一个重要产物和标志。

（二）加速社会的到来

19世纪，在马克思异化理论的基础上，拉法格阐发了"时间异化"的思想。19世纪的资本主义文明弥漫着一种对劳动的狂热，牧师和道德家，孔德和雨果，法国的皇帝和瑞典的教堂，都联合进行美化和吹捧。在这种背景下，拉法格发表《懒惰权》，宣布：为了抵抗来自资本主义的劳动枷锁，无产者必然要宣称自己拥有懒惰权；懒惰权不是一种懒惰情绪，进而放纵散漫、不振作的消极态度，也不是那种通常伴随着拖延、逃避等的心理。懒汉权是拥有自由的闲暇时间，并在这时间里尽情地娱乐或闲荡；虽然为了迈入自由王国，对部分人休闲的占有是难以避免的，但是这种"必然"并不是追捧过度工作（加班）的理由。①

工业社会以来，许多思想家都关注了社会生活的速度变化，物质世界、精神世界、社会世界都出现加速现象。孔拉德称"现代性所牵涉的，就是时间的加速"。埃里克森界定"现代性就是速度"。现代性中所有的事情都加速了。但罗萨认为，时间无法有实质意义上的加速，而且也不是生活里所有的过程都在加速。我们总是觉得时间过得好快，但一个小时就是一个小时，一天就是一天。而且还有一些事情是减速的，如交通堵塞。罗萨提出要用一个严谨的概念来描述"社会加速"，因此在经验和分析上区分出三个范畴，即科技加速、社会变迁加速、生活步调加速。②科技加速最

---

① 孙兆寅.马克思主义休闲观——基于"懒惰权"对过度加班现象的反思 [J].江科学术研究,2021(3):105–109；伍先福，陈攀.休闲权保障对社会和谐发展的历史意义——从《懒惰权》解读拉法格的休闲思想 [J].长春理工大学学报（社会科学版）,2012,25(3):29–31.

② 罗萨.新异化的诞生：社会加速批判理论大纲 [M].郑作彧，译.上海：上海人民出版社,2018.

明显也是最能够测量的加速形式是关于运输、传播沟通与生存目标导向过程的有意的速度提升，科技加速让空间缩小了或失去了它的重要性，实际的地点如旅馆、银行、大学，越来越变成非地点。社会变迁加速表现为态度和价值、时尚和生活风格、社会关系和义务，以及团体、阶级、环境、社会语汇、实践与惯习的形式，都在以持续增加的速率发生改变。社会变迁加速让当下时态萎缩，当下变得越来越短，社会制度、文化制度、日常实践都处于不稳定的时间区间内。以家庭与工作的变迁速度看，早期现代是以数个世代的步调来改变，古典现代是每个世代的改变，而晚期现代在世代之内就产生改变。早期现代父亲会把职业传给儿子，古典现代每一代都可以选择自己的职业，晚期现代每个人一生可以换很多职业。生活步调的加速让我们感觉必须在更少的时间内做更多的事，在一定时间单位当中行动事件量或体验事件量增加，人们越来越觉得"时间匮乏"，时间越来越短缺，而使人感到恐慌。生活步调加速和科技加速似乎是悖论的，因为科技加速是单位时间内输出增加，如每小时的公里数，科技加速在逻辑上应该会增加自由的时间，即让生活步调变慢，破除时间匮乏感。但事实上相反，现代社会的人们越来越觉得时间不够用。清楚地解释这一现象，就需要引入"事务量"。在事务量不变的前提下，科技加速会为人们节约更多的工作时间，但是，科技加速的同时，现代社会的事务量也在增加，而且事务量的增长率超过了科技加速率，因此科技发展节约的时间远远跟不上事务量增加的步伐，进而导致人们的时间匮乏。"现代社会的特征，就是事务成长量与科技加速命中注定地结合在一起。"[1]

---

① 罗萨. 新异化的诞生：社会加速批判理论大纲 [M]. 郑作彧，译. 上海：上海人民出版社，2018.

三、教师的时间和事务

（一）教师时间与事务的现状调查

教师工作的绝对时间超过法定工作时间，是一个普遍现象。"双减"政策之后，这一趋势又进一步强化。储朝晖曾对 2021 年 7 月中共中央办公厅、国务院办公厅印发的《关于进一步减轻义务教育阶段学生作业负担和校外培训负担的意见》进行词频统计，发现在约 6000 字的文本中，22 次提到"教师"[①]。这样高的频次，说明教师和"双减"之间有不可忽视的关系。

该意见印发以来，各地迅速贯彻执行，关于"双减"政策落实之后教师负担的调查也随之展开。不同的研究结果证明，"双减"政策实施之后，教师的工作时间更长，工作负担更重。

"双减"政策首要落实的是课后延时服务。广东省、江苏省等多地教育厅 2021 年秋季开学前印发的提升课后服务水平的实施意见中强调，在周一至周五，学校每天至少开展两小时课后服务（即"5+2"模式），从原来下午三点半到四点放学延长服务至五点半到六点。除了工作时间延长以外，教师的工作任务也增多了，教师要在基本托管服务中进行作业管理，还要发挥创造性，自主组织丰富多彩的兴趣小组和社团活动，满足学生多样化需求，增强课后服务的吸引力和素质拓展的有效性。根据教育部官方统计数据，截至 2021 年 5 月底，全国共有 10.2 万所学校开展课后服务，共有 6496.3 万名学生、465.6 万名教师参与了。其中，师生的参与率均高于 50%，课后服务工作取得重要进展。[②] 社会公众通常把为学生减负的重任完全施压在教师身上，寄托于教师超出工作职责的额外劳动。课后辅导压力由校外机构转移到校内，教师"自然"承担了这部分责任。"双减"政

---

① 储朝晖 . "双减"需要教师的担当与能力提升 [J]. 中国教师 ,2021(9):6–10.
② 于川、杨丽乐 . "双减"政策背景下教师工作负担的风险分析及其化解 . 当代教育论坛 ,2022(1):87–96; 盖阔、李广 . 中小学教师队伍发展 : 成就、问题与策略——基于全国 8 个省份中小学教师工作、生活样态调查 [J]. 华南师范大学学报 (社会科学版),2020(6):107–116,191.

策实施后,教师资源供给与需求之间出现相当大的缺口,各地都在尝试一些临时的解决办法,其中一种是将课后服务纳入学校正规教育教学工作,适当增加教师编制,落实教师课后服务专项经费补助。[①]

1. 课后服务延长了教师的工作时长

"双减"政策实施后,教师周工作时间明显增长。对江西省部分中小学教师的调研结果显示,大多数教师周工作时间超过 40 小时,周工作时间在 50—60 小时的教师占参与调研教师总数的 28.45%,近 40% 的教师周工作时间在 50 小时以上,9.57% 的教师周工作 60 小时以上。[②]

此外,课后服务占用了教师的节假日时间。教育部办公厅印发《关于支持探索开展暑期托管服务的通知》(以下简称《通知》)。"为满足广大家长需求、解决学生暑期'看护难'问题,引导和帮助学生度过一个安全、快乐、有意义的假期,近期一些地方推出了暑期托管服务,这是减轻家长负担、解决人民群众急难愁盼问题的创新举措,是加强教育关爱、促进学生全面健康成长的有益探索。"为引导托管服务工作,第一,鼓励学校积极承担。鼓励有条件的学校积极承担学生暑期托管服务工作,并作为学党史、为人民群众办实事的重要载体。第二,引导教师志愿参与。地方教育部门和学校不得强制教师参与,提出统筹合理安排教师志愿参与托管服务的时间,而且对志愿参与的教师应给予适当补助,保障教师权益,既要保障教师暑假必要的休息时间,也要给教师参与暑期教研、培训留出时间,还有一点是将志愿服务表现作为评优评先的重要参考。

《通知》的初衷是非常值得肯定的,但是在实践中,教师的体验是另外一种情况。漯河、安阳暑期托管班的教师认为,所谓的志愿参与,其实还

---

① 冀惠."双减"背景下教师减负的现状与问题 [J]. 中小学学校管理(人大复印),2022(5):27–30; 王晓燕. 精准减负要摸清教师负担"底牌" [N]. 中国教育报,2021-12-2(2); 李子芳."双减"背景下教师面临的挑战与应对方法 [J]. 教育实践与研究,2022(9):25–29.

② 徐承芸,林通."双减"政策实施后师生现实状况审思——基于对江西省部分小学师生的调研分析 [J]. 基础教育课程,2022(7):14–20.

是与评奖评优挂钩，年轻教师怎么可能不参加？这种志愿参与没有太大的意义。

2. "双减"政策落地之后，教师的工作量明显增加

就如何看待"双减"政策、课后服务等问题进行调查发现，绝大部分教师（80.2%）支持"双减"政策，但更多教师（85.1%）认为学校工作任务太重，接近一半（44.6%）的教师抱怨工作时间过长，每天的工作时长超过 10 小时。[①] 在这么长的工作时间内，教师都在做什么？就"双减"政策实施之后的工作时间安排，按照时长从多到少排序，教师的回答依次是：备课、课后服务、上课、研究和设计作业、学生辅导、批改作业、其他。课后服务超过了上课时间，是教师工作时间增长的主要原因。"双减"政策要求课后服务结束时间原则上不早于当地正常下班时间，但很多地方教育行政部门把这一要求具体化为每天课后服务时间不少于两小时，课后服务结束时间不早于五点半，这一规定导致近 40% 的教师每天课后服务的时间在一小时以上。[②]

很多教师，尤其是班主任经常要处理繁杂琐碎又与教学无关的事务，如填写表格、统计保险、组织订奶等。[③]

有教师称，日常的工作情况是每天早晨六点半左右起床，八点到学校，除了必要的上课，还需要备课，包括小组讨论、年级备课、写教案、教学反思。有时候还需要在周末参加交流会，几乎没有自己的时间。如果有周考、月考、期中考、期末考等，改卷子也需要占用下班时间。

3. 隐性工作压力增加

工作量的增加是显性的，工作压力增大是隐性的。65.3% 的教师感觉

---

① 任其平 . "双减"背景下学生、家长及教师的心态调查及对策建议 [J]. 江苏教育 ,2022(8):40–42,45.

② 徐承芸 , 林通 . "双减"政策实施后师生现实状况审思——基于对江西省部分小学师生的调研分析 [J]. 基础教育课程 ,2022(7):14–20.

③ 阚珊珊 . 以制度为保证 , 切实减轻教师负担 [J]. 河北教育 (综合版),2022,60(1):3; 高绍科 . 落实主体责任 减轻教师负担 [J]. 河北教育 (综合版),2022,60(1):9–10.

"双减"政策之后工作压力变大，22.7%的教师感觉压力很大。[①]而另一项调查也发现，60.3%的教师认为开展课后服务后工作量加大，70.9%的教师呼吁减轻非教学负担。[②]教师工作压力变大的主要原因，一是对教学质量的忧虑。"双减"政策要求在全面压减作业总量和时长的条件下保证教学质量，这让"以作业量和时长换成绩"的习惯做法受到挑战。二是对自身专业能力的忧虑。"双减"政策迫使教师必须变革日常的课堂教学、作业设计等，这无疑加剧了课后服务带来的压力。

《中国经济周刊》采访教师时发现，除了工作时间延长，隐形负担被多次提及。"双减"政策实施后，大量的课外培训内容回归到学校课堂，以往的作业设计、教学任务几乎被重新洗牌，原有的课程纲要被推翻。伴随着课程设计与教学任务更新，学校、区里也组织大量的课程竞赛、作业设计工作坊等评比检查工作，要求教师参与。"这些都要靠下班时间教师自己在家里琢磨，可以算是另一种意义上的隐形加班。"[③]

根据《中华人民共和国劳动法》《中华人民共和国教师法》对"权利和义务"的规定，教师"按时获取工资报酬，享有国家规定的福利待遇以及寒暑假的带薪休假"。如果课后延时或者寒暑假托管算作加班时间，那么就需要支付三倍工资，但对于教师来说，这些基本上都算义务工作。北京师范大学中国教育与社会发展研究院教育国情调查中心组建全国"双减"成效调查课题组，对"双减"改革进行了问卷调查和个别访谈。问卷调查覆盖全国31个省（区、市）和新疆生产建设兵团213个区（县）的3564所学校，合计有效样本总量168.9万。调查显示，针对课后服务经费问题，12.7%的受访学校反映，课后服务教师补贴没有任何经费保障，19.5%的

① 徐承芸，林通."双减"政策实施后师生现实状况审思——基于对江西省部分小学师生的调研分析 [J]. 基础教育课程，2022(7):14-20.

② 熊丙奇. 如何构建课后服务经费保障机制 [J]. 陕西教育（综合版），2022(4):124.

③ 郭霁瑶. 全国政协委员、华东师范大学副校长戴立益："双减"后教师负担过重怎么办？ [J]. 中国经济周刊，2022(5):84-85.

受访教师表示参与课后服务未收到报酬；对于建立课后服务经费保障机制的学校，每课时课后服务津贴平均为 57 元，各学校平均在 24—86 元；乡村学校课后服务经费来源于财政补助的比例不足 20%。[①]

2022 年，全国两会召开期间，中国民主促进会中央委员会针对一线教师在岗时间长、工作责任大、节奏快、任务重，教师面临工作压力增大和综合能力提升要求的双重困境，呼吁减轻教师负担，提供有效激励与保障。全国政协委员、华东师范大学副校长戴立益给出三条建议：第一，提高教师待遇或增加教师编制；第二，广泛引入社会力量参与课后服务；第三，提升教师评价素养，完善教师评价标准和评价方式。张志勇表示，"双减"是解决人民群众急难愁盼问题的重大民生工程，做好"双减"工作，必须坚持校内外协同改革，做到减校外、强校内，减负担、提质量。[②]

"双减"政策实行还处于初始阶段，很多问题需要在摸索中解决。如果从法制建设的意义上来看，教师需要的是保障节假日等必要休息时间的法律政策，而不是"激励"教师节假日工作的制度和规章。

（二）减慢速度和减少事务可能吗

1. 加速（加负）机制

科技加速让空间缩小，社会变迁加速让当下萎缩，生活步调加速让时间匮乏。在解释社会加速的推动机制时，罗萨认为，科技加速并不是社会加速的肇因，科技加速只是让事务量增加的条件，加速的动因应该在其他方面去找。他给出了三个答案。

第一个是社会动力：竞争。在经济领域，时间是生产中的一个根本要

---

① 叶雨婷. 全国"双减"成效调查显示：超七成受访教师呼吁减轻非教学负担 [EB/OL].(2022-03-02)[2022-05-06].https://baijiahao.baidu.com/s?id=1726182117070546934&wfr=spider&for=pc; 熊丙奇. 如何构建课后服务经费保障机制 [J]. 陕西教育 (综合版),2022(4):124.

② 冯琪.2022 政府工作报告释放哪些教育新信号？专家解读 5 大亮点 [EB/OL].(2022-03-06)[2022-05-06].https://www.sohu.com/a/454373178_114988.

素，节约时间就是节约成本；加速生产同时加速了循环和消费；创新意味着在时间上领先竞争对手。所以，时间就是金钱。现代社会中，竞争原则不仅存在于经济领域，也支配了现代生活所有领域的分配，资源、物产、财富，乃至特权、地位、社会身份。在非现代社会和前现代社会，分配模式由团体属性决定，人一出生就决定了他的阶层归属，同时决定了他能拥有什么和不能拥有什么。这种分配没有效率，从正义立场看，也不公正。现代社会中，几乎所有领域最主要的分配原则都遵循竞争逻辑，经济、政治、科学、艺术，甚至宗教也如此。从个人来看，教育程度、工作地位、收入、子女成就、婚姻和人脉的获得与维持，都是在竞争。成就被定义为每个时间单位中的劳作或工作，所以，提升速度或节省时间直接与竞争优势的获得有关。人们"要跑得尽可能的快，才能留在原地。①

第二个是文化动力：永恒的应许。现代社会是世俗的，重点在此世而不是死后的世界，所以我们要尽最大可能去实现现世的抱负、欲求、渴望；坚持在此世体验人生复杂的高低起伏，此世的贡献、选择、财富。但一个人一生当中可以实现的事物，总是少于世界提供的选项，这种情况下，生活步调的加速就自然成为解决这个问题的方案，如果加倍快地生活，那就加倍体验生活；如果持续提升生活速度，就会让生活更加多样化。现代加速的幸福应许，是一种（不言而喻的）观念，它认为生活步调的加速，是我们在面对有限与死亡的问题时，所做出的（亦是现代性的）回答。现代人面对无法掌控的社会加速时，并不是做一个完全无助的、被动的受害者，往往是主动地采取节省时间的技巧，去选择更多的生活体验的选项。但是，无论多么努力，我们做的选择，相比所能做的选择，是极其小的一部分。"这是现代人的一种悲哀。人们觉得自己像是在滚轮中不停奔跑的小仓鼠，然而面对生命和世界的渴望不仅没有因此被满足，反而却更

---

① 罗萨. 新异化的诞生：社会加速批判理论大纲 [M]. 郑作彧，译. 上海：上海人民出版社，2018.

加渴望、倍感挫折。"①

第三个是加速循环。社会动力和文化动力这两种外在动力在早期现代中就已经开始运转。社会加速在晚期现代已经转变成一种不再需要外在驱动力的自我推动系统。科技加速、社会变迁加速、生活步调加速，已经形成一个环环相扣、不断自我驱动的反馈系统。如马克思和韦伯所说，进退之间没有平衡，维持原状就等于落后；在加速变迁中的社会竞争中，个人觉得自己站在"滑坡"上，"人们的体验、知识、设备、穿着，甚至是生活方式和日常用语，只要稍微喘口气，就马上会变得落后过时"②。科技、生活步调、社会变迁，变成一个封闭、自我驱动的加速循环系统。

对教师来说，现代技术手段，尤其是媒体技术手段的应用，让空间变得不重要，或者不那么重要了。以前的教学教育行为主要发生在学校，但现在可以发生在任何空间，无论教师在学校还是不在学校，只要工作有需要，教师随时都可以被工作找到。技术的应用让教师可以在恒定的时间内处理越来越多的事情，或者同时处理很多事情。他可以在向家长 A 通报学生成绩时，同时回应家长 B 的咨询，还可以完成向所有学生（家长）布置作业的任务。但是，处理事务的高效率并没有让教师拥有更多的自主时间，社会的变化在加速，知识的淘汰和更新在加速，教育观念的更新在加速，教育变革在加速，教师也需要不断变化，没有一个稳定的当下。

现在的教师，时刻处在变革中。一生中遇到一次变革可能是一件值得纪念的事，他可以很清晰地记得那次变革的因果和过程，无论作为旁观者，还是参与者。但如果一直处于变革中，变革就容易变成一个个模糊的片段。特别当同时被几个变革事件包围的时候，个人是没有办法做出区分的。一个关于教学行为的变革，可以对应很多个变革要求。教师看起来只做了一件事，但其实处理了许多事。

---

① 罗萨.新异化的诞生：社会加速批判理论大纲 [M].郑和彧，译.上海：上海人民出版社,2018.

② 罗萨.新异化的诞生：社会加速批判理论大纲 [M].郑和彧，译.上海：上海人民出版社,2018.

社会加速对职业生涯或自我发展也产生了深刻的影响。一方面，个人的职业生涯不需要自我规划，只要随波逐流就是"正确"的选择，因为什么阶段做什么事、达到什么目标，都已经被各种制度规划好了。入职之后的晋升路线清晰可见：要和谁学习教学基本技能，什么时候上公开课，什么时段完成什么指标，什么时候参加培训，什么条件下评初级、中级、高级职称。另一方面，教师需要主动或能动规划的，是通过努力加快发展的步调，以此获得竞争优势，如提前完成评职称的指标。通过先走一步、先上一个台阶，赢得发展先机。

不得不说，虽然教师工作的总时间在增加，在教室上课的时间增多了，但是教学时间却少了，除非把用于教学研究、教学技术切磋、上公开课的时间也算作教学时间。如果教学时间减少了，又要求教师实现快速的专业成长，教师需要付出更多代价。

人类整体的进步，某个阶层和职业群体的进步，个人的进步，并不总是协调的。工作时间越来越少，休闲时间越来越多，低廉的沟通与出行成本，五花八门的美食和精神食粮，用这些来衡量全人类的生活质量，具有说服力，但"如果额外的预期寿命和收入增长只是把人类置于你死我活的竞争里，让我们疲于追名逐利、无度挥霍、花天酒地，变成一具具行尸走肉，那也许进步将与它的含义背道而驰"。现代家居、家具让家庭节约了大量的时间和体力，但由洗衣机、电冰箱、洗碗机和烘干机释放出来的时间和体力，让女性更幸福了吗？[1] 陪伴孩子的时间增加，但是"陪伴孩子自然成长"和"陪伴孩子写作业"是两个完全不同的概念。

这也许是一种文化悲观主义的情绪和看法。斯坦定律断言："如果事情不能一直持续下去，它就会停下来。"但戴维斯推论又补充："或许事情不能一直持续下去，但它持续的里程却会远远超出你的想象。"[2] 这是现代社

---

[1]　平克.当下的启蒙 [M].侯新智,欧阳明亮,魏薇,译.杭州:浙江人民出版社,2018.

[2]　平克.当下的启蒙 [M].侯新智,欧阳明亮,魏薇,译.杭州:浙江人民出版社,2018.

会所有人都呈现的一种状态：抱有希望，但又不要过于理想化。在未来的某个时间，也许能看到诗意时间的普遍回归。

2. 减速（负）机制

看起来加速的趋势不可阻挡，但在不可能中求可能，是人类的独特能力。

因为速度已经是社会规范的主流，即使人们感受到它已经成为一个庞大的、无法摆脱的机器，但是也渐渐感觉到无能为力从而放弃对它的反思。"人们好像从来没有想到时间是可以由社会所建构、由政治所协商的。因此速度也会影响处于承认与蔑视之间的分配正当性。快的人获得胜利，慢的人就只能在后面追赶或失败。"①竞争的逻辑和成就的逻辑，才是社会加速的根本动力。人们为了获得成功，为了获得认可，为了占有更多的资源，把社会生活和个人生活变成"加速游戏"。既然是建构的，既然有游戏规则，是不是同时蕴含了可以重构、可以改变游戏规则的可能性？

根据罗萨的解释，人类社会除了加速循环系统，也有减速系统，只不过减速系统的动力较弱。社会的减速领域有：（1）自然的速度极限，如人体的生理极限、自然资源再生产的物理过程。（2）减速绿洲，一些地区性的、社会和文化的角落，还没有被现代化的加速动力染指。（3）因加速的失调带来的减速，如所有的人都追求高速度时造成的交通拥堵。（4）刻意减速，这是与加速度同时产生的对抗加速的力量，即现代化和反现代化是共生的，如对新技术应用的反抗，从技术发展的早期到现在，任何时期都存在。其中，有两种刻意的减速形式，一种是功能（加速的）减速，或减速的加速形式，如为了缓解过度疲劳的休息；另一种是意识形态（反抗性的）减速，其实现代社会的大量加速过程，是由一系列稳定、保守的现代制度保障的，如法律、民主、工业劳动体制，经济减速和政治减速是加速

---

① 罗萨. 新异化的诞生：社会加速批判理论大纲 [M]. 郑作彧，译. 上海：上海人民出版社,2018.

社会的基本必须功能。（5）社会加速的反面：结构惰性与文化惰性。[①]

人类在发展的历史上，一步步地突破自己生物属性的限制，对于生理性功能，通过劳动、运动、训练可以增强，"更快、更强、更高"的口号显示出人类自我超越的雄心；同时，也可以利用工具、使用技术，极大地强化、拓展人体功能，如用电脑代替人脑，用机械代替人力。但是在社会加速中，人的生物属性就不再是单纯被超越的对象，可能还是自我保障的一个重要屏障。一个生命体不能超越自然赋予它的极限，也就是说，只要人的自然属性不变，只要教育的本质不变，无论如何，教师的时间都是恒定的，工作时间不可能无限延长，工作效率不可能无限提高，工作负荷不可能无限增加。短时间的延时和加速可以实现，物质的弥补或者其他方式的激励可以短期奏效，但从长远来看，生命体本身不可能长期处于高速、高压、长时的运转中，"欲速则不达"，系统的惰性也会启动减速机制。教师的阻抗就是其中一种。

教育系统中，稳定速度或者减缓速度的系统始终发挥着作用。儿童的成熟、能力的增长、知识的积累与转化、记忆的规律，都需要时间来保障；我们可以提高效率，但无法超越过程。无视这些限制，终归会为此付出代价，承受这个代价的可能是教师，也可能是学生，或者整个教育系统，甚至是整个民族、国家。

3. 减速（负）的可行性

客观地说，相比过去，教育事务增多是一个不可阻挡的趋势，但即便是这样，也不能说所有增加的事务都是不可缩减的。非教育性的事务是否可以退出教育、退出学校？重复性的事务可不可以删减？过度精细的程序和形式可不可以简化？以变革、创新等为幌子的教育指令能不能停止？英国教育学者福利普·阿迪认为，教师受到了越来越多的指示、指导和法定

---

① 罗萨. 新异化的诞生：社会加速批判理论大纲 [M]. 郑作彧，译. 上海：上海人民出版社，2018.

的监管，通过细节控制，"越来越详细地告诉教师如何教，教什么，这样反而使得教师更缺乏专业化素养了。国家课程研究项目、工作计划、算术与识字策略及法定的评估只是向教师发出大量的基本指令"。所有这些都是在减少他们自由行使的判断力，削弱他们的专业能力。"一个人年复一年地被一个又一个'创新'（或指令）轰炸，几乎没有时间在一个大想法和下一个主意之间呼吸"[①]，没有反思地拥抱一个又一个新指令、想法、概念，能指望教师创造什么样的教育奇迹？

如果真的想让教育系统减速减负，从具体环节入手是一种可行性尝试。

首先，让教育变革减速。全球化、信息时代、学习化社会、创新型社会、人工智能、元宇宙等确实是近年来新的时代背景，教育观念确实需要在这个背景下更新，教育也确实需要通过自身的发展变革应对系统性变化，但是，无论怎么变，总有一些"让教育成为教育"的内在稳定因素。其实，教育结果的可预测性很低，不是说希望有什么样的教育理想，就能出现什么样的教育结果，如果是这样，就太低估了教育系统的复杂性。但是，结果难以预料在一定程度上又成为各种教育假设、观念、理论不被验证，甚至不被论证就直接应用的借口。每个学校、每个老师，对于自己从事的变革，会把结果表达为"学生发展了……""在很多方面都发生了变化""教师专业水平提高了"等，但是，这样的结果即使是真的，又如何证明这个"真"是某一观念下的行为带来的"果"？如何证明二者是因果关系，而不是伴随关系，或者没有关系？甚至，如何证明二者不是负相关？

福利普·阿迪认为，简单分类和刻板印象导致了教育中的许多神话，如传统教育和进步教育。但是如果想厘清哪一派教育观念更有效，就不能满足于一个模糊的概念。"每个特征需要描述，每个特征对教育成果的影

[①]　阿迪.糟糕的教育：揭穿教育中的神话[M].杨光富，译.上海：华东师范大学出版社，2018.

响需要单独地评估。它可以证明，由'进步'或'传统'界定的主要特征受到的真正的影响因素是偶然发生的。"①

其次，减少非教育任务。除了教育和教学任务可以考虑压缩减少，目前比较紧迫的是减少非教育任务，这些任务是"外源性"的，需要从外部清理。众多地方教育行政部门对学校进行业务管辖时，要求学校配合的各种活动、检查评比、材料报送，是否可以减少频次、减少程序、减少形式、减少考评捆绑和惩罚？

例如，政府推广某个政务 APP 时，除系统内正常推广外，还会要求学校"小手拉大手"，推动家长完成下载注册，并实名上报。学校将任务下发到各班级，教师就成了业务推广员，在家长群里提醒家长及时下载并上报结果。又如开展人口普查时，有的教师就成了普查员，在家长群里发放各种表格；普法宣传时，教师就是普法宣传员；防火宣传时，教师就是防火宣传员，将课堂延伸至家长群。此外，还有各种各样的检查。许多教师尤其是班主任忙于各级安排的社会事务性工作，消耗了大量时间。②

最后，减少非教学任务。教学工作是教育工作的主体，但教师 3/4 的工作时间用于非教学任务。制定教学计划、备课、批改作业、评价学生、辅导学生、组织活动、管理班级、早晚自习、沟通家校、参加会议培训、听课、教研、记录工作日志、撰写学习笔记，这些工作看起来都是教师的正常工作，但问题不仅仅在于事务多，还在于越来越烦琐的管理、评价、督导程序。督导评估、达标验收、检查评比、会议培训、安全管理等事务都很重要，如果这些重要事情的重要性，都通过程序体现，减负则注定是不可能实现的。

教师的减负问题虽然受到很多关注，但遗憾的是一直没有得到改变。不过，我们可以看到这种改变的努力。2019 年，全国教育工作会议提出，

---

① 阿迪.糟糕的教育：揭穿教育中的神话 [M].杨光富，译.上海：华东师范大学出版社,2018.
② 廖德凯."老师作业"少了，家长作业才会少 [N].四川日报,2021-03-01 (11).

对于教师减负问题，一方面把"各种与教育教学科研无关的社会性事务"和"摊派"作为清理对象，同时"把为教师减负作为一件大事来抓，教育部将专门出台中小学教师减负政策。要全面清理和规范进学校的各类检查、考核、评比活动，实行目录清单制度，未列入清单或未经批准的不准开展，要把教师从'表叔''表哥'中解脱出来，更不能随意给学校和教师搞摊派。要把时间和精力还给教师，让他们静下心来研究教学、备课充电、提高专业化水平"①。

总之，从教师的事务角度看，减少非教育任务、减少重复性的教育任务、减少不必要的教育任务，是教师减负的努力方向。

（三）为教师的休闲时间辩护

时间的减少和事务的增加，在某种程度上，是一个问题的两个方面。对教师来说，事务增多，是时间减少的重要原因。但我们认为，目前更应该把保障教师的休闲时间放在优先考虑的位置。因为事务再多，都不能无条件延长时间；事务再少，都可能无限侵占时间；只有严格控制时间，才可能激发减少事务、压缩事务的动力。保障教师的法定休息时间是有法律依据的。如果从法制建设的意义上来看，需要依法保障教师的休息权，而不是采用其他手段"激励"教师节假日工作。

20世纪以来，对休闲的研究，已成为引导文明生活的一股重要力量。1918年，美国联邦教育局将休闲教育列为高中教育的中心原则之一：每个人都应该享有时间去培养他个人和社会的兴趣。如果能被合理地使用，那么，这种休闲将会重新增加他的创造力量，并进一步丰富其生活，从而使他更好地履行自己的职责。如果相反，将损害健康、扰乱家庭、降低工作效率，并破坏其公民意识。②

---

① 陈宝生. 落实 落实 再落实——在 2019 年全国教育工作会议上的讲话 [J]. 人民教育 ,2019(C1):4–12.
② 成素梅 . 一本感悟人性之佳作——评介《人类思想史中的休闲》[J]. 自然辩证法研究 ,2001(11):68–68,70.

在休闲研究的主要内容和核心观点上，学者达成了相当大程度的共识。[1] 休闲研究是以人的休闲行为、休闲方式、休闲需求、休闲观念、休闲心理、休闲动机等为研究对象，探索休闲与人的生命意义和价值，以及休闲与社会进步、人类文明之间的相互关系。其核心观点是，休闲是人的生命的一种状态，是一种"成为人"的过程，是一个人完成个人与社会发展任务的主要存在空间。休闲不仅是寻找快乐，也是在寻找生命的意义。也就是说，休闲的本质或者本体意义，不仅是人的一种生命状态，而且是一种意义状态。西方休闲思想可以追溯到古希腊和希伯莱文化。柏拉图说："诸神怜悯生来就是劳累的人们，因而赐予他们一系列的节日，并由酒神、诗神、太阳神相伴，由此他们的身心获得滋养，他们变得高大、正直。"亚里士多德认为"休闲才是一切事物环绕的中心"，并把休闲看成是哲学、艺术和科学诞生的基本条件之一。美国乔治梅森大学教授托马斯·古德尔在《人类思想史中的休闲》中，把休闲定义为"是从文化环境和物质环境的外在压力中解脱出来的一种相对自由的生活"，它使个体能以自己所喜爱的、本能地感到有价值的方式，在内心之爱的驱动下行为，并为信仰提供一个基础。[2]

马克思认为，充裕的休闲时间是充分发挥自己一切爱好、兴趣、才能、力量的广阔空间的前提，有了充裕的休闲时间，就等于有了"思想"自由驰骋的天地，因为人们可以不再为谋取生活资料而奔波操劳，所以为个人在艺术、科学等方面的发展提供了可能。但他也讲到了"个人的充分发展又作为最大的生产力反作用于劳动生产力"[3]。

休闲和幸福的关系是休闲研究的一个重要范畴。很多研究都揭示，休

---

① 马惠娣. 人类文化思想史中的休闲——历史·文化·哲学的视角 [J]. 自然辩证法研究 ,2003(1):55-65.

② 成素梅. 一本感悟人性之佳作——评介《人类思想史中的休闲》[J]. 自然辩证法研究 ,2001(11):68-68,70.

③ 马克思, 恩格斯. 马克思恩格斯全集: 第四十六卷 [M]. 北京: 人民出版社 ,1979; 晏辉. 论马克思的"时间"概念及其人类学意义 [J]. 云南社会科学 ,2020(5):19-30,187.

闲不是幸福本身，也并非所有的休闲活动都能带来幸福状态。这个结论其实和亚里士多德以来对于休闲的理解吻合，即空闲时间并不等同于休闲，一天或一个简短的时间间隔并不可能带来真正意义上的幸福。人们也许可以利用这些间歇进行休养性的娱乐，可以恢复体力以便重新投入工作，然而，这不是休闲的本质。[①]

无聊不是休闲。某些休闲活动可能毫无吸引力，与无聊亦相距不远。布鲁诺·弗雷在苏黎世大学完成的关于幸福的研究结果显示，对于看电视是否能带给人们快乐，答案是难以统一的。从他的小组研究和相关文献来看，若看电视真能带来幸福，通常也只是低满足感，进而导致低幸福感。尽管有些（大多为随意的）休闲方式仅能带来短暂的、浅层的幸福，但仍有无数人喜欢这种幸福。休闲虽然并不等同于幸福，但对创造幸福至关重要。休闲研究向人们展示为了获得幸福，有多种多样的方式使用自由时间。休闲研究还意图证明，在获得幸福这一点上，金钱往往无济于事，休闲才是正途。深度休闲和项目式休闲更有可能带来长久的幸福，尤其当这两者与随意休闲结合时，将促成最为理想的休闲生活方式。[②] 休闲不是幸福本身，但休闲是一种可以带来幸福感的活动。休闲让生活变得更精彩、更有意义，深层地说，是人们能够自主支配自己生活的一种自由的权力。或者可以说，"能休闲"有时候比"休闲"更重要。

中国也有丰富的关于休闲的思想文化资源。儒家以入世的态度，把休闲当作修身养性、完善德行的手段，提倡安贫乐道、随遇而安。道家以超然出世的态度，追求着天地浑成、物我为一，以求精神自由。[③]

道教的文化与现代意义上的休闲理念最为接近，休闲的前提和实质是自由，在自由涉及的层次中，个人是最基本的。个人自由首先是精神自

---

① 古德尔. 人类思想史中的休闲 [M]. 昆明：云南人民出版社，2000.

② 斯特宾斯，刘慧梅. 休闲与幸福：错综复杂的关系 [J]. 浙江大学学报（人文社会科学版），2012,42(1): 31–43; 武晓玮. 休闲教育的本质与功能研究——四个维度的探索与思考 [D]. 杭州：浙江大学，2021.

③ 陈盈盈. 中国传统文化中的休闲观念 [J]. 自然辩证法研究，2004(5):94–97.

由，其次是行为自由，其中社会交往、生产实践是较为重要的两类。除生产实践之外的自由，都与休闲有直接的关系。精神自由既是休闲的前提条件，也是休闲的结果。[1] 在庄子哲学和禅宗思维的影响下，中国人的休闲价值观推崇"君子之行，静以修身，俭以养德，非淡泊无以明志，非宁静无以致远"。陶渊明的"采菊东篱下，悠然见南山"代表性地表达了自我心境与天地自然交流融合的休闲境界。在传统文化典籍中，从《诗经》、楚辞、汉赋、唐诗、宋词、元曲，到清代闲适小品，都涉及休闲的内容、形式和观念。民间传统文化中，也有许多可以体现休闲的活动，如赶集、庙会、放鹰、养鸟、观鱼、垂钓、猜谜、楹联、诗社、书院、风筝、踢毽、打拳、舞剑、啜茗、嚼蟹、书市、园林、流觞、国画、曲艺、管弦、戏曲、书法、金石……[2]

从形式上看，中国人休闲主"静"，西方人主"动"。但从本质上看，中西方都把休闲看成一种生命体验。所以说，中国既不缺少传统的休闲观，也不缺少与现代休闲观相契合的思想，休闲既是中国人的一种生存智慧，也是一种生存实践。无论从思想文化渊源，还是从生命的存在状态来看，我们有充分的理由为休闲辩护，也有充分的理由为教师的休闲权利呐喊。之所以这样说，是因为在现代的社会生活领域，对于休闲的认识和实践，出现了很大的分野。

在欧美一些国家，度假是亲近自然，更好地认识、了解与提升自我的绝佳时机，他们甚至认为旅行和度假才是生活中最重要的部分之一，而工作不过是度假的前期准备。但是中国人的旅游观光，总是难免带着"犒劳"的性质——自我奖励、公司慰劳员工、子女孝敬父母等。这种犒劳性的休闲，并不是中国人唯一的休闲模式，但是说它是主流，也并非没有道理。至少在一定时期内，把休闲当作生活和工作之外的、额外的"犒劳"，是相

---

① 孔令宏.道家、道教的休闲观 [J]. 江淮论坛,2019(3):92−98.

② 马惠娣.人类文化思想史中的休闲——历史·文化·哲学的视角 [J]. 自然辩证法研究,2003(1):55−65.

对普遍的。以德国为例，随着二战后出现经济奇迹，社会高速发展，德国人的旅游行为以休闲、娱乐、轻松的度假型出游为主，如沙滩旅游、运动旅游、冒险旅游等。根据德国国民经济统计中关于旅游强度的数据，14 岁以上的人口，在一年之中至少旅游过一次，一次至少 5 天，而且旅游强度不断上升。推动旅游强度增加的条件，是经济和时间。除了经济因素外，更为重要的是休闲观念，或者说人们怎么利用自己的时间，利用时间去做什么，以及对个人自由支配时间的保障，即个人有没有足够的假期，以及对个人度假权是否有足够的尊重和保护。①

当我们为教师的休闲时间辩护时，首先要提及的就是休闲对工作的补益作用。"不仅在于休闲之于工作的补偿性、恢复性价值（休闲可以恢复身心，教师休闲后可以更好地工作），更在于休闲之于工作的开发性、发展性价值（休闲可引发、促进创造性工作，教师休闲后可以更出色、更具创造性、更具智慧性地完成教书育人的工作）。"②

关于教师发展的理论建构和政策，几乎都是围绕着工作进行的。教师的休息时间，在不断加码的教育事务中，总是成为被牺牲的对象。从理论上讲，教师的休闲时间较为充足，除了双休日，教师还拥有寒暑假。从法定节假日的角度统计，我国教师一年假期有 168 天左右，教师的休息时间总数可能超过欧洲如德国从业人员假期的平均数（160 天）。然而现实中，教师除了工作日超负荷工作之外，其寒暑假也被充分利用，成了教师培训的"黄金时间"。不仅如此，教师培训的常态化、普及化，还迫使不少地方和学校把五一、十一等小长期和双休日利用起来，美名其曰为"长假长培、短假短培"的机制创新。

---

① 张怡 . 二战后德国人的出境旅游行为 [D]. 上海：上海外国语大学 ,2007; 刘玉灵 . 中欧旅游观差异的文化探源 [J]. 湖北经济学院学报（人文社会科学版）,2019,16(4):114-117; 田穗文 , 龙晓明 . 旅游发展中的跨文化研究 [J]. 经济与社会发展 ,2003(7):30-34; 高合顺 . 中西文化的根本差异对比研究 [J]. 东岳论坛 ,2008(5):108; 刘茜 . 论中西方旅游审美的差异 [J]. 广西大学学报（哲学社会科学版）,2006(6):31-34; 滕薇 , 王永祥 . 中西方旅游交际中的跨文化思考 [J]. 外语研究 ,2014(2):349-350.

② 解建团 , 汪明 . 教师·休闲·教师教育 [J]. 教育理论与实践 ,2016,36(22):40-43.

　　什么样的休闲才是高质量的休闲？这样提问容易陷入另一个意义陷阱，即必须从休闲中实现某种价值，或专业发展的，或自我提升的，或精神充盈的。但本书提倡的是"休闲自由"，即休闲时间不是被各种活动填满，休闲时间就是教师能够自主安排的时间，如学习、培训、工作、旅游、闲逛等，都应该是自主行为。

　　根据比尔·布莱森的描述，19世纪70年代以前，是乡村牧师的黄金时代。那时候的乡村神职人员，拿着优渥的租金和捐税，工作清闲，但其"作用是不太明确的。虔诚不一定是个要求，甚至不是大家所期待的东西"。但在英国圣公会里，"一个人被授予神职，需要大学学位，但大多数牧师攻读古典文学，不研究神学……"虽然没有训练过如何做祷告，如何提供精神鼓励和慰藉，或者提供其他基督教道义的支持，但产生了一批"非常有钱的人。他们有的是空余时间。因此，他们中间的许多人自然而然地开始干一些了不起的事情。历史上从来没有哪批人从事过比他们更广泛且能给自己带来荣誉的活动"。这些人中，有自学成才的语言学家乔治·贝尔顿，有写出《商第传》的小说家劳伦斯·斯特恩，有发明动力驱动织布机的艾德蒙·卡特赖特，有科学描述恐龙化石的第一人威廉·巴克兰，有写出《人口论》、创立政治经济学的马尔萨斯，有发明潜艇的乔治·加勒，有发明煤气照明装置的约翰·克莱顿，有热气球运动的先驱约翰·麦肯齐·培根，有真菌和树木疾病研究的杰出权威 M.J. 伯克利，有教会威廉·赫谢尔制作望远镜的约翰·米歇尔（后来赫谢尔用它发现了天王星），有出色的数学家托马斯·贝斯（发明了著名的数学等式，被后世称为贝斯定理），此外还有很多文学家、艺术家等。许多神职人员虽然没有创作出伟大的作品，但却"生出相当伟大的子女"，如约翰·德莱顿、克里斯托弗·雷恩、罗伯特·胡克、托马斯·霍布斯、奥利弗·戈德史密斯、简·奥斯丁、乔舒亚·雷诺兹、塞缪尔·泰勒·柯尔律治、勃朗特姐妹等，他们都是牧师的后代。在《牛津国家传记词典》上，输入"教区长"一词，可以获得近4600

条提示，输入"教区牧师"可以再获得 3300 条，而输入"物理学家"只能获得 338 条，输入"经济学家"只能获得 492 条，输入"发明家"获得 639 条，输入科学家获得 741 条，这和神职人员比，数目相当少了。[①]

科学史上的很多发明发现，也都和个人兴趣（没有崇高目的或者功利目的）有关，如测量地球。18 世纪，人们具有了解地球的强烈愿望——想要确定地球有多大年龄，多大体积，悬在宇宙的哪个部分，是怎样形成的，他们会不惜生命跨越海洋、翻山越岭，历时数年，就为了验证地球赤道附近和两极附近一度经线是不是长度一样，也就是说，验证地球是圆的，还是椭圆的。这样的一件事，在当时看不出什么用处，也看不出对当事人有什么好处，不知道他们做这件事除了"想做"之外是否还有其他动机。而且比较有意思的是，科学发展史，似乎就是由许多这样的人和事"随意"组成的。

当然，让教师更好地享有休息权和休闲权，并不是让教师去进行科学发明和发现，但至少，必要的休息和休闲对教师的身心健康无疑是大有裨益的，而健康的身心对于生活、对于职业、对于学生来说意味着什么，并不是本书想强调的，不过客观上，我们无法否认身心健康对工作的意义和价值。

第二节　边界

教育边界失守或者僭越，一方面可以用来解释为什么非教育事务可以涌进学校，另一方面也可以透视教育越界给教育、教师带来的影响。从教育的角度看，无论是边界被打破，还是从内部主动越界，边界的模糊和失守，都有可能对教育系统、对学校、对教师和学生带来伤害。教育系统内

---

① 布莱森.趣味生活简史 [M].严维明，译.南宁：接力出版社,2011.

部的边界模糊也同样如此。

一、边界、教育边界、教师边界

（一）边界概述

边界研究涉及哲学、社会学、文化学、管理学、心理学、教育学等。边界可以是一个地理概念，也可以是一个政治、社会、文化、心理概念；它可以是物理空间的实体界限，也可以是地理、社会、心理、文化、权力等的虚构界限。物理概念的实体界限比较直观，地理概念上的边界如不同国家和地区之间的分界，已经带有一定虚构性质，文化意义上的边界如国内与国外、传统与现代、主流与边缘、精英与大众、政治与科学之间交叉影响的边界则更加模糊。此外，还有表达的边界、认识的边界、价值的边界等。

1. 边界具有普遍性

齐美尔在生存方式的意义上谈边界，在《生活观》中说："人在世界上的位置，他在性状、行为等一切层面，而且无论是在怎样的瞬间，都是由处于两个边界之间这件事来确定的。"北川东子对此解读到，"我们在所到之处都被夹在'边界'之间，与此同时，我们自己也是'边界'。将我们的'现在、这里和这样'作为一个边界'面向两个极端，系列就会向两个方向延伸'"①。

但北川东子认为齐美尔思考的边界并不是事实性的边界，不是像《流行心理学》那样"制造出差异的边界"，是宣布一件事情的开始与结束，是使"来和去"这种明确的动向成为可能的分割。《流行心理学》讲的是变化和节奏创造出的"边界的形式魅力"，而在《生活观》中，"边界"最终成了形而上学的范畴，"我们在所有方向上都有边界，但与此同时，我们又在

---

① 北川东子 . 齐美尔：生存形式 [M]. 赵玉婷，译 . 石家庄：河北教育出版社 ,2002.

任何方向都没有边界"①。也就是说，边界是人类生活中的一种普遍性存在，是人的一种基本的存在状态，边界的状态反映出人的生存状态。

2. 边界是对场域的界定

"场域"是布尔迪厄社会学根本、基础的逻辑起点，他的场域研究遍及了美学、法律、宗教、政治、文化、教育等不同领域，他认为场域的形成与变化往往是通过各种场域间边界的确定实现的，"场域的界限在场域作用停止的地方"②。建立边界，就是使事物得以确定，使一事物和其他事物区别开来。但场域的确定和场域边界的确定，是不同力量关系对抗和竞争的结果。布尔迪厄认为决定竞争的逻辑是资本的逻辑，但资本不仅包括投入生产过程中的有形商品与可转化为有形商品的劳动力（经济资本），还包括无形的文化惯习与社会关系，即文化资本和社会资本。其中，文化资本是对一定类型和一定数量的文化资源的排他性占有，它有三种存在形式：具身化的状态（文化能力）、客观化的状态（文化产品）与体制化的状态（文化体制）。③后来，他又补充了象征资本。

因为资本对抗和竞争具有动态、不确定性，所以场域及其边界是相对的。此外，布尔迪厄还揭示出了场域的自主性。"在高度分化的社会中，社会的和谐统一体是由一些相对自主的社会的微观世界组成的，社会的微观世界就是客观关系的空间，是逻辑和必然性的场所，这一逻辑和必然性对于那些控制其他场的东西来说是特殊的、不可简约的。"④"每一个子场域都具有自身的逻辑、规则和常规。"⑤

---

① 北川东子.齐美尔：生存形式[M].赵玉婷，译.石家庄：河北教育出版社,2002.

② 李全生.布迪厄场域理论简析[J].烟台大学学报(哲社版),2002(2):146-159.

③ 李春影，石中英.布迪厄社会学思想对中国教育研究的影响：回顾与评论[J].比较教育研究,2018(8):42.

④ 布尔迪厄.文化资本与社会炼金术——布尔迪厄访谈录[M].包亚明，译.上海：上海人民出版社,1997.

⑤ 布尔迪厄，华康德.实践与反思——反思社会学导引[M].李猛，李廉，译.北京：中央编译出版社,1998.

3. 边界规定了场域内的游戏规则

贺来在《边界意识和人的解放》中明确了边界的四重规定：自主性和自律性、有限性和相对性（时间、空间和历史的限度以及领域内规则的限度）、自成目的性，以及上述三重规定已经包含着的第四重规定：每个领域的游戏规则不得越过各自的领域的边界，去干涉其他领域的活动，去规范其他领域的存在、运动和生成，去充当其他领域的权威，否则必导致人类生活世界秩序的错位和混乱，从而导致诸多难以解决的悖论，以及生活世界的虚无化和人的自由丧失。[①] 为了实现自己的目的，在纷繁的场域关系中，它需要边界的守护，也需要足够的自主，才能有效地成为它自身、实现它自身。

（二）教育边界

在考察教育中的边界现象和问题时，对边界的理解和界定也是多维度和多层次的，体现出边界在教育场域中的复杂性、多样性和普遍性。

首先，是教育和社会其他系统之间的边界，主要包括学校—社会边界（其他社会权力、行政系统、社会媒体等）、学校—家庭边界、教师的工作—私人生活边界。

其次，是教育系统内部的各种边界。如果仅仅立足于学校系统内部，可以看到教育管理—教育实践边界、科研—教学边界、学科—学科边界、教师—教师边界、教师—学生边界。庄西真以布尔迪厄的场域理论透视校园行政文化，认为学校作为一个场域是由占据不同职务和位置的学校行政人员、教师、学生等构成的空间，学校行政人员与教师在这个场域中相互斗争，以获得、积累和垄断不同形式的资本，维护和提升自身在场域中的地位。[②] 但教育系统内的边界并不局限于校园内部，还有学校之外（上）

---

① 贺来 . 边界意识和人的解放 [M]. 上海：上海人民出版社 ,2007.
② 庄西真 . 公办中学学校行政人员文化研究——由布迪厄的"惯习"观点说开去 []. 教育理论与实践 ,2004(15):17-20.

的教育行政系统和学校之间的边界、中小学和大学之间的边界等。

最后，是以教师个体作为考察对象，从教师的职业生涯和个人生活视角，考察其生存、发展所涉及的边界类型和边界问题。

（三）教师边界

教师边界，是从具体教师的个人视角来分析他面临的边界类型和边界问题。一般来说，把教师作为一种社会职业来考虑，是具有普遍性的一种认识维度，如教师的边界意识是"建立在对自己工作的地位、作用、价值、意义等的深刻认识基础上的教育自觉"[①]。但是，作为社会个体的教师，他面临的不仅仅是作为职业角色的自我，他的社会角色是多元、复合的。一个以"教师为业"的人，是教育场域中的教师，也是社会场域中的社会人，还是家庭场域中亲缘关系的一员。那么，即使以教师职业为视角考察他面临的边界，至少要在"社会—学校—家庭"的三重关系之中考察。这也就决定了，从教师的个人生活和职业实践来考察，会发现几乎所有教育中的边界现象和边界问题，它们最终能直接或间接在教师身上得到反映。

为研究教师的自我边界现象，我们曾经从"教师道德"的角度把边界类型区分为内部和外部两部分。内部边界是区分教师私人道德、公共道德和职业道德领域的依据，它将不同层次的教师道德领域独立开来。其中，教师的私人道德领域"是以个体独立人格为基础的私人或私人间活动界域"，一般与教师的私人生活领域相重叠。教师的公共道德领域则是教师的社会交往领域，属于社会公共道德领域的一部分，是教师与社会相关联的非职域的道德空间。教师的职业道德领域是教师的职域，是属于私域与公域之间的领域，或者同时跨越私域和公域的领域，属于具有有限公共性的私域，也是具有涉他隐私性的公域，也就是不完全公开的公域。教师道德的外部边界是教师道德领域的上限和下限，在教师道德发展水平上，

---

① 吴克勇.论教师的边界意识 [J]. 教育科学研究,2011(5):78-79.

"无上限"（理想道德）但"有下线"。理想道德提供道德追求的最高方向和境界，而底线道德不但是教师所需遵循的最低道德标准，也是教师道德实践过程中一个不可逾越的边界。①

教师个人的工作—生活边界、教师专业发展中的底线—上限，以及教师和家长的人际边界、中小学教师和大学专家之间的合作边界，是教师个体面临的主要边界类型。

二、无界和越界现象

教育领域内，在边界问题上常见无界和越界两种现象。

无界是没有界限意识，是一种"你我不分"的混沌状态；越界是对边界的僭越，在其他人的界限内发号施令。对教育边界问题的直接研究虽然并不多，但边界相关的研究并不少。教育、学校、教师作为被越界的一方，以及作为主动越界的一方，都引起了不少争议。

（一）社会—教育边界

教育边界的僭越现象，或教育边界的缺失、失守问题，受到较多的关注。教育成了"万金油"，学校成了"无限责任公司"，教师成了全知全能者，所以"回到朴素的原点，教育要有自己的立场，学校要有自己的'围墙'，教师要扮好自己的角色，从而使学校教育真正回归教育的本质和初心"②。教育系统之外的社会干预力量类型繁多，干预方式各种各样，对教育系统以及从事教育工作的人的影响也多种多样。这种现象一方面反映社会、家庭等外部系统对学校教育的边界僭越，另一方面也反映出教育职责和功能等全方位的越界。

---

① 邓晨，吴黛舒．教师道德边界模糊化现象研究 [J]．教育发展研究，2018(10):75-79.
② 金培雄．穿越幻象，回归朴素的原点——谈学校教育的边界 [J]．江苏教育研究，2018(C4):28-30.

（三）行政—教育边界

教育行政权力的定位和界限问题，一直是我国教育领域的重大问题。教育行政权力的越界主要表现为两个方面：一是教育行政权力本身的肆意越界，教育行政过程中，缺少合法、合理、合情的依据。"行政权力的无边界渗透，不仅导致办学中屡屡出现违背教育教学规律的事情，而且还出现了以言代法、以权压法的情形。"[①] 作为国家行政权的一个组成部分，教育行政权力在运行中需要遵守合法性原则和合理性原则，以及三条行政边界：法制边界、专业边界和价值边界。法制边界对应合法性原则，即依法行政；专业边界和价值边界对应合理性原则，即依据教育领域的内在规律性和伦理价值规范行政。[②]

二是教育行政权力对教育和教师边界的无原则让渡。教育系统内部对教师边界的主动让渡，等于把教育的领地、把教育的专业、把教师"自我"的防线从内部自动撤除，并主动邀约外部力量"替代行政"。例如，把教师职业道德评价权"赠给"学生家长。教师的职业道德如果属于教师的专业范畴，对它的评价就应该属于专业评价而不是家长评价。即使家长评价具有合理性、合法性、有效性，这种评价权的出让，也会引发教师群体的心理不安与行为混乱，也会造成教师对职业的专业性和专业自主性的认知混乱。

（三）家—校边界

家—校边界表现在家长和学校、教师的关系上。一方面，是家长对教育的干预；另一方面，是教师的专业权力外溢。除了教育权力的主动让渡之外，家长对教育日常工作、对教师职业权力和责任的干预要广泛得多。

---

① 本刊评论员.教育亟需一份"权力清单"[J].人民教育,2014(7):1.
② 龙耀.论教育行政权力的边界——兼论中国教育行政权力边界守护机制[J].高等教育研究,2011(5):37-48.

社会对教育的各种责任期待和理想寄托，以及对教育权的监督和干预，很大一部分是通过家长直接实现的。教师对学生的惩戒权问题，一度成为家校冲突比较激烈和摩擦比较尖锐的一个领域。教师应不应该惩戒学生，如何惩戒学生，惩戒的标准和尺度如何界定，总能引起议论。在边界不清的情况下，很难找到共同的评判标准，最终导致舆论上各抒己见，判断上各执一端，处理上各执一词，甚至对于相同的事件，在不同时间、不同学校，采取不同的立场和标准进行处置。此外，极端化的"校闹"现象，也属于家校责任界限不清的后果之一。

在媒体技术的普及和助力下，教师和家长的联系比以往任何时期都即时化、公开化，微信或者QQ群也成为家长和教师互相越界的"重灾区"之一。它们给教师增加了不少工作量，进一步模糊了教师上下班的界限。教师经营"家长群"，本身就是传统职业实践之外的一项新任务。各种群也让家长实现了"面对面"，而协调家长之间的关系，有时比处理学生问题更复杂。有观点认为，这是对教师专业能力的新挑战，并据此对教师提出更多的要求。但是这类要求，对教师来说是不是过度？对家长来说是不是过分？诸如此类的问题，恐怕不能做出过于草率的判断或给出不计后果的建议。

当然，在家校关系中，学校和教师主动越界，转移教育责任，滥用教育权力的现象也不罕见，且不说有的甚至超出合规甚至合法的界限，即使一些顶着"教育之名"的行为，也可能超出了合理的限度，或者至少是值得商榷的，如要求家长利用自己的社会资源满足学校或教师要求，要求家长监考、改作业、代管晚自习等。以"家庭作业之名"，把学生的作业转化为家长任务的现象更为常见。很多情况下，家—校边界问题已经不是靠学校，更不是靠教师或家长个人的理解、智慧、能力能够解决的事情。

（四）大学—中小学边界

大学和中小学之间的合作，是在基础教育改革和发展过程中产生的一种新型关系，也是教育领域中的一种新边界。合作是基于各自生存和发展的需要，而不是单方面的付出和奉献。因此，二者之间有基于共同利益的合作，也有基于各自利益的坚守，当然也有双方价值取向、形成基础、运行模式和生存方式不同导致的博弈。有研究者从组织边界管理的视角，把大学和中小学的边界分为规避、冲突、依附、协作四种类型，并指出规避和冲突都不是良好的边界状态，依附类型下彼此之间的付出和收益也不均衡，而理想的共生模式是双方主体尊重彼此差异，并利用这种差异进行优势互补与内部协同，最终实现"自我的均衡发展、双方的共同生成以及系统的整体优化"[1]。

（五）教师的个人边界

教育中所有的边界问题，都会聚焦在教师个人的教育实践中，但为了区分，也为了更好地说明教师生存发展的问题，需要把教师的个人边界作为教师的个人问题进行单独分析。教师个人面临的边界问题，在以下几个方面比较突出。

首先，个人工作和生活的时空边界模糊。

其次，教师生存发展中的实践边界模糊。在教师的道德生活领域，这一点表现为教师私人、职业、公共道德三个领域的边界不清，最为常见的是职业道德和公共道德对教师私人道德的僭越，教师私人道德和职业道德评价原则混淆，职业道德会凌驾于教师的私人道德；在教师的道德底线问题上，又容易出现教师道德与法律之间的界限模糊，对教师违反道德行为和违反法律行为的判断出现误差，用师德建设应对和解决违法问题的

① 李晶，吕力杰."冲突 or 合作"："大学——中小学"的边界博弈 [J]. 教师教育研究 ,2016(6):37-43.

现象。

最后，在教师发展的过程中，还有"专业自我—职业自我""自我—它我""自主—它主"之间的边界问题。

教师发展问题，一般是在教师职责的范围内，在专业发展的框架下进行讨论。当前谈教师发展，或以教师成为研究者、学习者、合作者、反思者为目标，或以教师从"育人"向"育己"转型、达到内驱式的生命自觉为境界，最终旨归都是希望教师实现自我、超越自我、完善自我。即使承认教师发展的复杂性和艰巨性，但是教师的发展尤其是自我发展，往往被界定为一个单向的、不可逆的、不可停止的向前、向上、向善的过程。也有研究者从不同的角度思考教师的发展问题，如跳出专业和职业的限定，扩大发展的范围，把教师对自己生存生活的关爱、对自己生命价值的关心、对自己追求健康与快乐的意愿和权益，也纳入自我发展的内容之中。这种倾向在现实的教师群体中，也越来越多地受到认同，所以，即便其他国家和地区更认可把教师发展等同于教师专业发展，但在中国特定的社会文化环境下，坚持广义上的教师发展，有它的特殊必要性。教师发展包含教师专业发展，但不局限于专业发展；教师的自我发展意识和能力包含教师对自身专业发展状态的审视、规划，但也不局限于此。对我国教师来说，自我的发展，势必要面临职业生涯、专业发展和个人生存发展三者之间边界关系的认知和处理问题。无论指向职业需求的专业，还是指向职业需求外的个人生活，它们都有相对固定的边界。也就是说，有一个职业责任的边界，也有一个完整的、属己的个人生活的边界。

如何认识和处理三者的关系，在这个过程中，教师的选择自主权，又会衍生出"自我—它我""自主—它主"等关系。以专业发展之名对教师发展的促进、激励、评比或评价、监督、管理，乃至奖罚等，都有可能导致不良结果。当以固定的模式对教师的专业发展进行规范，教师的自我、自主，就避免不了被它我、它主压缩的结局。例如，针对课堂教学的研课、说课、磨课、评课和教学比赛，加剧了课堂教学的技术化、精细化、表演化。为了一次赛课，教师可以数十遍地打磨，这样的过度打磨，虽然可以在一定程度和一定标准下带来教师的专业成长，但教师为此付出的代价，以及其对正常教学工作产生的非积极影响，早已引起一线教师的反感和抗拒。

三、如何维护教育边界

由于教育职业的特殊性，教育边界的模糊有其理由。教师职业以回归性、不确定性和无边界性为特性。回归性是指教育工作的责任，没有任何归属，不管怎么高喊"儿童不好、社会不好、家庭不好"之类的批判，这种批判会像飞镖那样回归，责任还是归自己来负；不确定性是指教师的见解与理论不适用于所有场合，从一种场合来看是圆满的实践，从另一种场合看却很有可能是全盘否定的；无边界性是指教师的工作在时间和空间上有连续扩张的性质，使教师的职域与责任无限制地扩大。因此，教师职业情境中充满着复杂性、混沌性、偶然性和不可预见性，职业规范较为模糊，难以明晰。[①]这种既可被看成科学又可被视为艺术的职业行为方式，决定了教师职业实践的个体性和多元性，也为教育实践的边界确定带来困难。但边界难以确定，不能成为任意模糊边界的借口。

（一）场域内"游戏规则"不可替代

边界是对场域的界定，每个场域有自己独特的游戏规则。在对等或者平行关系中，独立的游戏规相对容易恪守，但是在"上"与"下"、"大"与"小"、"群"与"己"等关系中，却不太容易得到认可。以群己关系为例，群与己的关系，是中国传统文化中一对基本的关系范畴。在中国思想史和

---

① 左藤学. 课程与教师 [M]. 钟启泉，译. 北京：教育科学出版社,2003.

社会史上，对于群己关系问题，集体主义、国家本位一贯占统治地位：个人在群体之中，群体是个体的群体。这种基于辩证唯物主义的思辨，无疑有广泛的、坚定的认识基础和受众，但是，如果换一个审视角度，也许可以得到不同的意义阐释。贺来从"个人和社会统一性"的前提入手，分析这一价值取向对群己界限的抹杀，并论证了群己所遵循的不同游戏规则。他认为，在群己问题上，无论是个人本位还是国家本位，都坚信个人与社会整体遵循着完全同一的游戏规则，即都无条件设定群己的内在统一性，而这种跨越了游戏边界、对群己内在统一性的追求，所带来的恰恰可能是"人的束缚"甚至是"人的奴役"。内在统一可能产生的后果之一，是越过边界，要求"己之善"和"群之善"遵循同样的游戏规则，这等于强制性地要求个人放弃本己的游戏规则而服从于公共的、社会的游戏规则，个人独立的私人生活空间由此完全被抹杀。同样，在这种内在统一中，可能产生的另一个后果是"社会整体成为个人的手段，共同体被视为满足个人目的需要的工具。只有在满足个人的需要和利益时，共同体才有存在的必要，否则随时可被抛弃"①。

无论是个人之善被遮蔽，还是公共之善被瓦解，其根源均在于僭越边界，试图把二者强制性地统一起来的形而上学思维方式。要克服这种悖论的后果，就是自觉意识到二者之间的"游戏边界"，并寻求二者各自相对独立的"游戏规则"。个体生命的游戏规则是自由地创造其价值，自由地创造自我的个性和人格，追求属于自己的可能生活和人生价值，而不被共同生活所规训，在一个不受干涉的领域内"被允许做他有能力做的事，成为他愿意成为的人"②。个体守护和捍卫自身免于强制的自由，获得属于自己的生活空间，对教师而言，可以是相对于社会公共生活的个人职业生活和私人生活，以及相对于公共教育生活的个人专业生活，相对于共同体专业

---

① 贺来．"群"与"己"：边界及其规则——对"群己权界"的当代哲学反思 [J]. 学术月刊 ,2006(12):40-45.
② 贺来．"群"与"己"：边界及其规则——对"群己权界"的当代哲学反思 [J]. 学术月刊 ,2006(12):40-45.

生活的个人自由发展。它可以是随机的、盲目的，与公共性同在一个自我空间。

社会公共生活的游戏规则是相互承认与团结。每个人的生活与其他人的生活存在着重叠或相交的部分，即"公共生活空间"。与个体生命的游戏规则不同，社会生活的游戏规则是一种普遍性、公共性，或协同性的存在。[①]但是"公共生活空间"的形成与个人的关系，还可以区分出两种类型：一种是以先在的、不容置疑的、绝对权威的方式，需要个人服从，而不考虑这种规则是不是体现了具体个人的意愿，或者这种服从是不是违背了个人的善；另外一种即现当代哲学里描述的那种"共同体""自由人的联合体"或者"主体间性"。

个人与他人、个人与社会当然是关联着的，但关联性主要体现在社会公共生活领域。在公共生活领域，个人要遵循（甚至是无条件遵循）社会性规范。在公共生活领域之外，还有不受公共规范约束，也不能还原为公共生活的自我生活的独立空间，在这个私人领域，是可以不受个人和集体、社会关系影响的。个人和集体、社会在公共生活空间遵循主体间性，而在个人生活空间，是由以身体为界限的个我或自我构成。个我或自我（包含了部分互依性私密关系），都是个体生命的组成部分，就像公共性也是个人生命的组成部分一样，但是这两个部分只能统一于教师自我，二者本身不能统一。

（二）"发展性越界"与"边界僭越"性质不同

齐美尔指出了边界的普遍性，同时他又说"人是天生的越境者"，无限性中没有边界，动物也不具有超越边界的能力，动物停留在自己的边界范围之内，"我们虽然知道我们在我们的特性与思维、我们的积极价值与消极价值、我们的意志与力量上是受限制的，但同时我们又具有越过限制眺望、

---

① 贺来 . 群"与"己"：边界及其规则——对"群己权界"的当代哲学反思 [J]. 学术月刊 ,2006(12):40-46.

越过限制前进的能力，而且也知道那样做是必须的"。"我们在所有方向上都有边界，但与此同时，我们又在任何方向都没有边界。"[①] 这一段所表述的，不是不同场域或主体之间的边界关系问题，"根据场域概念进行思考就是从关系的角度进行思考"[②]。而一个个体（或群体、或组织），在自我发展意义上进行思考，则是指能力的增强、能量的积聚、影响力的扩大。"自我发展"意义上的越界，是对知识、能力、影响力等方面的自我突破，不以僭越、侵犯特定他人边界和领域为目的。很明显，一个人知识的增长，不会损害任何一个人对知识的诉求，也不会导致任何一个人知识的减少。按照托马斯·杰斐逊的说法，"学习他人的思想，在充实自己的同时不会减损他人的智慧，就如点起蜡烛，照亮自己并不会给他人带来黑暗"[③]。

但即便是教师的自我发展，也有边界问题。教师的发展被定义为一种从不成熟到成熟、从不完善到完善的持续过程，是没有终点的、不停歇的过程，在一定程度上，导致对人的有限性、缺陷性、矛盾性的不容忍、不接受，这是一种发展的无限性、无边界性状态。其哲学基础是在人的发展问题上对终结状态的形而上理解，即"终极性"，人的发展过程是扬弃、涵盖、超越一切小目标去实现终极性目标。至善性，即克服一切错误和污点实现纯粹和完美。无矛盾性，即一切人性矛盾实现彻底和解达到和谐无碍的境地。非历史性，即摆脱历史的局限抵达人与自然、与世界、与自身本质的同一。[④] 对终极状态的追求，基于人的有限性、缺陷性、历史性，所有这些局限性是用来不停克服、超越的，而不是用来理解和接受的。这种认识，把人的发展置于一种无时间、空间、能力边界的状态之中。

① 北川东子.齐美尔：生存形式 [M].赵玉婷，译.石家庄：河北教育出版社,2002.

② 布迪厄,华康德.实践与反思：反思社会学导引 [M].李猛，李康，译.北京：中央编译出版社,2004.

③ 平克.当下的启蒙 [M].侯新智，欧阳明亮，魏薇，译.杭州：浙江人民出版社,2019.

④ 贺来.边界意识和人的解放 [M].上海：上海人民出版社,2007.

（三）"划定边界"和"交往合作"不是对立关系

确立边界的目的是保障每个场域可以"各行其是"和"各行其事"。行政依据行政原则做行政的事，学校根据教育规则做学校的事，教师依据职业规范做教师的事，当然还有社会、家长，做应该做、可以做的事。

明确边界意识，守护边界，不是禁止交往和合作，恰恰相反，边界的存在是交往与合作的前提条件，也使交往与合作成为必要。虽然布尔迪厄说任何场域，"都是一个力量之场，一个为保存或改变这种力量之场的较量之场"①。但是，不同的场域却可以因为共同的目标实现合作，而不仅仅是竞争。合作是为了一个共同的目标，以"各行其是"的方式做"可行之事"，而不是越过彼此界限"替代行事"。僭越边界不是合作与交往，而是对交往合作的否定和破坏。

边界是动态的、开放的，明确边界意识，为了更好地交往和合作而守护边界。也只有在这个意义上，才能认同打破边界或者提高教师的"越界能力"这一说法，但对教师工作、学习、生活"三界"重合保留看法，因为即使是专家型教师，也更适合表达为他可以自由、从容地处理三者关系，而不是让三个各有特质和规定的实践领域几乎完全重合。

（四）教师的边界问题

教师充分、清晰、完整地表达自我，要处理的主要关系对象有以下几类。

第一，如何在社会和家长的高期待下，守住自己的职业或专业边界。无论教师的社会地位如何变化，由于受传统文化和现实教育竞争压力的影响，社会和家长对教师的教育期待一直居高不下。教育需要满足社会需求，考虑家长期望，但是如何满足需求和期望，并不是一个容易给出答案

---

① 布尔迪厄.科学的社会用途：写给科学场的临床社会学 [M].刘成富，张艳，译.南京：南京大学出版社，2005.

的问题。如果教育一味迎合外部要求，不仅有失去自己本真的危险，教育的专业属性、教师的专业自主权、教师的个人生存权，都会受到威胁。教师批评权就是一例。中国青年报社会调查中心联合问卷网对 2002 名受访者（其中 73.6% 是中小学生家长）进行调查，77.9% 的受访者支持教师用适当的方式管理学生。但是这些统计数据，在具体案例面前根本构不成对教师必要惩戒权的支持。当整个社会包括教育系统内部都把学生的主体性和教师的严格要求、把学生的权益和教师的专业权利置于此消彼长的对立关系中时，当面对具体学生的具体行为，教师管与不管、如何管仍缺少必要的界定和参考标准时，不仅极其考验教师的决断能力，而且亟须教师表达出自我的、专业的、教育的立场。

第二，如果说对于教育外部的越界干预，教师可以以职业属性、专业权力来维护自我，那么，对于以促进教师专业发展之名，加在教师身上的过度负荷，教师缺少招架之力。行政推动，专家介入，改革永远在进行，发展永远不停歇，几乎所有教师都被裹挟进一轮又一轮、一波又一波的改革大潮中。

第三，教师对于自我发展的理性诉求和表达。教育不能没有爱，但教师对学生的爱、对教育事业的爱，不能代替自我发展诉求的理性表达；自我发展意识和能力应该是理性的产物，不能过于滥用情感来证明。抒情化、情绪化地渲染教师职业的神圣感和重要性，对于维护教师的社会地位、职业权益、个人生存质量，也是乏力的。在现代社会，用现代社会可资利用的方式去维护自我的边界不受侵害，是教师拥有自我发展意识和能力的重要表征。自我发展意识和能力非常宝贵，但不是一蹴而就的个人品质，它的形成和发展，还要从相关的学科，比如心理学去寻求理论依据。

即使个人的能动性非常重要，孤立地夸大它的作用，对广大教师来说，也是失之公允的。在一个喧嚣的时代，个人逆流而行的勇气和能力固然可敬，但过多强调它，容易让人忽略教师的痛苦挣扎和艰难取舍。因此，与其要求教师具有强烈的自我发展意识和能力，不如尽力改善外部环境，并且给教师营造一个相对宽松的内部教学环境。不能一方面，教师在使用话语霸权；另一方面，教师又是失去话语权的群体。

（五）教育立法和制度建设是修护边界的有效途径

法律，以及具有法律等效力的政策、规定，应该是规范和约束行为最有效的一种形式。在大的文化氛围和教育话语系统中，谈到制度建设和法律完善，往往有一种本能的担忧和心理对抗，或者基于教育的特殊性，担心刚性的法律桎梏教育的自由和弹性，或者基于制度和法律的缺陷性或不完善性，担心演变为唯制度论而妨害教育性。但法律的局限、规章制度的不完善，不应该成为无视或忽视立法、建制的理由。要不要，有没有，是否完善，能否执行，是不同层面的问题。要不要，原则上是不需要讨论的；有没有，是完善和执行的先决条件。目前来看，在每一个层面上，都存在需要讨论和改进的空间。不重视教育立法、无法可依、有法不依，是长期困扰教育实践的一系列连锁问题。比如"校闹"问题、教育"惩戒"问题、家校关系问题、师生关系问题等，都长期存在处理原则和方式因时间、地点、人物不同而不同的现象。

在一定程度上可以说，不完善的制度和法律，好过完全没有制度和法律，尤其在对规则缺少必要的尊重和敬畏的环境中，立法和建制给教育实践带来的解放意义，应该大于它对教育的束缚和限制。针对不同性质的边界问题，可以进行分门别类的定性和建制。比如教育、社会、家庭之间的权责界限，虽然都表现为权力和责任关系，但是既有行政权责，也有专业或职业权责，还有个人权责。权责性质不同，举措也应根据具体环境和条件而有所不同。

2019 年的全国教育工作会议在中小学办学自主权的问题上，明确提出依规矩行使自主权。①《关于完善安全事故处理机制维护学校教育教学秩序的意见》明确规定了学校安全事故处置程序。我们可以期待其他方面的边界问题，都可以有法可依，有规可循，并逐步得到细化和完善。

第三节 教师的专业权力：以批改作业的责权为例

一、作业变迁与批改作业责权冲突的出现

按照陈桂生先生的词源辨析，德语 Arbeit "作业" 在古代是个贬义词，原指奴仆的劳作。作业的教育价值是近代被发现的，之后才逐步破除了对劳作的贱视，作业在学校课程中的地位得到提升。18 世纪，德国学者莱辛康德率先把作业从体力劳动推广应用于脑力劳动，"书本作业""精神作业" 等概念出现。18 世纪，卢梭发现农业体力劳作和手工业劳动的教育价值，因此主张让儿童学习各种手工劳动。19 世纪与 20 世纪之交，传统 "读书学校" 的弊端逐步暴露，作为反思和纠正传统教育的表达形式，劳作学校取代读书学校的欧洲新学校运动和美国进步教育运动兴起，涌现出工作学校、劳作学校、生活学校、生产学校、儿童中心学校等，这种教育思潮，或称 "作业教育思潮"②。在新教育观念中，作业是具有核心价值的存在。

陈桂生认为，作业在学校中的实际地位，与教学组织形式的历史性变化相关。在古代教学组织中，课业本身就是生徒的作业。古代教学组织以 "学" 为主，在一般情况下，教师并不开讲，或很少开讲。学生的主要学习活动是背诵阅读，可以说教学主要是通过学生独立完成作业来实现的。近代实施班级授课制度，以 "学" 为主转为以 "教" 为主，教师讲授为主要教

---

① 陈宝生. 落实 落实 再落实——在 2019 年全国教育工作会议上的讲话 [J]. 人民教育 ,2019(C1):4-12.
② 陈桂生. "作业" 辨析 [J]. 上海教育科研 ,2009(12):59-61.

学方式。随着学科课程和教学组织日益制度化，又产生了书本知识与实际生活、学与用脱节的问题。19世纪与20世纪之交，传统教育与急剧变化的社会需求的矛盾变得突出，在寻求教育改革突破口的过程中，一个世纪以前被发现的作业价值重新被发现。

新教育之所以会选择以"作业"作为突破口，建立在这样的认识上：以儿童需要和兴趣为出发点的活动作业，可以实现课程从书本知识向儿童生活转移，相应地使教学组织的重心从教师的教向学生的活动转移。

传统上，中国学生作业以读、背、作文为主。宋代《宋会要》规定："（国子监）小学生八岁能诵一大经，日书字二百"，"十岁加一大经、字一百"，"十二岁以上，又加一大经、字二百"。不过，民间学校可能并不这样。明清学塾学生作业的主要内容和主要形式有读、背（三百千）、写，描红、影本、临帖，诗赋、作文。

1947年，商务印书馆发行假期作业课本，就"为什么要做假期作业""怎样支配时间"等问题，指出"在学习时，遇到了疑难问题，你必须要请教你的家长或是哥哥姐姐，附近有师长也可以去问"。1952年，经中央人民政府核准，教育部公布《小学暂行规程（草案）》和《中学暂行规程》，确定小学学制为五年，小学开设语文、算术、体育、图画、自然、历史、地理和音乐课程。这是新中国成立以来第一个全面规范中小学课程、详尽制定教学计划和设置课程的政府文件。此后，经过了多次教育教学及课程改革，中小学生作业基本与课程教学相匹配。[1]

现代教育测量和评价方法运用之后，对学生作业布置、测量、评价，引进了相对科学的尺度，信度、效度、难度和区分度成为衡量作业"科学性"的指标。[2] 从测量与评价的角度看，学生作业必须真实、有效反映学生的实

---

[1] 陈海峰.话说，作业就这样一步步"套牢"家长 [EB/OL].(2021-03-09)[2022-05-18].https://www.chinanews.com.cn/sh/2021/03-09/9427911.shtml.

[2] 田虎.家长先于教师批改作业现象的教育测量学审视 [J].教育与管理,2011(20):3-5.

际学习水平，并且难易程度有梯度，能反映不同学业水平学生的学习情况。

在作业的历史变迁过程中，作业内容、形式、达成目标等方面已经发生了很大变化，但是始终未变的是：布置和批改作业的主体始终是教师，完成作业的主体也始终是学生。

当代教育改革，尤其 20 多年的中国教育改革，使一些确定性问题，突然变得不再确定。在作业问题上，布置作业的主体仍然是教师，但给谁布置作业或者谁完成作业，谁批改作业，怎么批改作业，却变得模糊不清。尤其批改作业的责任，在不同的主体之间游离不定，教师认为家长应该批改作业，家长认为这是教师的责任，双方相持不下，最终演变成尖锐剧烈的家校冲突。

一些家长抱怨给孩子检查作业时，听写签字、作业签字、试卷签字等，最多时一天要签八次。如果哪天忘记签字，还要被教师批评。家长质疑，检查作业是谁的责任？[①]

家长和教师在线上线下不停"火拼"，但学校及教育主管部门却无动于衷，主管部门的"不作为"演变成对教师转嫁行为的纵容。此外，对于教师与教学不相关的考核压力和附加任务，也是对教师责任转嫁行为的一种变相逼迫和支持。[②]

教师布置家庭作业，但要求家长批改作业，这种现象不是少数，近些年来相当普遍，甚至变得理所当然，不仅部分教师这么认为，家长也一定程度上认可。

导致作业批改责权漂移的原因比较复杂，既有悠久的历史逻辑，也有现实条件的助推。

---

① 陈宝泉 . 让家长改作业有悖教育常理 [N]. 中国教育报 ,2011-10-31(1).
② 周稀银 . 家长群本就不该成为"作业包" [N]. 济南日报 ,2020-11-10(2).

二、批改作业责权转移的背景

（一）童年的发现与家校关系的变化

1. "童年"在欧洲 [①]

20 世纪 60 年代，法国人菲利普·阿利耶斯出版了《童年世纪》，宣称"最早在 16 世纪之前，根本没有童年这回事"。儿童和大人没有意义上的区别。有历史学家宣称，在现代社会之前，儿童不但不受重视，而且实际上不大讨人喜欢。爱德华·肖特在《现代家庭的形成》中说，"在传统社会里，妈妈对不足两岁大的孩子的成长和幸福是漠不关心的"，因为婴儿的死亡率很高，"你不会去喜欢一个你知道死神很快就会将其带走的婴孩"。芭芭拉·塔奇曼在《远方之镜：动荡不安的 14 世纪》中也指出，在中世纪和现代的全部不同之处中，"最鲜明的，相对而言，就是不喜欢孩子"。生命孕育和生命成长都充满危险，出生是冒险，生命要经历各种疾病特别是传染病，超高的儿童死亡率和人们对儿童的教养态度有密切关联。1693 年，天文学家艾德蒙·哈雷偶然看到布雷斯劳（现在波兰的弗罗斯瓦夫）的出生和死亡数字，这引起他的兴趣并做了研究发表在《皇家学会哲学学报》上。研究表明，在布雷斯劳，超过 1/4 的婴儿活不过第一年，44% 在七岁前死亡，在不足 17 岁的孩子中，死亡比例达到 50%，死亡率说明了儿童的自然处境。约翰·洛克在 1697 年给贸易委员会的一份文件中建议，"穷人家的孩子从三岁起就应该参加劳动"，没有人认为那个建议不切实际或者是残忍。在最坏的情况下，儿童承担最繁重的活，大多数儿童五岁开始职业生涯。直到进入 19 世纪很长时间后，儿童几乎没有受到任何法律保护，工业革命使事态变得更加严重。1814 年前，没有法律禁止拐卖儿童。1844 年，《工厂法》缩短了童工工作时间，在这之前大多数儿童在工厂每

---

① 布莱森.趣味生活简史 [M].严维明，译.南宁：接力出版社,2011.

天工作 14—16 小时，一周 6 天。

维多利亚时代英国中上层阶级子女被指望听话、尽职、勤奋、坚定沉着、感情不外露，过了婴儿期，"偶尔握一次手大概是你可以指望获得的最大程度的身体接触了"，富裕阶级的普通家庭是"冷漠、粗暴，特别缺乏人性的沉默寡言"的基地，"完全失去了每个家庭关系中都该有的友好、体贴、同情的交流"。早期童年时代的许多磨难，只是普通的热身运动，为过公学的紧张生活做好准备：公学里的严格训练包括洗冷水澡、经常挨鞭子。"维多利亚时代的人似乎与其说是首创了童年，不如说是废除了童年。……通过不对孩子显示爱，而又让他们努力把握自己的行为直到成年以后的很长时间里，维多利亚时代的人处于一种古怪的双重地位，既试图压制童年，同时又把童年延长至永远（要求听话，否则不给财产，终止父爱和母爱）。维多利亚时代的信仰的终结，几乎与心理分析治疗法的发明同时发生，这是不足为怪的。"

100 多年来，政治、经济、文化、法律、人口政策、家庭观念、科学尤其医学的发展等多重因素促成了儿童被发现、被关注、被细心呵护和陪伴。而且，最重要的是，大部分拥有美好童年的人都应该特别感谢像皮亚杰、蒙台梭利、弗洛伊德等心理学家对儿童的关注和研究，他们的工作"使儿童成为儿童"有了坚实的科学依据和理论支撑。

2. "童年"在中国

传统中国，基于以家庭为单位的农业生产模式，儿童和父母的关系相比工业化前后的欧洲，在某些方面似乎要好得多。虽然有让人胆战心惊的"严父"，但至少还有温暖相伴的"慈母"；大家族中的隔代共同生活，也多了祖辈的关爱。"长幼有序"的家庭伦理，以现在的平等自由价值进行衡量是陈旧过时的，但在传统生产和生存方式下，也在一定程度上保障了儿童在家庭和社会关系中的地位、权益和身心需求。正常情况下，中国传统社会儿童也许并不那么缺少社会生存保障和家庭关爱。当然，以上判断可能带有臆想的成分，因为从文字可考的有关儿童的记载来看，今人所熟悉的司马光、匡衡、曹冲、岳飞并不能代表传统社会儿童。

对中国儿童来说，近代是一个重要转折点。除了宏观的政治经济文化背景的变化和推动，儿童也在具体的社会和个体意义上被认可。鲁迅、丰子恺等人从不同维度对儿童世界进行揭秘和维护，陈鹤琴则从心理学和学前教育的层面确定了"现代童年"的开端。

新中国成立之后，儿童被赋予"祖国花朵"的象征地位，这是从社会意识形态的属性和功能上对儿童的一种确认，和后续社会主义、共产主义的"接班人""建设者"一样，在某种意义上，可以视为和传统社会本位价值的续接。

20世纪80—90年代，对于中国儿童来说，再一次迎来了社会地位和价值属性的重大变化。主体性思潮在教育中得以游弋、扎根，平等的师生关系、教学过程中的主体（或双主体）关系、做自我管理的主人等，一系列相关教育理念的更新和实践，都是对"尊重儿童个性、尊重儿童需求"的现实反映。

如果说以上从不同维度发现儿童，确立儿童的社会、教育地位，可以视为在理性轨道中的探索和前进，那么在社会实践领域，作为国家战略的计划生育政策的实施，催生出中国历史上独一无二的独生子女现象。计划生育政策对儿童的影响不仅是多层面的，而且是深远的。儿童从来没有被如此珍视、关注过，他们不仅变成"家庭的太阳"（"4+2+1"家庭模式），也成为"教育的宠儿"。独生子女一代，是家校关系、师生关系、教学关系发生变化的催化剂，让师生之间的平等、民主，以及尊重个性、坚持自我等发酵出异样的味道，并最终使教育层面的部分变革偏离了预期，走向始料不及的方向。人们感受到，这一代儿童一方面表现出个性、自信等群体属性，另一方面也给人一种"批评不得""脆弱易感"的印象。对于后一种印象，有相当多的人把它归因于20世纪80年代开始对儿童个性和主体性的强调，认为是教育对儿童的宽容放任才导致如今的结果。事实上，如果把计划生育政策考虑进来，独生子女家庭对儿童的教养和期待方式，家长对独生子女的关注程度，同以前多子女家庭相比，早已不可同日而语。理解中国教育问题、儿童发展问题，计划生育政策是一个不能不考虑的独特因素。

3. 家校关系的变化

家校关系及其变迁，也是一个值得研究的教育课题。就中国而言，传统学校中"亦师亦父"的教师对学生的学业、做人有着绝对的威权，学校或者教师对家庭是"拒绝"的，而客观上家庭对学校教育的参与也是无能为力。总体而言，传统社会家庭对于学校教育，从机会、权力、能力等方面看，都很难有实质性参与。

现代"家校共建"观念的产生与发展，与儿童的发现、儿童家庭地位和教育地位的变化，有着密切的关联。作为现代化在教育中的产物之一，它不仅赋予了家庭和学校对于儿童教育的平等地位和权责，而且规定了二者的相互关系：家庭有权力和责任参与学校教育，学校也可以对家庭教育提出必要的要求和进行某种程度的干预。

家访可以看作最为传统的家校共建方式之一，持续了相当长时间，之后辅之以书面交流，如纸条、通知，以及家校联系卡等形式。对于中国家长和孩子，教师叫家长来学校，一般都伴随着某种既抗拒又无奈的特殊心理。20世纪末，随着技术手段的广泛应用，校讯通、QQ、微信逐步代替教师和家长的"现实会面"，实现了虚拟家访和虚拟叫家长。

相比家访和叫家长这类相对私密的交流，学校开放日或者接待日是家校共建的新形式，它改变了学校单方面就学生情况"访问"或"约谈"家长的局面。学校主动邀请家长了解学校教育的环境和条件，体验学生的学习、生活等过程，家长与学生一起听课，共同参加课外活动，如班会、运动会等，或者邀请家长参加家长会、家长座谈会、报告会等，即家长参与教育，家校共建教育。在这个过程中诞生的"家委会"，也逐步发展为比较常规和正规的组织，在家校共建中起到的作用越来越大。在社会对学校的规范和要求更细微和具体的情况下，由家委会执行某些任务，既满足学校或者教师的期望，又避免了"违规"。

有了家校共建的平台和各种技术手段，家庭和学校在儿童的教育责任和权力方面，出现了以前不曾有过的新现象和新问题，批改作业的责任和权力冲突，就是其中的典型事件。

（二）"家长参与"研究的助推

从全球范围看，儿童观的变化、教育观的更新，不仅改变了儿童在教育中的地位，而且改变了学校教育中家长的角色和功能。改革开放促进了中国教育和世界教育交流，中国教育在全球化的进程中，与世界潮流产生了交融和共振。20世纪中叶以后，家长应该参与学校教育，逐步成为一种被普遍接受的教育理念。相关研究在这一理念的普及方面，给予了正向肯定和推动，因为研究假设都是基于"家长参与有利于学生成长（学业进步）"这个前提，并通过一系列的操作和结论强化了"家长参与"的价值导向，让"家长不参与"与"不负责任"之间建立起道德伦理关系：参与不够、参与效果差，都归因于家长自身。

利用国外经验、国外研究助推中国的相关变革，是几十年来较为常见的变革逻辑，"家长参与"研究也如此。在"家长参与有利于学生成长（学业进步）"的基本假设下，以客观中立的研究方法，得出明显反映立场、价值甚至是道德伦理的结论。

研究得出的结论无疑是有足够吸引力的，仅仅"更高的学业成绩"一项，就足以激发中国家长参与学校教育的积极性，或者加剧他们的参与焦虑。

怀疑家庭作业实际效果的研究也是有的，但是不太容易引起人的注意。艾尔菲·科恩就对作业有不一样的认知。人们总是假设写家庭作业可以带来较高的学业成就以及培养自律和责任感等美德，但他在《家庭作业的迷思》一书中指出：目前还没有充分的证据可以支持这个论点，即使有数据也是相当薄弱的。任何家庭作业可能带来的益处都是既微小又不普遍的，只限于某个年龄层和某种（可疑的）评量方法。即使证明家庭作业具有整体价值的研究，也不能证明更多的家庭作业或任何家庭作业都对大多数学生有用。过量的、乏味的家庭作业，减少了亲子相处的机会，减少了社交、户外娱乐、创意活动，以及睡眠的时间，是显而易见的，更不要说由此导致对儿童学习兴趣和热情的消耗。他进一步提到，人们之所以广泛地接受家庭作业，是因为忽视研究发现；不愿意对常规惯例和制度提出挑战性的质疑；对学习的本质产生根本的误解；在教育上强调竞争和更严格的标准；人们相信学生应该及早熟悉日后将遭遇的任何情况，以做好应对的准备；不信任儿童以及不信任他们选择消磨时间的方式。[①]

我国的家长参与研究对家长参与必要性的强化有过之而无不及。家校目标的一致性被等同于教育的一致性，这大概是大多数学校和家长都不加抵抗全盘接受的一种认知。教师让家长协助监督、检查、批改、纠错，主要是为了让学生更好地掌握教师希望学生掌握的知识、能力或其他，大多数人对此深信不疑。

家长自身的条件影响"家长参与效果"的结论，制造的是能力焦虑，而家长参与同教育责任捆绑起来，带来的是道德弱势。家长参与是责任，如果不参与则是推卸责任；如何参与、参与到何种程度，教师和家长各有各的理解度和接受度；研究者推波助澜，以"专家建议"的方式，指出家长应该做什么、怎么做。如果学校认为家长参与不达标，还可以进行家长培训。对于家长培训的必要性和正当性，研究者和专家也给出了专业肯定。

---

① 吴奇 . 揭开家庭作业的迷思——《家庭作业的迷思》简介 [J]. 中小学管理 ,2012(12):57.

在一个广泛的舆论和专业支持环境中，处于被"围剿"境地的家长，大多选择了忍受。

（三）技术手段的支持

20世纪90年代以后，互联网出现并普及，一些搭建家校沟通的教育网络平台出现，如校讯通。学校或教师可以向家长发送信息公告，也可给某位家长发短信，家长能直接回复教师发来的短信。2014年前后，多地以"通过学校为商业机构推广业务提供便利，并向家长收费，属于违规行为"为由，叫停校讯通收费项目。但是，2000年后，QQ群普及，一些教师用QQ群给学生布置作业。2011年，微信出现，此后家长及学校开始建立微信群。校讯通得以在更方便快捷、更实时沟通的平台上发挥更大的威力。教师可以在任何时间、把他们认为有必要的任何信息或要求"告知"家长，家长也可以随时随地"找到"教师表达他们的要求或困惑。

三、"批改作业"责权的推诿与回归

童年的发现、家长参与的研究、现代媒体技术的应用，助推了现代家校联结方式的改变，让家长越来越多地参与到学校教育中。但是就目前全球教育发展的趋势看，无论从理论上还是实践上，都找不到"让家长批改作业"的理论基础和实践示范；家长参与学校教育的理念和实践，并没有改变学校教育的基本职能，也没有改变学校教育的权力和责任属性。

（一）"让家长批改作业"的理由

传统家校关系中，对于教育责任，是有界限的。家长负责的"家庭教育"和教师负责的"学校教育"，交叉度和关联度比较低。家校关系中，家长比较信任学校和教师，委托学校和教师担负主要的教书及育人责任。

通过近几十年的教育改革，家校影响的合力被广泛关注和认可。由于共同关注学生的学习和成长过程，家长和学校（教师）的关系变得更加密切，这也导致了家校之间的责任和权力界限模糊。现在的家长在育儿方面有了更高的期待，同时也更有能力参与学生的成长，有相当一部分家长具备批改作业，甚至比较专业地引导和教育学生的能力。一方面，家长有能力也愿意承担更多的教育责任；另一方面，从教师的角度看，他们也有把部分属己的教育责任交给家长的现实理由。

与现在教师对待作业的情况不同，把时间往前推移十几年，教师对布置和批改作业有比较强的"维权"意识。作业不仅是评价学生的工具，也是及时反馈教师教学效果，据此调控教学过程、改进教学行为、不断提升教学效率的工具。而家长改作业意味着降低了作业测量的信度、效度、区分度，作业的诊断改进、监督检查、导向激励等功能，会不同程度低弱化。因此教师往往要求家长对学生作业"只签不批"（家长只督促学生完成作业，然后签字）或"只批不改"（家长只指出和帮助学生改正作业中的错误，但改正的结果不体现在作业中）。[①] 这样做的目的，旨在消除家长对学生作业干预的影响，避免教师对学生学习情况的"误判"，因为经过家长更改的作业不能反映教学过程中的原始信息，并且靠家长检查学生的作业，也会让学生养成依赖的习惯。

教师要求家长改作业的现象愈演愈烈，发生在最近十几年。它并非仅仅是教师对于专业权力的认识偏差造成的，而是整个教育领域，甚至整个社会共同作用的系统性问题。目前得到共识的直接原因有升学竞争、考核评价、非教育事务。[②]

首先，升学竞争压力急剧上升，学校教育把溢出的压力转嫁给家长是

① 田虎. 家长先于教师批改作业现象的教育测量学审视 [J]. 教学与管理,2011(20):3-5; 郑寒秋. 莫让家长批改作业成为常态 [J]. 北京教育 (普教版),2009(5):55; 王九红. 小学数学作业的功能与设计 [J]. 上海教育科研,2007(11):87-88.
② 熊丙奇. 怎么杜绝学生作业变为家长作业? [J] 在线学习,2021(1):77; 陈席元. 莫忽视老师让家长批改作业的制度原因 [J]. 河北教育 (德育版),2020,58(12):2.

一种自然方式；学校教育减掉的"负担"，释放的"时间"，以另一种形式转嫁到了家长头上。

其次，与各地教育行政部门对学校和教师的考核评价密切相关。对学校和教师的考评中，充斥着一些不明确的评价要求。教师要尽量保证学生作业全对，因为教育局检查时，如果作业出现漏批、错批，学校将对相关责任人依照相关条例予以处罚。

最后，包括教育行政部门在内的各级行政部门给教师布置了过多的非教学任务甚至非教育任务，极大地挤占了教师的时间，以至于国家和各地政府不得不下发各种"不准增加非教学任务"的文件来加以纠正和阻止。

从现实的工作强度和工作时间考虑，教师超负荷的工作状态，是他们把作业批改的责任转嫁给家长的客观原因。

这些客观原因是教师让家长批改作业的重要借口，此外，比压力大、任务多更容易成为理由、对家长更有杀伤力的是教育责任。"学生的教育不仅是学校和教师的责任，父母也有帮助教育学生的义务"，这一大前提经过学校和教师的"转译"就成为：家长有义务参与批改学生作业，否则就是没有尽到教育责任、拒绝尽到教育责任，甚至有人直接提出"不应区分批改作业是家长的责任还是教师的责任"。

（二）对"让家长批改作业"的讨论

学界对学校"让家长批改作业"也纷纷做出反应。

首先，从职能上区分学校和家庭教育学生的责任，认为二者虽然目标一致、影响交互，但应各司其职。在教学生学习文化知识上，学校责无旁贷，不可将自己的分内责任转移到家庭，其中包括批改作业。家长也要管学生的作业和学习，但不是像教师那样教授知识，而是要营造良好的学习环境，督促学生按时按量完成作业，但不是批改作业。[①]

---

① 殷伟荣. 让家长批改作业 岂止是师德有亏使然 [N]. 中国青年报,2020-12-07(8).

批改学生的作业是为师为教之道的最低底线之一，是师道和教道的基本内容之一。"叫停家长批改作业，规定教师必须'亲自'批改作业，相当于要求农民种地必须下田、医生看病必须接触病人。"①

其次，"让家长批改作业"是学校、教师对家庭的"入侵"和责任绑架。李玫瑾认为，家长批改作业等现象，是学校对于学生家庭生活的一种侵入现象，逐渐将学生的家庭转变成第二所学校。储朝晖认为，学校永远是学生学业成绩的主要责任方，家庭主要是教育孩子怎么为人处世。家长可以关注学业，但是学校不能借助于家庭或者"绑架"家庭来提高学生的成绩，也不能指望家长去订正作业、辅导学生学业，这都是错误的定位。"说到底，家校共育，主要是在育人方面的合作，而非其他，家长和学校一定要明确各自定位。"②

最后，从专业性的角度看，"让家长批改作业"是对家长的专业要求，是明显不合理的。要求非专业的家长去做专业的事情，找不到充分依据。即使家长能以专业的水准教育孩子，只要学校存在，教师的教育责任就不能以任何方式推卸。对家长来说，即使检查"是否有因疏忽大意而出错的题"，也是一种过分要求。教师要求学生"把会做的题都做对"，也许不能算过分要求，但是，在经验的事实上，也是不可能的，这无异于"不要犯不该犯的错误"。

（三）作业批改责权回归的政策支持

政策层面明确了"批改作业的责权"要回归学校和教师。2018年，经国务院同意，由教育部等九部门联合印发《中小学生减负措施》，对学校、校外培训机构、家庭、政府分别提出了具体要求，共计30条，因此该文件又称为"减负三十条"。措施对学校提出的要求共计12条，其中第五条

---

① 闻贤齐. 叫停"家长批改作业"是守住师道底线 [N]. 光明日报 ,2020-11-13(10).
② 郎朗. 多地发文禁止家长批改作业，一纸禁令能给家长"松绑"吗 [J]. 决策探索 (上),2021(1):28-29.

提出学校要科学合理布置作业，不得给家长布置作业或让家长代为评改作业。[1]

新华社、人民网、光明网、中国教育新闻网、中国新闻网、国际在线、辽宁广播电视台、中国教育电视台，以及《人民日报》《中国教育报》《辽宁日报》《辽沈晚报》等20余家媒体对"家长批改作业"的现象和问题进行了采访报道或转载。辽宁、浙江、海南、河北、广东、山东、贵州等10多个省份的教育行政部门出台相关文件"叫停"家长批改学生作业的做法。

对于下发文件能否减轻教师压力和改善家校关系，从结果来看，效果并不是太理想。短时期内，教师可能不再要求家长批改作业，但不等于家校矛盾不以其他的形式表现出来。程平源认为，各种各样、越来越多的文件会加剧师生之间、家校之间的矛盾。不研究深层次原因，只是简单化地发文制止，又会导致一系列问题。如果用法律来仲裁，或者用舆论来仲裁，抑或相互竞争最终产生一种平衡机制，都是没有问题的，但用权力部门来解决社会冲突和社会矛盾，依据科学的规律来判断，是不太可能做得到的。他认为从根本上来讲，目前的教育问题还是以分数为核心、以分数为目标这样单一的评价体制导致的。评价学生用分数，评价教师用学生分数。如果要从根本上解决问题，就要回到教育本身的规律，教育的规律要求对学生进行多元评价。

教育中的很多问题，最终都会汇聚到教育评价上。教育评价成为困扰教育的一个"死扣"，而解开这个扣，又远非教育系统自身力所能及。

家庭和学校，从相互无涉，到家校共建；家长对学校教育，从无机会、无能力参与，到主动或者被动地承担部分责任，经历了一个并不短暂的过程。无论怎样变化，家庭和学校，仍然是两个相互独立的社会单元，共同

---

[1]　减负三十条！九部门印发中小学生减负措施的通知 [EB/OL].(2018-12-09)[2021-05-18].http://edu.people.com.cn/n1/2018/1229/c1006-30495712.html.

的教育对象，并不能消弭二者的责任和权力界限。

在"批改作业"上产生的家校冲突，看起来是对教育责任的相互推卸，但责任和权力是相辅相成的、不可分割的。拥有权力，就意味着承担责任；承担责任，才有资格行使相应的权力。如果从责权统一的角度看，教师要求家长批改作业，就是对教育专业权力的主动让渡。

无论是什么原因导致"让家长批改作业"，从责任归属和权力属性上看，都是不能助长的。家长监督、参与不等于让家长批改作业；家长愿意改、有能力改、有时间改，也不等于可以替代教师承担教育责任；家校共育指家长、学校在儿童成长和发展问题上，互相合作但又各司其职。"要求教师批改作业"，只不过是教育责任和权力的正常回归，而那些基于家长参与程度和质量而对学生的区别对待，可以被定性为教育歧视和不公；转嫁批改作业的责任、让渡教育专业权力，也可以被视为教育腐败。

参考文献

阿迪.糟糕的教育:揭穿教育中的神话 [M]. 杨光富, 译.上海:华东师范大学出版社,2018.

安雪慧.从资历到能力与业绩:义务教育学校教师工资等级和结构决定因素 [J]. 教育研究,2015(12).

北川东子.齐美尔:生存形式 [M]. 赵玉婷, 译.石家庄:河北教育出版社,2002.

本刊评论员.教育亟需一份"权力清单" [N]. 人民教育,2014-07-01(1).

布尔迪厄.文化资本与社会炼金术:布尔迪厄访谈录 [M]. 包亚明, 译.上海:上海人民出版社,1997.

蔡永红, 毕妍.美国教师聘任管理改革探析 [J]. 教育研究,2012,33(4).

蔡永红, 李燕丽.英国中小学教师工资制度及其对我国的启示 [J]. 教育科学研究,2019(5).

曾晓东, 鱼霞.中国中小学教师发展报告 (2014)[M]. 北京:社会科学文献出版社,2015.

曾晓东.教师蓝皮书:中国中小学教师发展报告 (2012)[M]. 北京:社会科学文献出版社,2012.

陈桂生."作业"辨析 [J]. 上海教育科研,2009(12).

陈科武.美国中小学教师评价及绩效工资管窥——以哥伦比亚公立学区 IMPACT 系统为例 [J]. 教育测量与评价 (理论版),2014(8).

陈寅.高中教师工作时间的叙事研究 [D]. 上海:华东师范大学,2010.

程天君.教育改革的转型与教育政策的调整——基于新中国教育 60 年来的基本经

验 [J]. 北京大学教育评论 ,2012,10(4).

储朝晖 ."名师"是歧路 "良师"是正途 [N]. 中国教育报 ,2012–05–23(2).

储朝晖 ."双减"需要教师的担当与能力提升 [J]. 中国教师 ,2021(9).

罗萨 . 新异化的诞生 : 社会加速批判理论大纲 [M]. 郑作彧 , 译 . 上海 : 上海人民出版社 , 2018.

杜屏 , 谢瑶 . 农村中小学教师工资与流失意愿关系探究 [J]. 华东师范大学学报 (教育科学版),2019(1).

范国睿 . 教育制度变革的当下史 :1978—2018——基于国家视野的教育政策与法律文本分析 [J]. 华东师范大学学报 (教育科学版),2018,36(5).

傅树京 . 英国教师资格标准的演变及其价值取向 [J]. 外国教育研究 ,2008(2).

盖阔 , 李广 . 中小学教师队伍发展 : 成就、问题与策略——基于全国 8 个省份中小学教师工作、生活样态调查 [J]. 华南师范大学学报 (社会科学版),2020(6).

高慧斌 , 王文宝 , 何美 , 等 . 改革开放 40 年教师政策体系演进 [J]. 教师发展研究 ,2018,2(4).

高益民 . 从工资制度看日本的教师优遇政策 [J]. 比较教育研究 ,2012,34(8).

葛春 . 论农村教师的"生存伦理"及"日常反抗"——基于皖中 L 县的实地调查 [J]. 教育理论与实践 ,2013,33(7).

管培俊 . 关于提高教师待遇的几个问题 [J]. 人民教育 ,1994(5).

郭华 . 名师是怎样成长起来的 : 从对五位名师质的研究中谈起 [J]. 中国教育学刊 ,2008(8).

郭霁瑶 . 全国政协委员、华东师范大学副校长戴立益 : "双减"后教师负担过重怎么办? [J]. 中国经济周刊 ,2022(5).

郭晓霞 . 关于"减少教师非教学工作"的调查报告 [J]. 内蒙古教育 ,2018(7).

韩登亮 . 教师阻抗学校变革的理性思考 [J]. 当代教育科学 ,2011(1).

何小忠 . 特级教师群体的结构分析和发展反思——以江西省六次入选的 702 名特级教师为例 [J]. 教师教育研究 ,2012,24(6).

贺来 . "群"与"己":边界及其规则——对"群己权界"的当代哲学反思 [J]. 上海 : 学术月刊 ,2006(12).

胡耀宗 , 严凌燕 . 义务教育教师绩效工资政策执行偏差及其治理——基于沪皖豫三省市教师和校长的抽样调查 [J]. 教师教育研究 ,2017,29(5).

姜金秋 . 教师的吸引、保留与激励——义务教育教师工资体系研究 [M]. 北京 : 首都经济贸易大学出版社 ,2017.

姜莉莉 . 我国中小学教师休闲问题研究 [D]. 济南 : 山东师范大学 ,2015.

姜蕴 . 基于学生成绩的美国中小学教师奖励性绩效工资考核制度研究——以丹佛市教师职业津贴 (ProComp) 和纽约市教师绩效工资 (SPBP) 为例 [J]. 外国教育研究 ,2017,44(6).

姜蕴 . 美国中小学教师绩效工资制度改革的新动向——基于丹佛市教师职业津贴 (ProComp) 项目改革的研究 [J]. 集美大学学报 (教育科学版),2021,22(6).

教育部教师工作司 . 十年"国培"砥砺奋进 [J]. 中国教育学刊 ,2020(9).

解建团 , 汪明 . 教师·休闲·教师教育 [J]. 教育理论与实践 ,2016,36(22).

孔德钰 . 改革开放以来三代语文名师教育思想比较研究 [D]. 南充 : 西华师范大学 ,2022.

李瑾瑜 . "国培"十年 : 教师培训专业化探索的中国实践与未来发展 [J]. 教师发展研究 ,2020(3).

李廷洲 , 金晨 , 金志峰 . 中小学教师职称改革成效如何 ?——基于多元评估理论的政策评估研究 [J]. 教育发展研究 ,2018,38(18).

李先军 , 高爱平 . 法国义务教育教师工资制度及其对我国的启示 [J]. 外国中小学教育 ,2019(8).

李晓强 . 欧盟成员国中小学教师职业保障制度研究 [J]. 教师教育研究 ,2007(6).

李新翠 . 教师真的需要这样工作吗? [N]. 中国教育报 ,2014-09-16(6).

李镇西 . 关于"减少教师非教学工作"的调查报告 [J]. 教育研究与评论 ,2017(4).

联合国教科文组织国际教育局 . 教育展望——教育质量改进与教师发展的多维视角

[M]. 上海 : 华东师范大学出版社 ,2013.

梁溪客 . 全民写论文与学阀时代 [J]. 教育视界 ,2015(23).

林荣芹 . 中小学教师学历问题研究 [J]. 教育科学 ,1986(3).

刘广琳 . 我国职称制度的沿革、现状及改革建议 [J]. 理论学刊 ,1996(2).

刘宇 . 美国教师专业发展的范式转换及其启示 [J]. 比较教育研究 ,2003(4).

罗斯 . 平均的终结 : 如何在崇尚标准化的世界中胜出 [M]. 梁本彬 , 张秘 , 译 . 北京 : 中信出版集团 ,2017.

马什 . 初任教师手册 [M].2 版 . 何立群 , 译 . 北京 : 教育科学出版社 ,2005.

麦克唐纳 . 后真相时代 [M]. 刘青山 , 译 . 北京 : 民主与建设出版社 ,2019.

毛利丹 . 中小学教师评价研究 [D]. 上海 : 华东师范大学 ,2016.

宁本涛 . 高中绩效工资制实施进展分析——基于东中西部 13 省高中的调查 [J]. 华东师范大学学报 (教育科学版),2020,38(1).

潘立勇 . 休闲与文化创意 [M]. 南京 : 南京大学出版社 ,2019.

彭温豪博 . 中小学教师职称制度的变革与发展趋势 [J]. 上海教育科研 ,2019(2).

平克 . 当下的启蒙 [M]. 侯新智 , 欧阳明亮 , 魏薇 , 译 . 杭州 : 浙江人民出版社 ,2019.

秦玉友 , 曾文婧 , 许怀雪 . 绩效工资政策的预期实现了吗 ?——12 省义务教育教师绩效工资实施状况调查 [J]. 教育与经济 ,2019,39(5).

曲恒昌 , 曾晓东 .OECD 国家中小学教师工资制度的逻辑基础 [J]. 比较教育研究 ,2011(2).

芮秀萍 . 教师评聘分离背景下职务晋升问题研究——以溧阳市 G 校教师为研究对象 [D]. 南京 : 南京师范大学 ,2017.

邵光华 . 教师课改阻抗及消解策略研究 [M]. 杭州 : 浙江大学出版社 ,2018.

石家丽 . 教育变革中的教师专业地位研究 [D]. 北京 : 首都师范大学 ,2013.

石磊 . 英国中小学教师的资格、聘用和晋升 [J]. 外国中小学教育 ,1987(8).

斯科特 . 弱者的武器 [M]. 郑广怀 , 张敏 , 译 . 南京 : 译林出版社 ,2011.

孙瑞欣 . 问题重重的名师评选 [J]. 教学与管理 ,2012(9).

孙兆寅.马克思主义休闲观——基于"懒惰权"对过度加班现象的反思 [J].江科学术研究,2021(3).

田虎.家长先于教师批改作业现象的教育测量学审视 [J].教育与管理,2011(20).

田正平,杨云兰.建国以来中学教师工资制度的改革 [J].教育评论,2008(6).

汪传艳,雷万鹏.农村中小学教师收入"中部塌陷"现象的实证研究——基于全国 7 省 21 个县 123 所学校的调查 [J].西南大学学报(社会科学版),2017,43(4).

王聪.绩效工资制度下义务教育教师管理现状与改革突破——基于北京市主要城区调研的思考 [J].中国教育学刊,2017(5).

王光明,廖晶.改革开放 40 年来我国中小学教师政策的发展历程及特点分析 [J].课程·教材·教法,2018(11).

王辉.论职称评审改革对中小学教师专业发展的影响 [J].教学与管理(理论版),2014(7).

王培峰."名师"的理性批判教学 [J].人民教育,2008(19).

王文峰."名师"的制度化及其影响 [D].南京:南京师范大学,2004.

王雪,严秀英.国内中小学"名师制"的研究综述 [J].现代教育科学,2015(4).

王艳玲,李慧勤.乡村教师流动及流失意愿的实证分析——基于云南省的调查 [J].华东师范大学学报(教育科学版),2017(3).

闻贤齐.叫停"家长批改作业"是守住师道底线 [N].光明日报,2020-11-13(10).

吴国英.家长参与小学生家庭作业现状调查与对策研究 [D].福州:福建师范大学,2018.

吴晶,张一枫.OECD 国家评价教师薪酬水平的主要指标及启示 [J].现代基础教育研究,2019(4).

吴康宁.教育改革成功的基础 [J].教育研究,2012,33(1).

吴康宁.教育改革的"中国问题" [M].南京:南京师范大学出版社,2015.

吴克勇.论教师的边界意识 [J].教育科学研究,2011(5).

伍先福,陈攀.休闲权保障对社会和谐发展的历史意义——从《懒惰权》解读拉法

格的休闲思想 [J]. 长春理工大学学报 (社会科学版),2012,25(3).

肖晓 . 义务教育学校教师绩效工资分配研究 [D] 上海 : 上海师范大学 ,2014.

熊丙奇 . 如何构建课后服务经费保障机制 [J]. 陕西教育 (综合版)，2022(4).

徐承芸 , 林通 . "双减" 政策实施后师生现实状况审思——基于对江西省部分小学师生的调研分析 [J] 基础教育课程 ,2022(7).

徐相红 . 改革开放以来 , 三代语文名师之间的 "破" 与 "立" [J]. 现代语文 (教学研究版),2016(9).

闫健敏 . 从行政主导到同行专家评审——中小学教师职称制度改革研究 [D]. 武汉 : 华中师范大学 ,2017.

严凌燕 . 义务教育教师绩效工资政策执行偏差研究 [D]. 上海 : 华东师范大学 ,2017.

严寅贤 . 名校长之 "名" [N]. 光明日报 ,2012-1-4(14).

杨玲 , 付超 , 赵鑫 , 等 . 职业倦怠在中小学教师工作家庭冲突与主观幸福感间的中介效应分析 [J]. 中国临床心理学杂志 ,2015,23(2).

殷爽 , 陈欣 . 日本公立中小学教师评价制度改革 : 背景、内容与问题 [J]. 外国教育研究 ,2016,43(5).

于川 , 杨丽乐 . "双减" 政策背景下教师工作负担的风险分析及其化解 [J]. 当代教育论坛 ,2022(1).

于述胜 . 改革开放三十年中国的教育学话语与教育变革 [J]. 教育学报 ,2008(5).

余红丽 . 教师参与教育变革的研究 [D]. 杭州 : 浙江师范大学 ,2016.

余新 . "国培计划" 十年研究综述与展望 [J]. 教师发展研究 ,2020(1).

张俊 . 新加坡教师积极参加培训的制度保障和市场机制对我国的启示 [J] 外国中小学教育 ,2005(5).

张雄锋 . 苏地新生代语文名师教学主张研究 [D]. 南京 : 南京师范大学 ,2014.

张雅静 . 中小学教师工作负担的来源与排解 [J]. 教育科学论坛 ,2019(4).

张怡 . 二战后德国人的出境旅游行为 [D]. 上海 : 上海外国语大学 ,2007.

赵德成 . 美国哥伦比亚学区教师绩效工资制度的经验与启示 [J]. 比较教育研

究 ,2021,43(5).

赵宏斌 , 惠祥凤 , 傅乘波 . 我国义务教育教师绩效工资实施的现状研究——基于对 25 个省 77 个县 279 所学校的调查 [J]. 教育理论与实践 ,2011,31(28).

郑是勇 , 张扬 . 日本新一轮教师评价制度改革的意义探究——基于改革背景、进程、内容与目标的分析 [J]. 外国中小学教育 ,2018(5).

郑晓芳 . 中小学教师职业压力对职业倦怠和工作满意感的影响研究 [D]. 吉林 : 吉林大学 ,2013.

中华人民共和国教育部师范教育司 , 中央教育科学院所 .2010 中国中小学教师发展报告 [M]. 北京 : 教育科学出版社 ,2011.

周国明 . 教师绩效工资制度设计与实施研究 [M]. 北京 : 教育科学出版社 ,2016.

周惠 , 龙怡 . 发达地区中小学教师工资水平及变动趋势研究 : 以北京市为例 [J]. 教育科学研究， 2019(5).

周群 . 名师专业成长困境与突破 [D]. 武汉 : 华中师范大学 ,2015.

周晔 . 农村小规模学校教师队伍专业水平结构的问题与对策———基于甘肃省 X 县的调研 [J]. 教育研究 ,2017(3).

朱希祥 . 中西旅游文化审美比较 [M]. 上海 : 华东师范大学出版社 ,1998.

朱旭东 . 论 "国培计划" 的价值 [J]. 教师教育研究 ,2010(6).

朱忠明 , 张旭 . 中小学教师职称制度存在的问题及其改进——基于 11 县 2888 名乡村教师的调查 [J]. 当代教师教育 ,2016(3).

后 记

忙忙碌碌、仓仓促促，早已成为教师这个群体的日常状态。为什么会这么忙，每天在忙什么，能不能不这么忙，似乎又很难回答。

忙就是了，没有时间思考。

高校教师是这样，中小学教师也如此。

若干年前，大家希望中小学教师做研究、搞改革，不负光阴，快快发展。但最近十多年，更想对他们说：不着急、慢慢来。

但是等不及，谁都等不及。

1963 年，美国文化人类学家克利福德·格尔茨（Clifford Geertz）使用"内卷化"描述传统农业的困境。1986 年，美籍华人黄宗智把这个术语带到中国。起初这个概念只在学术领域存在，最近几十年，突然突破学术圈层，在大众话语中成为超级传播者。

之所以如此快速传播，在于它对这些年教师的生存发展状态的极强概括力，借用丹尼斯·奥弗比对三条热力学定律的诙谐表达：你赢不了，你不可能打成平手，你不能退赛。

有人说这是对学术概念的滥用，但我个人不这样认为。

课题组就是在这样急匆匆的教育和社会环境中，慢悠悠地完成了本研究。

感谢胡文芳（第一章）、张君豪（第二章）、吴乐娇（第三章）、王瑞霞（第四章）、王薇（第五章第三节）的参与与付出。

感谢研究过程中给予各种建议和意见的浙江大学田正平教授，首都师范大学石鸥教授，宁波大学吴小鸥教授、熊和平教授、于潇教授。

感谢浙江大学出版社各位工作人员的辛苦工作，感谢宁檬老师细致、严谨、专业的工作。

另外，在研究中段，我受"王宽诚教育基金会"资助在英国西苏格兰大学访学半年，对其他国家的教师生存发展状态进行了考察，同时享受了一段宝贵的"慢时光"。

谨致谢忱！

由于研究历时较长，涉及的主题繁杂，其间经过若干次的删减和补充，错误和疏漏难以避免，由此产生的相关责任，均由本人承担。

吴黛舒

2025 年 2 月于宁波大学

N